张 雷

　　财经IP"张雷聊投资"主理人，财经领域的实战派，资本市场十八年投研老兵。2008年聚焦科技赛道研究，为国内首批苹果产业链分析师。完整穿越三轮牛熊周期，对市场周期演变有独到的认知框架。自2011年起任央视财经频道常驻评论员，持续十年输出专业见解。提出"动态平衡"配置模型，助力投资者在复杂多变的投资环境中实现资产的稳健增值与合理布局。

　　书香为媒，财经结缘。扫码添加助理微信，解锁直播预告、独家观点和更多精彩内容，与您共赴财富之旅！

投资的笨小孩

1=#C 4/4

```
0 2 2  2 2 2 2  2 2 2 2  2 1 7 1 | 1 1 1 1  1 1 2 2  1 1 7 6 7 1 |
 2 0 03年  开户的小柜台，   大叔笑我委  托单填得实在
```

```
1 1  1 1 1 1 1  2 1 7 1  1 7 1 | 1 1 1 1  1 1 2 3 6 5 |
慢，他们都讲快枪手才 是真厉害， 我把K线图折成纸船
```

```
6 5 1 2 2 2 2 3 4 | 4 4 2 3 3  0 6 1 | 1 1 1 7 1  1 7 1 7 7 1 1·1 |
轻轻漂向海。笨小孩  笨小孩，  追不 上轮动节拍,当高位暴雨打  湿
```

```
3 6·6 1 1 7  1 2 3 4 | 2 - 0 1 1 i 7 5 | 6 3 3 3 3 6 6 5·3 2 3 |
杠杆,才懂浮盈不过纸 上 载。  2 0 15年 杠杆游 戏玩 得真精彩,
```

```
3 0  0 1 i 7 5 | 1 0 6 5 5 3 2 2 1 2 3 | 3 - 0 1 1 i 7 7 5 |
   满屏的妖 股 像霓 虹般 惹人爱，     隔壁老王追完
```

```
6 3  3 2 3 3 3 2 3 5 | 6 3 2 1·1 2 3 3·1 | 3 6·3 2 6 6 5·5 3 3 |
妖股"上天台",胆小的我 早已清仓求自在。笨 小孩笨小孩,追不上轮
```

```
3 3 2 3 3 1 1 i 7 5 | 6 3 3 3 2·0 1 1 i 7 5 | 6 3 3 3 2·0 0 |
动节拍,当高位暴雨 打湿杠 杆,才懂浮盈不 过纸上 载。
```

```
0 1 1  1 1 2  2 1 1  1 7 1 | 1 1 1 1  1 1 2 2  1 1 1 7 7 1 |
 2 0 20年  突然间明白，   股债汇金在  数据河流摆渡,
```

```
1 1 1 1  1 1 2  2 2 2 7 6 | 6 1 1  1 2 3  3 3 3 3 2 2 3 |
财报里找珍珠  研报当铺盖， 各种配置模 型早已随手拈来。
```

```
3 5 5 3 3 5 5 2 | 2 5 3 2 1 3·0·1 | 2 1 2 3 6·1 2 1 2 3 2 1 2 1 |
笨小孩  笨小孩，  跌撞着走来， 挨 过耳光才懂,快就是慢,慢就是快,落
```

```
3 2  2 3  2  3 2 1  5 2 5 | 2 3 2·0 0 |
袋时铜板叮 当 才 是 最 好 独  白。
```

2011年起，长期担任央视财经频道常驻评论员。

相比于投资加杠杆，更应该在身体和认知上加杠杆。

作者将本书全部版权收入委托设立"善本信托-云信-春雷新芽慈善信托"
（信托登记系统产品编码为ZXD202505070000001373）。
该慈善信托资金定向资助"青少年成长营"项目，共同守护少年们的成长之路。

破局

投资进阶之路

张雷 著

电子工业出版社·

Publishing House of Electronics Industry

北京·BEIJING

内 容 简 介

本书采取进阶思路，针对不同投资阶段人群设置内容。第1章的新手投资必修篇，从搭建投资框架入手，深入介绍A股投资环境、趋势投资、技术分析指标等，帮助新手构建投资知识体系。第2章的老手投资进修篇，为有一定经验的投资者提供更深入的内容，如了解事件驱动、把握行业逻辑和风格，以及宏观经济分析和量化投资等，助力投资者进阶。第3章的高手投资实战篇，聚焦实战，探讨高手生存法则、指数化投资、投资模型与资产配置，深度剖析家庭财富管理。第4章的大师投资心法篇，上升到投资哲学高度，涉及东方智慧传承、行为科学、决策模型升级等，提升投资者的思维境界。

无论是投资新手寻求入门指导，还是老手期望提升投资水平，乃至追求投资哲学升华的投资者，都能从本书中汲取养分，实现投资能力的破局进阶。

图书在版编目（CIP）数据

破局：投资进阶之路 / 张雷著. -- 北京：电子工业出版社，2025. 6. -- ISBN 978-7-121-50276-7

Ⅰ. F830.59

中国国家版本馆 CIP 数据核字第 2025GW9609 号

责任编辑：南海宝

印　　刷：河北迅捷佳彩印刷有限公司
装　　订：河北迅捷佳彩印刷有限公司
出版发行：电子工业出版社
　　　　　北京市海淀区万寿路 173 信箱　　　　　邮编：100036
开　　本：880×1230　1/32　　印张：11.375　　字数：400.4 千字　　彩插：2
版　　次：2025 年 6 月第 1 版
印　　次：2025 年 6 月第 1 次印刷
定　　价：79.80 元

凡所购买电子工业出版社图书有缺损问题，请向购买书店调换。若书店售缺，请与本社发行部联系，联系及邮购电话：（010）88254888，88258888。

质量投诉请发邮件至 zlts@phei.com.cn，盗版侵权举报请发邮件至 dbqq@phei.com.cn。

本书咨询联系方式：faq@phei.com.cn。

序　言

投资，就其本质而言，即低买高卖。尽管该领域的准入门槛看似不高，然而，要真正达成出色的投资成果，绝非轻而易举之事。

那么，究竟何谓低买高卖？引用《史记·货殖列传》中的表述，即"贵出如粪土，贱取如珠玉"。其含义为，当商品价格处于高位时，投资者应果断抛售，如同对待粪土一般毫不迟疑；而当商品价格处于低位时，则需大胆买入，视其如珠玉珍宝。但在现实的投资场景中，情况却与之大相径庭。当市场处于底部，具备显著投资价值时，鲜有人关注并参与投资；而当市场攀升至高点时，众多投资者却因贪婪而丧失理性，纷纷涌入市场。

通过本书，我期望助力各位读者实现从投资新手向"半个"资产配置行家的转变。之所以称"半个"，是因为"纸上得来终觉浅，绝知此事要躬行"，理论知识与实际操作之间始终存在一定差距。本书将围绕投资的不同层级展开深入探讨，旨在为读者梳理出一条从投资新手成长为投资高手的进阶路径。

从全书架构来看，第 1 章属于基础通识部分，主要面向投资新手，以及那些虽已投身投资领域多年，但对资本市场仍然一知半解的投资者。第 2 章为进阶内容，适合那些对资本市场已有一定程度的了解，且渴望进一步深入探究的投资者。第 3 章属于实战板块，旨在帮助投资者借助简单的配置模型，完成资产配置流程，从而实现财富管理目标。第 4 章则聚焦于投资心法，阐述如何借鉴投资大师的经验与智慧，优化自身的投资策略。

我从事投资研究相关工作近二十年，曾先后担任科技行业分析师、策略分析师、资产配置分析师、私募基金经理、央视财经评论员等多个角色，诸多经历至今仍历历在目。

例如，在担任分析师期间，我深切体会到科技股所蕴含的"独特魅力"。2008 年，作为科技行业分析师，我负责的研究覆盖数十家上市公司。彼时，我认为所覆盖公司的业绩增长缺乏爆发性，发展前景亦不容乐观。直至 2009 年，中国联通与苹果公司达成合作，以合约机的形式将苹果手机引入国内。我重点跟踪的公司纷纷融入苹果产业链，成为其合作伙伴。

多年后回顾往昔，我惊觉当时负责的重点公司，多数已成长为苹果产业链中的龙头企业，股价涨幅达十倍的不在少数。这些优质股票对我的投资理念产生了巨大冲击，极大地深化了我对科技股投资逻辑的理解。例如，在科技行业产业渗透率逐步提升的过程中，必然会催生大量的优质股票。这一判断，后续应用于电动车行业、人工智能行业，同样行之有效。

又如 2015 年的"逃顶"经历。2015 年，股市迎来一轮大牛市，在我的投资分析框架下，该轮牛市属于脱离基本面支撑的杠杆牛。

伴随着央行降准降息等政策的实施，市场产生了显著的赚钱效应，各类资金如潮水般涌入股市，从两倍杠杆的融资，到三四倍杠杆的伞形信托，甚至出现了高达 10 倍杠杆的民间配资。

当年 5 月，我决定逐步清仓，从而在随后爆发的大幅调整中成功全身而退。尽管"逃顶"的成功令人欣喜，但也为后续的投资失利埋下了隐患。

紧接着，便是 2017 年投资的惨痛教训。我的核心能力圈在于科技股投资，加之 2015 年成功逃顶后自信心过度膨胀，我毅然决定大举抄底。然而，2017 年的市场主线是供给侧结构性改革，涨幅居前的多为钢铁、水泥、有色金属等传统行业，以及家电、白酒等白马股。众多科技股连续下跌两三年，投资结局极为悲惨。

这次投资失利促使我深刻反思投资之道，进而开启转型之路。我在投资策略中融入量化思维与资产配置的理念，不再局限于成长股进行投资。可以说，这是我研究与投资生涯中的关键转折点。

坦率地讲，如果未曾经历过投资低谷期，或许就不会有后来的投资蜕变。回顾过往，我发现，对投资生涯真正具有推动作用的，大概率是在低谷期所领悟的宝贵经验。正所谓"哀莫大于心死，心死则道生"。在投资生涯中，我们总会面临这样的破局时刻。

专业投资人和投资新手之间，对待"波动"的态度存在显著差异。在资本市场中，向上的大幅波动往往蕴含着较高风险，而向下的大幅波动则是难得的投资机遇。正如白居易所言："太行之路能摧车，若比人心是坦途。"太行山道路崎岖难行，但若与人心的复杂多变相比，反倒显得平坦许多。若将"人心"二字替换为"A 股"，这个道理同样适用。

在现实生活中，常有人问我：市场能涨到什么点位？市场又能跌到什么位置？我认为，与其向他人寻求答案，不如审视自身。问问自己是否有勇气查看持仓账户？如果因跌幅过大而不敢直视账户，那么大概率市场已接近底部。如果内心犹豫不决，身边人看多与看空的观点各执一词，那么行情大概率尚未终结。如果心情愉悦，恨不得一天查看十遍账户，那么此刻基本已处于短期或长期的高点。

大学者王国维在《人间词话》中提出人生三重境界，在此我稍加引用并改编，与大家共勉。

投资的第一重境界是"昨夜西风凋碧树，独自追高，望尽天涯路"，这意味着投资之路充满艰难险阻，稍有不慎就会追高被套，陷入迷茫。投资的第二重境界为"衣带渐宽终不悔，为解套消得人憔悴"，对于大多数投资者而言，盈利的时光总是短暂的，投资的目标似乎只剩下解套。投资的第三重境界，我希望大家在正确投资理念的指引下，能够达到"众里寻他千百度，蓦然回首，'财富'就在灯火阑珊处"的境地。

"富在术数，不在劳身；利在势居，不在力耕。"财富的积累，并非取决于个人的体力劳动，而在于掌握精准的投资策略与方法。究竟如何才能掌握正确的投资方法呢？希望本书能够为你提供答案。

《孙子兵法·九地篇》有言："投之亡地然后存，陷之死地然后生。"其中蕴含的深刻含义是，唯有打破困境，才能迎来新生。在投资的漫长征程中，从新手成长为老手，再从老手进阶为高手，每一次的突破与转变，都是一次果敢的"破局"行动。衷心期望本书能够成为读者手中的得力工具，在投资的复杂环境中，成功实现"破局"，开启财富增长的新篇章。

在创作这本书的过程中，我满怀热忱，全力以赴。但我也深知，个人的学识与能力有限，书中会存在一些表述欠妥、分析不够深入，甚至出现错漏之处。这些问题皆源于我自身的不足。在此，我诚挚地向各位读者致歉。在投资领域，万事万物皆处于不断变化之中，唯一永恒不变的就是"变化"本身。期待未来能通过另一部作品，与大家分享我新的认知与感悟。

推 荐 语

投资非易事，资产配置也绝非简单的组合构建。在风险偏好扩张的顺周期，我们要靠资产端去累积财富，在风险偏好收缩的逆周期，可通过负债端获取稳定收益，不同周期阶段有不同的投资与配置方法。相信阅读本书，能让读者在投资进阶之路上少走弯路，实现从懵懂到精通的跨越，在复杂的投资世界中找到属于自己的破局之道。

——《见证逆潮》作者 付鹏

投资之路，是基于理性分析与深度研究的长期价值探寻过程，更是突破自我认知局限的征程。

作者将复杂晦涩的投资知识层层拆解，从新手极易踏入的投资误区，到对老手至关重要的行业逻辑梳理，再到高手擅长的资产配置，深入浅出地展现出投资进阶的完整过程。本书不是知识的堆砌，而是实战经验的结晶，能帮投资者建立成熟的投资体系，开启财富稳健增长的大门。

——财达证券副总经理 桂洋洋

本书对投资本源的思考贯穿始终，不迎合投机取巧的"暴富幻想"，而是牵引读者回归投资的核心，于市场波动中挖掘确定性。无论是构建体系时沉淀认知，还是打磨策略中领悟资产配置内核，本书都像一位诚恳的向导：不炫技、不浮躁，只将投资知识娓娓道来。愿读者能在字里行间触摸到资本市场的真实脉搏，在理性与激情的碰撞中找到属于自己的投资答案。

——好买财富创始合伙人 乐嘉庆

目　　录

第1章　新手投资必修篇　/　1

第 01 讲　如何搭建自己的投资框架　/　2

第 02 讲　投资真相与 A 股投资环境　/　11

第 03 讲　A 股中的事件驱动投资　/　22

第 04 讲　如何理解 A 股的趋势投资　/　31

第 05 讲　常见的技术分析指标　/　40

第 06 讲　价值投资中的宏观分析　/　60

第 07 讲　如何进行行业和公司分析　/　72

第 2 章   老手投资进修篇 / 83

第 08 讲 投资前的准备和理论基础 / 85

第 09 讲 投资中应关注事件驱动 / 95

第 10 讲 投资中的行业逻辑和风格 / 105

第 11 讲 如何做好周期股投资 / 115

第 12 讲 个人投资者的投资三阶段 / 124

第 13 讲 投资中的宏观经济分析 / 138

第 14 讲 打开天窗说"量化" / 153

第 3 章   高手投资实战篇 / 165

第 15 讲 高手的生存法则 / 167

第 16 讲 指数化投资是必由之路 / 176

第 17 讲 不同资金量的投资之道 / 194

第 18 讲 投资模型和资产配置 / 205

第 19 讲 守卫好家庭"钱袋子" / 222

第 20 讲 家庭财富中的资产分类 / 234

第 21 讲 家庭资产的配置思路 / 243

第 4 章　大师投资心法篇　/　253

第 22 讲　东方智慧的投资传承　/　255

第 23 讲　投资哲学的范式革命　/　266

第 24 讲　行为科学的人性显微镜　/　283

第 25 讲　决策模型的升级迭代　/　297

第 26 讲　历史经典的投资战役　/　311

第 27 讲　失败案例的启示录　/　324

第 28 讲　投资心智的修炼场　/　335

后　记　在破局中照见人生　/　348

第1章

新手投资必修篇

贵上极则反贱，贱下极则反贵。

——《史记·货殖列传》

第 01 讲
如何搭建自己的投资框架

1995 年的一天，一位中年男子毫无掩饰地走进了匹兹堡（美国宾夕法尼亚州的城市）的一家银行，实施了抢劫行为。令人惊讶的是，在离开银行前，他竟然还对着监控摄像头露出了微笑。

当天晚些时候，警方将被捕的麦克阿瑟·惠勒（McArthur Wheeler）带到监控录像前，让他看当天的作案画面。可惠勒看到录像后，满脸写着难以置信，大声说道："可我涂了果汁啊。"

原来，柠檬汁能当作隐形墨水来用，用柠檬汁写下的字，只有在碰到热源时才会显现出来。惠勒对此深信不疑，涂完柠檬汁，他觉得只要不靠近热源，自己就完全隐形了，不会被人发现。经警方调查，惠勒既没有精神失常，也没有吸食毒品，可能只是"四肢发达、头脑简单"。

这个奇特的故事引起了康奈尔大学心理学家大卫·邓宁（David Dunning）的关注。他和贾斯廷·克鲁格（Justin Kruger）决定深入研究这一现象。经过一番钻研，他们真的得出了一个理论——邓宁-克鲁格效应（The Dunning – Kruger Effect），也叫达克效应（D – K Effect）。简单来说，就是有些人缺乏对自身的正确认知，很容易高估自己，陷入一种自我膨胀的状态。

关于这一点，在《老子·道经·第三十三章》中，也有类似的话，即"知人者智，自知者明"。通俗地理解，就是人贵有自知之明。

将这一效应映射到投资领域，便可看作是投资者的一段典型心路历程。以一位初入股市的新手为例。起初，或许因胆子较大，又恰逢行情利好，轻而易举便能收获盈利。此时，自信心便会急剧膨胀。然而，一旦市场出现调整波动，投资者往往会瞬间陷入绝望的境地。

在此阶段，投资者大致会分化为两类：一类被市场的冲击彻底击垮，从此一蹶不振；另一类则能在低谷期稳住心态，积极提升自身的认知水平，如此一来，后期财富便有望实现显著增长。显而易见，其中的关键要点在于投资者能否实现自我认知的提升。

投资的几组关键概念剖析

投资与投机

在投资的范畴内，有两组概念极易混淆，首先便是投资与投机。究竟何为投资？何为投机？有人诙谐地调侃，投资是普通话，投机是广东话，实则二者有着本质区别。投资是基于对资产内在价值的深入研究与分析，期望通过长期持有获取资产增值与稳定收益，是一种稳健、理性的行为。投机则更侧重于捕捉市场的短期波动，试图利用价格差快速获利，往往带有较高的风险与不确定性。

从专业角度区分投资与投机，核心在于估值。以白酒行业为例，纵观白酒行业的历史平均市盈率估值，基本处于 15 ~ 40 倍区间。行情向好时，估值可能攀升至 35 倍、40 倍；行情低迷之际，则可能回落至 15 倍，甚至更低。

记得 2021 年年初，白酒行业估值竟飙升至 80 倍、100 倍之高。当时，很多投资者向我咨询白酒行业是否具备投资价值，我的建议是切勿入场，白酒板块的泡沫已经非常严重。有人竟然说："一看你就不喝酒，白酒哪有泡沫，啤酒才有泡沫。"他前面的判断倒是属实，因为我的酒量确实一般。如果当时真的不听劝告入场，后面就是悲伤的故事了。

事实证明，若在板块估值高企时贸然买入，便是典型的投机行为；而当板块估值处于低位时进场，则属于理性投资。故而，判断投资与投机的关键，归根结底在于估值水平。当估值远超合理区间时，即便行业前景看似美好，也可能只是虚幻的泡沫，此时介入风险非常大；而当估值回归合理甚至偏低时，才是真正挖掘投资价值的好时机，投资者应基于理性分析，而非盲目跟风。

股市与故事

股市与故事这组概念也暗藏玄机。大家不难发现，诸多垃圾股、题材股在市场中也时有亮眼的表现，股价涨幅可观。为何会出现这种现象？原因就在于它们背后都有很多极具吸引力的"故事"。倘若将"股市"二字的发音稍作变换，便成了"故事"，这一巧合也恰如其分地反映了其中的微妙关系。

许多题材股在价格被爆炒至高位时，背后都依托着看似美妙的故事。但倘若投资者在股价高点轻信了这些故事，盲目跟风买入，那么这些股票极有可能在后续为其带来一场"投资事故"。所以，对于参与题材股投资的投资者而言，务必保持"一半清醒一半醉"的理性态度，切不可被虚幻的故事蒙蔽双眼。

回顾 2011 年日本大地震那段时间，我正好前往上海出差。走在街道上，我路过一家便利店，看到店门口挂着一块牌子，上面写着"本店食盐售罄"。紧接着，又路过另一家便利店，同样也挂着"本店食盐售罄"的牌子。这让我感到十分疑惑，心里不禁琢磨：上海人对食盐的需求怎么突然变得这么大呢？

没过多久，我接到朋友打来的电话。朋友第一句话就问我："你买盐了吗？"这突如其来的问题，让我一时摸不着头脑。朋友赶忙解释说："你还不知道吗？日本发生地震，海水遭到污染，海盐不能食用了，得赶紧买些盐囤在家里。"

当时，还有这样一个有趣的小段子。大家都像疯了似的抢购食盐，整个场面一片混乱。但有一位老阿姨却异常镇定，和周围的人群截然不同。有人好奇地问她："阿姨，您怎么一点儿都不着急呢？"阿姨无奈地叹了口气，说道："当年'非典'的时候，大家都说吃盐能预防'非典'，我们家买了好多盐，直到现在都还没吃完呢。"

当然，如果当年在资本市场也去抢购"食盐概念股"，很多人会被短期高位套牢。

"买入并祈祷"与"买入并持有"

还有一个词，是"买入并祈祷"。在现实投资场景中，许多股民起初怀揣着做短线交易、快速获利的想法入场，结果不慎被套，无奈之下，短线被迫转为中线，中线又进一步演变为长线，最终竟演变成被动长期持有的"价值投资"模样，祈祷自己早日解套。

曾有公司同事向我咨询，称其母亲购入了某家公司的股票，询问我的看法。我了解情况后表示并不看好，建议更换。我继而追问其母亲的买入时间，同事告知是 1997 年。如此一来，我便建议不必更换了，想必其母亲对这只股票的感情，恐怕比对儿子还要深厚。这便是一个典型案例，投资者本欲进行短线操作，结果却因被套而长期持有。由此可见，大家在投资过程中，务必重视估值分析，切勿迷信高位题材股，坚决避免短线投资变成长线煎熬。

在投资领域，流传着一句广为人知的俗语：投资在大多数情况下，呈现"一赚二平七亏"的局面。通俗地讲，就是在十位投资者中，仅有一位能够实现盈利，而这位盈利者必定具备极强的认知能力。另有两位投资者处于不赚不亏的状态，算是玩了个"寂寞"。剩下的七位投资者，则大多在市场中伤痕累累，遭受亏损。

投资是有门槛的。世界上所有能够带来盈利的事情，无 例外都设有门槛，投资自然也不例外。尽管投资看起来准入门槛较低，似乎人人皆可参与，但想要真正做好投资，绝非易事。

投资，尤其是短线投机，堪称世界上门槛最低，却又最令人着迷的"工作"。试想一下，倘若一个人只需慵懒地躺在沙发上，轻按按键完成买入、卖出操作，便能轻松赚取财富，如此轻松获利的方式，又怎会不吸引人呢？这也正是为何投资门槛虽低，但要想取得理想的收益，难度颇高的原因所在。

投资中的价值派和市场派

迈出投资的第一步，至关重要的便是搭建属于自己的投资框架。在这个框架之中，需要妥善解决四个关键问题：买什么？何时买？

何时卖？仓位控制应如何安排？用专业术语表述，即解决选股选基、买点、卖点以及仓位控制等问题。遗憾的是，许多投资者在投资过程中，往往连其中一个问题都未能妥善处理。

在市场中，投资者大致可分为两类：一类是价值派，另一类是市场派。所谓价值派，通常是指机构投资者，他们倾向于选取景气度高、业绩显著改善的行业，诸如白酒、家电、新能源、人工智能等领域，同时聚焦业绩增速较快的上市公司。这种基于公司基本面，而非单纯依赖消息或图形走势进行投资决策的方法，统称为价值派投资策略。

与之相对的市场派投资者，则不太关注基本面，而是凭借自己构建的交易系统进行操作。例如，依据图形形态、市场热点、突发事件等因素来决定买卖时机。这类投资者便是市场派。

进一步细分价值派，又可衍生出长期价值、深度价值、高分红、高股息、逆向投资、价值趋势等多种投资风格。不同风格在持股时间、预期波动幅度及预期回报率等方面均存在差异。

总体而言，作为一名价值型投资者，对所投资股票的预期收益要求相对较高。举例来说，若以价值派的投资标准介入一家公司，通常期望该公司股价具备至少30%甚至更高的上涨空间，才会考虑买入。倘若一家公司的预期回报率仅为5%~10%，则价值派投资者大概率会选择放弃。而市场派投资者的考量则有所不同，他们或许认为5%的回报率已然不错，反正只需依据图形指标操作，出现金叉信号便买入，死叉信号则卖出。这便是价值派与市场派在投资理念上的显著差异。

那么，价值派投资者究竟赚取的是什么收益呢？概括而言，他们赚的是套利的钱、估值修复的钱以及公司成长带来的钱。以投资大师巴菲特为例，其 60 多年的年化收益率约为 20%，凭借稳健的价值投资策略，成为一代传奇。尽管价值派的盈利增长看似缓慢，但复利的力量却不容小觑，长期积累下来，财富将实现惊人的增长。

在实际投资中，有一种颇为常见的现象：许多投资者本是短线操作，结果不慎被套，无奈之下只能被迫"转型"为价值投资。想必不少投资者都有过类似的经历，起初只想做个短线交易，快速获利离场，结果市场走势不如预期，被套牢后，短线被迫转为中线，中线又进一步延长为长线，最后甚至抱着"老子跟你拼了"的心态，宣称不解套就绝不离场，大有将股票传承给子孙后代之势。

同样可以对市场派投资者进行细分。例如，部分投资者采用特定交易策略，在极端情况下，每天尾盘买入，第二天早盘卖出，持股时间可能仅有短短三五分钟，如此便能有效规避全天的波动风险。此外，市场派投资者中还包括热点追击型、量化套利型及高频交易型投资者。正所谓"不管白猫黑猫，抓到老鼠就是好猫"，无论是价值派还是市场派，只要能够实现长期稳定盈利，便不存在孰优孰劣之分。

在市场派投资者中，还有一类技术图形派投资者。他们主要依据技术图形进行投资决策，秉持"价格包含一切，历史往往会重演"的理念，重点研究诸如布林带、均线、黄金分割线等技术指标。这类投资者的资金量普遍不大，正所谓"船小好掉头"，他们能够在满仓与空仓之间迅速切换，操作极为灵活。

有一句俗语说得好："本大利小利不小，本小利大利不大。"古人的说法是"本小利微，本大利宽"。如何理解这句话呢？假设你拥有 1000 万元资金，若有人告知你，通过某种投资方式，一年能够实现 20%~25% 的收益率，相信许多人都会喜出望外，毕竟 1000 万元的本金，按此收益率计算，一年便可赚取 200 多万元，收益相当可观。然而，倘若你手头仅有 10 万元资金，即便有人承诺能让你实现 20% 的年化收益率，可能部分人会觉得这点儿收益微不足道，毕竟一年下来仅获利 2 万元，或许连一个名牌包都买不起。

这便是"本大利小利不小，本小利大利不大"的含义所在。当本金充足时，即便收益率相对较低，所获利润依然可观；而本金较少时，即便收益率较高，总利润也相对有限。由于每个人手中资金的性质与规模各异，因此所追求的投资目标与收益预期自然也不尽相同。在投资领域，同样存在相对论：资金量越大，投资者往往越倾向于追求稳健收益，而最终的实际收益说不定还会超出预期；资金量越小，投资者则越容易被暴利所吸引，然而最终却可能被市场折磨得"遍体鳞伤"。

伴随着投资者资金规模的逐步扩大，与之相适配的投资方法也应当适时调整。例如，当你手中仅有 5 万元资金时，重点或许可放在依据技术图形进行交易操作上；当资金增长至 50 万元时，你可能需要深入研究筹码博弈；而当资金达到 500 万元时，你大概率应偏向于价值投资或资产配置策略，以实现资产的稳健增值。

搭建自己的投资框架

在投资过程中，投资者常常面临一个颇为棘手的现实问题：面对海量的信息，反而陷入无所适从的困境。在投资产品选择方面，究竟是选择股票、基金、期货，还是指数产品？让人眼花缭乱。再者，从信息获取渠道来看，交易软件、财经网站、财经 App 以及各类短视频平台等，信息来源五花八门。然而，信息渠道过多并非好事，反而容易将投资者困于"信息茧房"之中，过多冗余信息的包围，使得投资者愈发难以做出明智的投资决策。

若投资缺乏体系，仅凭一时冲动随意买卖，则投资者极易陷入成瘾性交易的漩涡，无法自拔。那么，究竟该如何应对呢？投资者应当探寻投资的正确路径，摒弃寻找捷径的侥幸心理。投资心态的稳定至关重要，在此基础上，逐步搭建自己的投资框架，并进一步形成完善的投资体系。

如何构建个人投资体系呢？首先，要对资金的性质进行精准判断，明确资金量是 5 万元、50 万元还是 500 万元，以及投资目标是短线、中线还是长线。同时，还要考虑这笔资金在短期（六个月之内）或一年之内是否有其他用途，这些因素都会对投资操作决策产生重大影响。

其次，要明确自己属于市场派还是价值派。若是价值派投资者，需审视自己是否具备解读宏观政策、洞察行业逻辑、精准评估公司估值的能力；若是市场派投资者，则要考量自己能否熟练掌握四五种技术指标，能否在出现明确的交易信号时，做到果断执行，知行合一。切不可出现原本是市场派，结果在该止损时犹豫不决，最后"顺滑"地转变为长线价值派的尴尬局面。

最后，依据自身条件搭建的投资框架，要对胜率和赔率进行客观评估。切勿盲目追求胜率高达 80% 以上的所谓投资秘诀，事实上，诸如巴菲特、彼得·林奇等投资大师，统计其一生的投资胜率，也未曾超过 60%。这意味着什么？即便是投资大师，每进行十笔交易，也可能会出现 3～4 笔亏损。既然投资大师们都难以避免亏损，普通投资者又何必自视甚高，奢望自己做十笔交易就能对八笔呢？因此，在搭建自己的投资框架时，务必认真思考胜率、赔率以及如何进行有效的风险控制等实际问题。

提及投资框架，巴菲特的投资框架堪称经典且影响深远。他秉持价值投资的理念，首要关注企业的内在价值。这需要深入研究企业的商业模式，是否拥有"护城河"，判断其是否具有可持续性和强大的竞争优势。例如，拥有独特的品牌、低成本的生产模式或强大的网络效应等。在估值方面，巴菲特经常使用现金流折现模型，通过预测企业未来的自由现金流，并以合理的折现率进行折现，从而估算出企业的内在价值。只有当股票的价格远低于其内在价值时，他才会考虑出手买入。

同时，巴菲特强调长期投资，他认为优质企业的价值会随着时间的推移而不断增长，频繁交易不仅会增加成本，还可能因短期市场波动而错失长期增长的机会。此外，他十分注重企业管理层的品质，管理层必须具备诚实、有能力且以股东利益为重的特质。在投资组合方面，巴菲特并不追求过度分散，而是集中投资于少数他深入了解且极具信心的优质企业，通过这种方式实现财富的稳健增长。

第 02 讲
投资真相与 A 股投资环境

在日本动漫《名侦探柯南》中，主角柯南常言"真相永远只有一个",然而于投资领域而言,真相或许并非唯一。以下将对投资中的诸多真相进行"揭秘"。

投资要赚什么钱,这看似简单的问题,实则蕴含着复杂的答案。一部分投资者期望赚取企业成长带来的红利,这类企业犹如树苗,随着时间的推移,不断拓展业务版图,提升盈利水平,其股价也随之水涨船高。而另一部分投资者则试图在市场波动中获利,利用股价的涨跌差价来实现财富的增长。至于股市运行逻辑,更是一个庞大而复杂的体系。企业的基本面是股市的基石,宏观经济环境也为股市提供了大背景。此外,资金流向如同股市的血液,大量资金流入会推动股价上涨,而资金流出则可能会导致股价下跌。政策导向则像股市的指挥棒,产业政策的扶持、货币政策的松紧等,都会引导资金的走向。

投资真相揭秘

第一,投资到底赚的是什么钱?

众多投资者或许心存疑惑,投资究竟赚取的是何种收益?在此,为大家拆解一个最为简易的股票市场定价模型。若用字母"P"来表示股票的价格,那么依据该模型,股票价格的计算公式为:

$$P = PE \times EPS$$

PE 即市盈率(Price Earnings Ratio,用于衡量股票估值情况),EPS 为每股收益(Earnings Per Share,体现企业每股所获盈利状况)。

那究竟是何因素影响市盈率(PE)呢?诸如无风险利率、风险溢价及市场预期等均会对其产生作用。而影响每股收益（EPS）的关键因素，则是企业的盈利水平。

综合来看，投资赚取的收益主要源于两方面：第一，赚取因风险偏好提升所带来的收益；第二，赚取企业盈利水平提升所对应的收益。如果天天在资本市场中做短线，看技术图形操作，赚的就是"PE"的钱，如果长期持有，公司业绩上涨推动股价上涨，赚的就是"EPS"的钱。

当然，你也可以争取两种钱都赚到。"戴维斯双击"投资策略由投资大师斯尔必·库洛姆·戴维斯（Shelby Cullom Davis）提出。该策略的原理基于股票价格（P）、市盈率（PE）和每股收益（EPS）之间的关系，即上文所说的"$P=PE \times EPS$"。当一家公司处于发展初期或因短期困境被市场低估时，其市盈率和每股收益都较低。此时若投资者买入，则随着公司业务的拓展和业绩的提升，每股收益增长，同时市场对公司的信心增强，市盈率也会上升。这种业绩和估值的双重提升，会使股价大幅上涨，投资者便可获得丰厚的回报，实现"戴维斯双击"。凭借这一策略，戴维斯实现了资产的大幅增值，也为后世投资者提供了重要的投资思路。

假设一家公司原本盈利表现一般，市场对它的预期不高，市盈率只有 10 倍。此时公司股价为 10 元，每股收益为 1 元。后来公司通过技术创新，推出了极具竞争力的新产品，盈利大幅增长，每股收益从 1 元增长到 2 元。由于盈利表现出色，市场对它的未来预期变得乐观，愿意给它更高的估值，所以市盈率从 10 倍提升到 20 倍。这时，股价就变成了每股收益 2 元乘以市盈率 20 倍，也就是 40 元。在短短的时间内，股价就可能从 10 元涨到 40 元，实现了"戴维斯双击"。

与之相对的就是"戴维斯双杀",即在高市盈率买入股票,若公司盈利下滑,股价下跌,同时市场对其预期变差,市盈率也下降,则投资者可能会遭受双重损失。理解了"戴维斯双杀",可能也就理解了为什么一些科技股的跌幅会如此猛烈。

第二,A股里面存在投资的生态链。

在A股市场这个庞大且复杂的体系中,存在着一条相互关联、错综复杂的投资生态链。这条生态链涵盖了形形色色的参与主体,从数量众多的散户,到嗅觉敏锐的游资,再到实力雄厚的私募资金、保险资金、公募资金,乃至作为市场稳定基石的"国家队"。通常,"国家队"主要包括中央汇金投资有限责任公司、中国证券金融股份有限公司、国家外汇管理局旗下的投资平台,以及一些具有国有背景的基金等。

在这条生态链里,处于最底层的可能当属部分散户。这些散户投资者往往对股市满怀热情,踊跃投身于股市之中。然而,他们中的许多人缺乏专业的投资认知。在投资过程中,可能仅凭直觉、小道消息或者他人建议就盲目地做出决策。例如,在没有深入研究一家公司基本面的情况下,仅仅因为社交媒体上的一篇推荐文章,就冲动地买入股票。犹如在波涛汹涌的大海里驾驶着一艘小船,缺乏可靠的导航,极易迷失方向。

那么,散户该如何避免成为被他人"收割"的对象呢?关键在于尽量跟上机构的投资思维,同时充分发挥自身资金灵活这一独特优势。机构投资者,如公募基金、私募基金等,拥有专业的研究团队、丰富的投资经验和强大的信息收集与分析能力。他们在进行投资决策时，会对宏观经济形势、行业发展趋势及公司基本面进行深入研究。散户可以通过学习机构的研究报告，了解其投资逻辑和分析方法，从而提升自己的投资思维。

公募资金的资金量通常可达几十亿元，"国家队"的资金量更是可达上千亿元。如此庞大的资金规模，在进行投资操作时，需要考虑诸多因素，如市场的流动性、投资标的的容纳度等。一旦决策失误，调整起来难度较大。而散户所拥有的资金量或许仅为几万或十几万元，正所谓"船小好掉头"。倘若散户能够掌握正确的投资方法，如在发现投资失误时，能够迅速卖出股票，转换投资方向，或者在捕捉到短期投资机会时，能够快速买入并及时获利了结，则其投资成效或许反而会比机构更为出色。

在实际投资过程中，要善于总结经验教训，逐步形成适合自己的投资策略。只有这样，才能在 A 股市场的投资生态链中，充分施展自身优势，实现财富的稳健增长，避免沦为被他人"收割"的对象。

第三，会买的是徒弟，会卖的是师傅。

"会买的是徒弟，会卖的是师傅"，或是"买在无人问津处，卖在人声鼎沸时"，此类话语广为人知，然而在实际操作中，众多投资者却难以做好。究其缘由，主要在于人性中的贪婪与恐惧作祟。

很多投资者不敢参与"妖股"，并不是自己"一身正气"，而是因为不清楚何时卖出，担心高位追涨被套牢。他们深知这类股票的价格波动剧烈，看似利润丰厚，实则暗藏着巨大风险。一旦盲目追入，若不能精准地把握卖出的时机，就很可能被高位套牢，财富瞬间蒸发。很多投资者一旦买入后遭遇股价下跌被套住，便容易陷入幻想。我认识的不少投资者，便是在被套住以后，开始深挖公司基本面，幻想股价早日涨回来。他们不愿面对亏损的现实，总想着只要公司基本面尚可，股价迟早会回升。但这种一厢情愿的幻想，往往会让他们越陷越深，从而忽视市场的客观变化。

对于买入操作，许多投资者经过一定学习后，能够依据基本面分析找到有潜力的股票，或者通过技术分析确定一个看似不错的买入点。这就像一个徒弟学会了基本的招式。他们可以通过研究公司的财务报表，了解其盈利能力、负债情况等，筛选出具有投资价值的股票；也能借助技术分析工具，如 K 线图、均线等，找准股价相对低位的买入时机。然而，会卖才是真正考验投资者功力的关键环节。

当股票价格上涨时，投资者往往会被贪婪的情绪所左右，难以确定最佳卖点，可能错过获利了结的好时机。他们总想着股价还能继续涨，再多赚一点儿，结果股价突然反转，盈利大幅缩水。而当股价下跌时，恐惧又会让人惊慌失措，可能会在低位割肉。真正的高手，就像师傅一样，能够克服这些情绪，冷静地根据自己的投资策略、股票的估值、市场的整体趋势等因素，精准地把握卖出时机，从而实现收益最大化或者亏损最小化。他们不会被短期的股价波动所干扰，而是从宏观的角度审视市场，依据既定的策略果断决策。

在股市投资中，存在一个用于衡量估值高低的重要指标，即股权风险溢价（Equity Risk Premium，简称 ERP），此乃机构投资时必看的指标之一。其计算方式为：全部 A 股的市盈率倒数减去国债收益率。

通俗来讲，就是对比股票与债券的性价比情况。若该指标数值较高，则意味着股票投资相较于债券，潜在收益更高，股市投资的性价比处于高位，此时投资者可能更倾向于将资金投入股市；若该指标数值较低，则表明债券投资的安全性和收益稳定性更具优势，股市投资的性价比偏低，投资者或许会考虑将资金更多配置到债券上。

A 股"永远"的 3000 点

从指数编制的角度来看，上证综指长期在 3000 点左右徘徊波动，指数的构成与计算方式扮演着不可忽视的角色。上证指数作为综合指数，囊括了众多传统行业的大市值公司。像钢铁、煤炭、石油等传统行业的企业，它们在过去的经济发展进程中积累了庞大的资产规模，在指数中占据重要的权重。然而，随着经济结构的转型升级，这些传统行业面临着增长的瓶颈，市场趋于饱和，技术创新难度大，成长性极为有限。

与此同时，新经济领域蓬勃发展，诸如人工智能、新能源、生物医药等行业，涌现出一大批极具潜力的公司。但在其发展早期，由于公司规模尚小、上市时间较短等原因，可能并未被及时纳入指数计算，或者在指数中的占比很低，使得新经济领域的增长动力难以有效地传导至指数层面，极大地拉低了指数向上突破的动力。

在 A 股市场，投资者以散户居多，这一特性使得市场情绪波动成为左右股价走势的关键因素。散户投资者往往缺乏专业的投资知识与成熟的投资心态，容易受到市场消息、舆论氛围的影响。当市场情绪高涨时，仿佛被一股乐观的浪潮席卷，大量资金涌入股市，推动股价迅速攀升。例如，一旦市场上出现利好的政策消息，或者某一热门板块掀起投资热潮，散户们便会跟风买入，使得相关股票价格在短期内大幅上涨。

然而，这种基于情绪的投资行为具有极大的不稳定性。一旦市场出现风吹草动，哪怕是一则未经证实的"小作文"，都可能引发投资者的恐慌情绪。恐慌情绪如同传染病一般在市场中迅速蔓延，导致大量资金快速撤离。回顾 2005—2007 年的那一波波澜壮阔的行情，A 股股指从 998 点一路飙升至 6124 点，仅仅耗时两年，便实现了约六倍的惊人涨幅。在这一过程中，众多投资者的操作却堪称"追涨杀跌"的典型案例。

当股指从 1000 点涨至 2000 点时，多数投资者对市场的上涨趋势持怀疑态度，尤动十衷。涨到 3000 点时，他们依旧没有充分意识到市场的潜力，未予以足够重视。直至涨到 4000 点时，市场的持续上涨终于让部分投资者意识到股市能够盈利，但仍处于观望状态。当股指从 4000 点涨至 5000 点时，市场的狂热氛围愈发浓烈，投资者方才看清局势，开始大规模涌入市场。而当股指从 5000 点攀升至 6000 点时，投资者已然被牛市的狂热冲昏头脑，甚至不切实际地幻想股指能冲至一万点，进而不顾一切地砸锅卖铁投入资金。但好景不长，市场随后快速崩盘，这些高位入场的投资者几乎将身家性命都套在了高位上。这种不合理的投资行为，正是 A 股投资体验糟糕的重要原因之一。

此外，多数投资者在仓位控制上存在严重问题，呈现出低位低仓位、高位高仓位的不合理状态。在市场处于低位时，由于恐惧和悲观情绪，投资者不敢重仓投入；而当市场涨至高位时，被贪婪和乐观情绪驱使，却大幅增加仓位。加之 A 股本身波动极为剧烈，这种市场特性与投资者不合理的仓位管理相结合，使得投资难度进一步加大。

投资大师安德烈·科斯托拉尼（André Kostolany）有一个颇为经典且形象的比喻："有一个男子带着狗在街上散步，这狗先跑到前面，再回到主人身边。接着，它又跑到前面，看到自己跑得太远，又折回来。整个过程，狗就这样反反复复。最后，他俩同时抵达终点，男子悠闲地走了一公里，而狗却走了四公里。男子就是经济，狗则是证券市场。"

在正常的经济环境下，股市会围绕着经济基本面这一"主人"上下波动，就像人遛狗时，狗会围绕着主人前后跑动。但 A 股市场却好似一条生性活泼、不受拘束的哈士奇，俗称"二哈""撒手没"。一出门，它便会撒欢跑远，脱离经济基本面的合理范围。例如，2005年的上证综指从 998 点快速蹿升至 2007 年的 6124 点，这种短期内的大幅波动，充分体现了 A 股市场波动的剧烈程度。

随着资本市场改革的不断深化，投资者结构的逐步优化，以及市场监管的日益完善，A 股其实也在逐渐走向成熟。近两年来，市场的波动已呈现出显著下降的态势。一方面，机构投资者的占比不断提高，如社保基金、公募基金、私募基金等专业投资机构，对市场波动起到了一定的平抑作用。另一方面，监管部门加强了对市场的监管力度，打击违法违规行为，完善信息披露制度，使得市场更加公平、透明。

市场波动幅度的降低，对于投资而言无疑有着极大的助力。它使得投资者能够更加准确地评估投资风险和收益，制定更为合理的投资策略。站在历史的维度观察，3000 点的反复拉锯实质是中国资本市场走向成熟的必经之路。随着注册制的全面落地，长期资金入市比例的提升，以及衍生品工具的完善，这种震荡平衡终将被打破。

股市运行逻辑梳理

股市运行规律一直是众多投资者和学者深入探讨的核心话题。从不同的时间维度剖析股市运行，能够清晰地发现其背后受到多种因素的综合作用与驱动。

股市常被人们形容为"经济的晴雨表"，但这一表述确切地说是基于长期视角的考量。当我们细致观察上证综指的月 K 线图时，可以清晰地看到股市运行宛如在一个倾斜向上的长坡之上稳步前行。这个长坡，从本质上讲，就是经济增长所带来的增量。当经济长期保持向上发展的良好态势时，企业的营收和利润通常会随之增长。例如，在经济繁荣时期，各行业需求旺盛，企业订单增加，生产规模得以扩大，从而推动企业的股价上升。众多企业股价的普遍上涨，汇聚起来便形成了股市在长期维度上的向上运行趋势。

从中期的时间跨度来看，股市的走势重点关注货币政策和供求关系。简单地说，供求关系主要涉及股票数量的多寡以及资金量的多少，通过对这两方面因素的深入分析，能够较为有效地判断股市的中期走势情况。货币政策在其中扮演着至关重要的角色。例如，在 2015 年大牛市期间，当时国内经济增速实际上处于下行阶段。然而，央行实施了一系列降准、降息的举措，因此，市场流动性增强。在这种宽松的货币政策环境下，加之市场出现了赚钱效应，大量资金涌入股市，推动了股市的大幅上涨，造就了当时所谓的"水牛"，也被形象地称作"杠杆牛"。

"风动还是幡动"出自《六祖坛经》。其原文为：

一日思惟，时当弘法，不可终遁。遂出至广州法性寺。值印宗法师讲《涅槃经》。时有风吹幡动。一僧曰"风动"，一僧曰"幡动"，议论不已。慧能进曰："不是风动，不是幡动，仁者心动。"

这则故事用于说明股市的短期走势，非常合适。在短期范围内，股市的走势需要着重关注市场的情绪。当投资者普遍心怀上涨的预期时，他们会积极买入股票，推动股价上升。而政策的力度则对市场情绪有着直接的引导和刺激作用。正如有人调侃，如果有人判断短期趋势的准确率能超过 80%，那么仅凭做股指期货就能轻松成为世界首富。这从侧面反映出准确预测短期走势的难度之大。

当下，资本市场正发生着一系列重要变化。例如，IPO（Initial Public Offerings，首次公开募股）的闸门已然开始收紧。证监会于 2024 年 5 月 24 日正式出台部门规章《上市公司股东减持股份管理暂行办法》，这一举措为诸多减持行为戴上了"紧箍咒"。以往，部分上市公司的股东在股价高位时大量减持套现，导致市场股票供应量突然增加，对股价造成下行压力。如今，该办法的出台，限制了股东的减持行为，使得股票市场的供应相对稳定，这对市场资金的供求关系产生了一定影响，在一定程度上稳定了市场预期。

从资金利率方面来看，以国债利率为例，截至 2025 年年初，国内 10 年期国债的年化收益率已跌破 1.60%，全市场货币基金的平均 7 日年化收益率同样跌破了 1.5%。在这种低利率环境下，将资金存放在银行或投资于传统的低风险固定收益产品，所能获得的收益极为有限。因此，诸多资金会从银行体系流出，去寻觅合适的投资方向。股市作为一个具有较高收益潜力的投资领域，一旦呈现出赚钱效应，部分资金便有望流入股市，进而对股市的走势产生影响。

股市的运行逻辑可以总结为一句话：长期看经济，中期看供求关系，短期看市场情绪。长期来看，经济是股市的"定海神针"。宏观经济的健康发展是股市繁荣的根基。在中期视角下，供求关系主宰着股市的起伏。股票的供给源于企业的上市融资、增发等行为，而需求则来自投资者的资金流入。短期之内，市场情绪成为股市波动的"催化剂"。投资者的情绪极易受到各种因素影响，如突发的政策变动、国际局势紧张、企业突发负面消息等。投资者需时刻关注市场情绪指标，如成交量、换手率、投资者信心指数等，以便在短期波动中把握时机。

投资领域涉及诸多复杂的真相与逻辑，投资者只有深入理解并把握这些要点，包括不同时间维度下股市运行的驱动因素、当下市场的关键变化以及资金流动的趋势等，方能在投资过程中更为从容地应对各种市场变化。

第03讲
A股中的事件驱动投资

要在投资领域取得良好的成果，或许需要满足三个关键条件。其一为看对，其二是下大注，其三也是极为重要的一点，即"抱"得住。倘若能够同时达成这三点，则赚钱或许并非难事。

然而，在实际投资过程中，多数人往往只能满足其中一两个条件，能够同时做好这三点的投资者少之又少。例如，许多人声称自己看对了某只股票并且也买入了，但其买入仓位仅占总仓位的10%。在这种情况下，即便该公司的股价上涨100%，投资者可能也不会感到特别欣喜。因为从整体收益来看，这部分盈利对总资产的提升效果有限，就好比在一片广阔的田地里，只种下了一小片种子，即便这小片种子茁壮成长，收获的果实也难以装满粮仓。又比如，有人重仓某只股票，也能"抱"得住，但其"抱"得住的原因却是股票被套牢。这种情况就如同在黑暗中盲目坚守，并非基于对投资标的的深刻理解和信心，而是无奈之举。一旦股价持续下跌，就将面临巨大损失。

那么，怎样才能做到看对、仓位足够重且能稳稳"抱"住呢？这就需要深入研究和分析事件驱动这个关键问题。事件驱动策略如同投资世界里的"钥匙"，能开启盈利的大门。当深入研究某一事件，如行业政策的重大变革、企业的重大技术突破等，通过严谨的分析，若能精准地判断该事件将对相关投资标的产生积极且持久的影响，投资者便有底气"看对"。基于这一判断，结合自身的风险承受能力，合理加大仓位，做到"下大注"。而对事件的深入理解，能让投资者在面对股价的短期波动时，坚信长期价值，从而"抱"得住，实现投资收益的最大化。

什么是事件驱动

究竟什么是事件驱动呢？简单地说，就是当一个事件发生后，能够迅速推断出该事件对资本市场及某些特定行业将会产生何种影响。这要求投资者具备敏锐的洞察力和强大的逻辑推理能力，能在纷繁复杂的信息中抽丝剥茧，挖掘出事件背后潜藏的投资线索。

美国著名投资人彼得·林奇曾说过，"只要用心对股票做一点点研究，普通投资者也能成为股票投资专家，并且在选股方面的成绩能像华尔街的专家一样出色。"事件驱动投资正是如此，需要投资者用心去挖掘事件背后的价值。事件驱动投资便是在事件引发市场波动、出现定价偏差时，寻找投资机会。

以中国存在的猪周期为例进行说明。所谓猪周期是指，猪价呈现出两年多上涨，随后又两年多下跌的价格波动周期。为什么会出现猪周期呢？当养猪能够盈利时，就会有许多人投身养猪行业，如此一来，猪肉供给量便会增加。一旦供大于求，猪价自然会下跌。而当猪价下跌后，部分人便会放弃养猪，供求关系得到改善，猪价又会随之上涨。所以，在过去相当长的一段时间里，中国的猪周期现象较为明显。这一周期的形成，本质上是市场供需关系自我调节的体现，就像大自然的四季轮回，有着自身的规律。

2018 年，猪周期本处于猪价上行阶段，却又叠加了非洲猪瘟①事件。一旦猪场出现猪瘟，大量生猪便需要被处理。因此，2019 年在中国猪肉市场上出现了严重短缺的情况，猪价随之飞涨。非洲猪瘟

---

① 非洲猪瘟（African Swine Fever，ASF）是一种由非洲猪瘟病毒引起的猪的烈性传染病。它的历史可以追溯到非洲，最早于 1921 年在肯尼亚被发现。这种病毒的天然宿主包括非洲野猪和软蜱。在自然环境中，病毒通过软蜱的叮咬在野猪之间传播，从而在非洲大陆的野猪种群中循环存在。随着全球化的进程，非洲猪瘟病毒跨越了大陆界限。其传播途径主要包括生猪及其产品的跨境运输、泔水喂猪等。病毒一旦传入养殖场，就会在猪群中迅速传播，给养猪业带来毁灭性的打击。

的暴发，如同一场突如其来的风暴，打乱了原本猪周期的正常节奏。养殖户们眼睁睁地看着辛苦养殖的生猪因病倒下，损失惨重。而市场上的猪肉供应锐减，消费者们发现猪肉价格一夜之间仿佛坐上了火箭，迅速攀升。

许多人认为猪价飞涨时应该购买猪肉股，这个逻辑本身是正确的。正如彼得·林奇所倡导的，要善于从生活中发现投资机会，猪价的明显波动便是一个直观的市场信号。如果从事件驱动的角度去思考，那么在猪价连续大涨的时候，整个养殖板块都会受益，也可以选择其他养殖股。猪价上涨使得整个养殖行业的利润空间被打开，无论是主营生猪养殖的企业，还是涉足禽类、牛羊等其他养殖领域的公司，都可能因市场对肉类需求的整体上扬而获益。

还可以进一步思考，虽然猪肉价格在消费者物价指数（CPI）中的占比不足 3%，但猪价上涨时，牛肉、羊肉、鸡肉及蔬菜瓜果等价格也会随之上涨，可谓是牵一发而动全身。就像美国投资大师霍华德·马克斯所说，要关注事物之间的关联性，理解市场的连锁反应。在猪价上涨这件事上，其引发的物价连锁反应就是很好的例证。

所以，当时有一种形象的说法，即中国的 CPI 是被"二师兄"（猪）用鼻子拱上去的。而一旦 CPI 升高，货币政策往往会趋于中性偏紧，这对于股市而言无疑是一个利空因素。因为货币政策的收紧意味着市场上的资金流动性减小，企业融资成本上升，这会对企业的盈利预期产生负面影响，进而导致股市的整体估值下降。由此可见，诸多事物之间是相互关联的。从猪周期到非洲猪瘟，再到 CPI 变动以及货币政策调整和股市反应，这一系列事件形成了一个紧密相连的链条，任何一个环节的变化都可能引发连锁反应，深刻影响着资本市场和相关行业的发展走向。

近几年来，随着机构入场和中小农户的逐渐出清，目前的猪周期也大幅弱化了。机构凭借其规模化、科学化的养殖模式，能够更好地应对市场波动，稳定生猪供应，这使得传统的猪周期中因农户分散经营、盲目跟风导致的价格大幅起伏现象得到缓解，也在一定程度上改变了资本市场对猪产业及相关领域的投资逻辑。

事件驱动能力对投资很重要

我们不妨进行一个假设，一起穿越时空回到 2019 年年底。假如当时有人能够未卜先知，告知大家次年将会爆发一场席卷全球的疫情，致使数亿人感染、上千万人死亡，并且国家之间飞机停航。在这种情况下，人们可能会对投资望而却步。

然而，2020 年虽然预言成真，但这一年却是全球的投资大年。几乎所有资产，包括股市、楼市、商品、原油、物价等，全部都在上涨。这是因为疫情对全球经济造成巨大冲击，以美联储为首的全球央行纷纷采取量化宽松政策，大量资金涌入市场，从而导致资产价格水涨船高。

通过这个例子可以看出，当一个事件发生后，我们需要对其进行解读，分析该事件对投资及某些行业的影响。所谓事件驱动，就是在一个事件出现后，我们要尽力推断出它对于行业是利好还是利空，对于个股是利好还是利空。具备事件驱动的分析能力，对投资有着巨大的帮助。

　　再举一个例子，美国总统与美国股市是否有关联呢？我们来看一个有趣的现象总结。自 20 世纪 80 年代起，美国总统在其第一个任期的前两年，通常对股市涨跌不太关注，股市基本涨跌各半。但在第三年和第四年，股市上涨概率竟然是 100%。美国老百姓投入股市的资金比例比较高。美联储在 2024 年 3 月公布的数据显示，截至 2023 年年底，美国家庭净资产中股票所占的比例已超过 30%。如果临近选举，股市下跌，老百姓可能就不会投票给现任总统。所以，总统若想连任，就会设法在大选前推动股市上涨。

　　在投资过程中，我们还需要明白"讲道理"的重要性。这里我们对"道理"二字进行说文解字。先看"道"字，由"首"和"走之旁"组成，意味着投资要多动脑筋、多走访调研。再看"理"字，左边是"王"，右边上面是"日"，下面是"土"。"日"代表天，"土"代表地，天地之间左边的"王"可以理解为国家的大政方针。

　　回顾历史，我们可以发现中国股市的高低点背后都有政策因素若隐若现。例如，1992 年邓小平同志南方谈话，投资者的乐观情绪推动股指大幅上涨；1996-1997 年央行严查违规资金入市，股指随后开始宽幅震荡；尽管 2001-2005 年中国经济蓬勃发展，但股指却连续四年下跌，其中一个重要原因是 2001 年的"国有股减持"政策。

　　2001 年 6 月 12 日，国务院正式发布《减持国有股筹集社会保障资金管理暂行办法》。该政策实施后引发了市场的强烈反响，2001 年 10 月 22 日，证监会紧急暂停了《减持国有股筹集社会保障资金管理暂行办法》第五条关于"国家拥有股份的股份有限公司向公共投资者首次发行和增发股票时，均应按融资额的 10%出售国有股"的规定。但是投资者的情绪依然没有根本性改观。

2001 年 6 月 14 日，上证综指触及 A 股的重要高点 2245 点后，开始了长达 4 年的回调，一直到回调至 2005 年的 998 点后，伴随着股权分置改革启动，市场一路涨到 6124 点。

股权分置改革是中国资本市场中一项重要的制度改革。在股权分置改革之前，中国上市公司的股权结构被人为地划分为流通股和非流通股。非流通股主要是国有股和法人股，这部分股权不能在证券市场上自由流通，占总股本的比例较高。二元股权结构导致同股不同权、同股不同利的现象。非流通股股东的利益关注点与流通股股东不同，非流通股股东往往更关注公司的净资产等指标，而流通股股东则依赖股票价格的波动获取收益。股权分置改革的核心目的是消除流通股和非流通股之间的制度差异。

2005 年 9 月 4 日，中国证监会发布《上市公司股权分置改革管理办法》，股权分置改革进入全面推进阶段。上市公司纷纷根据自身情况制定改革方案，主要包括送股、缩股、权证等多种方式。自此以后，非流通股股东和流通股股东的利益协调机制建立起来，为此后 2005 年的牛市奠定了坚实的基础。

如何加强事件驱动能力

在投资过程中，既然知道事件驱动能力至关重要，那么我们应该如何加强这一能力呢？答案是要多经历、多学习。而提高事件驱动能力又涉及许多细分能力，如信息搜集能力、资讯解读能力、逻辑推演能力、市场理解能力等。

我们看一个 2025 年的案例。2025 年 1 月，中国 AI 初创公司深度求索(DeepSeek)发布了 DeepSeek-R1 和 V3 两款大模型。DeepSeek 在算力受限的条件下，通过训练策略的创新优化，实现性能提升的同时显著降低了成本。DeepSeek-R1 大规模使用了强化学习技术，极大地提升了模型的推理能力，在数学、代码、自然语言推理等任务上，性能比肩 OpenAI o1 正式版（OpenAI 是一家在人工智能领域极具影响力的公司，OpenAI o1 是 2024 年发布的一款人工智能模型）。

DeepSeek 在算法创新和开源特性等方面的优势，为 AI 应用和算力产业格局带来深远的变革与重塑。DeepSeek 发布大模型后，美国科技巨头英伟达的股价单日暴跌 16.97%，随后，国内云计算、软件、传媒等行业的股价上涨，这一现象反映出的事件驱动能力逻辑链条如下。

DeepSeek 大模型以低成本实现了与 OpenAI 相当的性能，在有限的硬件资源下展现出顶尖性能，减少了对高端 GPU 的依赖，预示了 AI 大模型对算力投入的需求可能大幅下降，动摇了英伟达在 AI 计算市场的核心地位。市场对未知技术存在恐慌情绪，投资者担心英伟达未来的业务受冲击，从而抛售股票，导致股价下跌。

此外，DeepSeek 的成功，证明中小企业无须自建大规模 GPU 集群，可按需在云端租算力训练模型，降低开发成本，增加了对云计算的需求。云计算厂商可提供训练和部署的基础设施，还能弹性扩容，并承担运维管理，确保模型稳定运行和更新迭代。同时，DeepSeek 的开源降低了模型开发的门槛，更多企业能参与 AI 开发。这为软件企业带来新的业务机遇，如开发基于大模型的应用程序等，促进软件行业发展。AI 技术也可用于传媒内容创作、智能推荐等，这使得传媒行业的内容更丰富、传播更高效，从而吸引更多用户和广告投放，推动行业发展。

如何加强事件驱动的动力，有以下几种方法可供参考，如向上社交、向上读书、向上学习，多与高水平的人交往，向他们学习。通过学习这些高人的经验和智慧，有助于提升我们对事件驱动的分析和解读能力。

在行业投资中，某些事件对行业的影响非常显著。以教育行业为例，五年前，许多人认为教育行业是一个优质赛道，原因是每个家庭似乎都格外重视子女教育，教育行业就像一条"长坡厚雪"的好赛道。然而，后来教育行业迎来了"双减"政策。这一政策对教育行业众多公司的市值产生了巨大的影响。如果投资者对"双减"政策没有给予足够的重视，继续持有教育股，可能会遭受巨大的投资损失。

对于一个具体事件而言，它对股价可能是利好，也可能是利空。但究竟是多大程度的利好或者利空，需要我们运用头脑进行严谨的推理。这里将对公司有影响的一些事件进行简单总结。

如公司业绩预告，即公司提前发布业绩预测，这一事件会对股价产生利好或者利空的影响。我们必须结合股价所处的位置来判断。例如，某公司公布业绩增速、利润增速在100%或200%以上，如果是在股价底部公布这一消息，则股价很可能会高开涨停，且第二天继续上涨。但如果是在股价高点公布，投资者就需要谨慎了，因为此时的利好有可能会转化为利空，甚至可能成为部分资金借利好出货的时机。所以，我们要结合股价的高低位来研判事件驱动对股价的利好或利空影响。

如分红送转、大股东增减持及高管增减持，这些也属于事件驱动的有趣指标。在投资过程中，投资者对公司的理解程度显然不如大股东和高管。所以，一旦发现股价处于高点，大股东有减持意向，投资者就应当考虑减仓。大股东和高管的增减持行为在很多时候是一个很好的操作信号。

如限售股解禁。许多公司上市后，其大小非总会面临限售股解禁的情况。一旦大量原始股份即将解禁，投资者就需要谨慎对待。因为大股东的成本可能非常低，比如股票价格是 30 元，但对于大股东而言，其成本可能只有几元甚至几角。所以，他们无论以何种价格出售，都可能实现盈利。

此外，股权激励、重组并购、评级上调等事件也会对股价产生正面或者负面的影响，这些都属于事件驱动的范畴。

第 04 讲
如何理解 A 股的趋势投资

"天下大势，浩浩汤汤，顺之者昌，逆之者亡"，依据上涨或者下跌的周期规律来进行买卖交易的投资方式，即为趋势投资。

投资存在三个不同的维度，分别是短线、中线和长线。通常投资者的持股时间很少超过三天，这类情况明显属于短线投资。若持股时间在数周或数月，则属于中线投资范畴。有些投资者表示自己没有时间看盘，看好一只股票后便长期持有，时间长达一年甚至数年，这就是长线投资。

不过，现实中不少投资者原本计划做短线投资，结果因股票被套住，无奈只能转变为中长线投资。但不论选择短线、中线还是长线投资，关键在于找到适合自己的方式才是最佳选择。

在进行投资时，有三点需要着重留意。

第一，最好不要让短线投资变成中长线投资。在十几年前，即便股票被套住后长期持有，或许还能碰上借壳重组，实现"乌鸡变凤凰"的奇迹。然而在当前注册制的大背景下，很多公司极有可能一路下跌直至退市，所以要尽量避免此类情况发生。

第二，题材股切不可做长线投资。因为题材股本身缺乏业绩支撑，当其股价涨到高位后，很可能会"从哪里涨上来就回落到哪里去"，所以题材股更适合以短线投资为主。例如，一些因热门概念炒作而股价飙升的公司，热潮退去后，股价往往迅速冷却。

第三，价值股最好不要做短线投资。如电力、银行这类公司的股票属于价值股，若只想持有银行股三天，那建议还是不要入手为好。这些价值股业绩稳定但波动较小，更适合长期持有以获取稳定的股息与资产增值，而非短期投机。

长线投资赚的是业绩的钱

若进行长线投资，则赚取的其实是业绩增长带来的收益。从股价计算公式来看，股价等于每股收益乘以市盈率（$P=\text{EPS} \times \text{PE}$）。这一简单却蕴含深刻逻辑的公式，宛如一把标尺，丈量着企业价值与股价之间的紧密联系。

例如，有一家白酒公司，其估值稳定保持在 20 倍市盈率，当年业绩为每股 1 元，那么依据公式计算，股价就是 1 元乘以 20，即 20 元。到了第二年，该公司估值依旧是 20 倍市盈率，但业绩增长至每股 1.2 元，此时股价变为 1.2 元乘以 20，也就是 24 元。

在这个过程中，我们清晰地看到，当市盈率这一市场对公司的估值预期相对稳定时，公司业绩的每一次提升，都如同给股价注入了一股向上的强劲动力。由此可见，随着公司业绩的增长，股价也会相应地逐步上涨。所以在长线投资中，投资者赚取的并非股价波动的差价，而是企业业绩增长所带来的收益。这就好比种下一棵果树，耐心等待它茁壮成长、开花结果，收获的是实实在在的果实，而非仅仅关注果树在风中摇曳的姿态。

从市场的整体情况而言，长期来看股市是呈向上走势的。我国股市曾跌至 998 点、1664 点、1849 点、2440 点等重要低点，但每次低点过后，A 股都会迅速拉起并继续向上攀升。这背后的根本原因，正是众多企业在长期发展过程中，通过不断创新、拓展市场、提升管理效率等方式，实现了业绩的稳步增长，从而推动整个股市的重心上移。

不过，尽管市场长期向上，可做长期投资却并非易事，原因在于很少有公司能够始终保持业绩持续向上增长，业绩往往存在波动。在 A 股五千多家上市公司中，每年都能保持正增长的公司少之又少，若要寻找这类公司，在偏消费类公司中找到的概率或许相对大一些。消费类公司，尤其是那些拥有知名品牌、稳定消费群体的企业，其产品需求往往具有较强的刚性。如食品饮料行业，无论经济形势如何变化，人们对日常食品和饮品的需求基本不会大幅减少，这就为企业业绩的稳定增长提供了坚实的基础。

以地产龙头万科企业股份有限公司（以下简称"万科"）为例，若在十几年前问是否可以长期持有，可能很多人会坚定持有。但如今，愿意坚定持有的投资者估计不多了，因为地产属于周期股，其业绩会出现较大幅度的起伏波动。一旦地产行业不再景气，相应公司的股价就很可能出现大幅回调。过去房地产市场蓬勃发展，万科凭借规模扩张、项目开发等实现业绩与股价双丰收。但随着市场环境的变化，在政策调控、需求转变等因素的影响下，地产行业进入调整期，万科业绩增速放缓，股价也受到冲击。这鲜明地体现出，业绩的稳定性对于长期投资的重要意义，只有找到业绩持续增长或相对稳定的企业，长线投资才更有可能收获丰厚的回报。

中线投资赚的是周期的钱

中线投资想要盈利，赚取的是周期变化带来的收益。实际上，大多数投资者既做不好短线投资，也做不好长线投资，短线投资需要较强的盘感，长线投资则要求对公司有深刻的理解，而中线投资相对更适合大多数人。

有一个曾颇为流行的"股市渣男图鉴"，它将市场中的众多行业统一划分为四大类，且各有特点。

第一类——"渣男行业"：主要是以互联网、电子、半导体、新能源等科技股为主的行业，这类行业的业绩可能会出现高增长，但稳定性欠佳，容易出现业绩非常好或者非常差的情况，股价也容易暴涨暴跌，因此被称为"渣男行业"。

第二类——消费行业：如家电、白酒、食品饮料、医药医疗等偏消费为主的行业，其业绩基本上能够保持稳定增长，当然也不排除偶尔会出现业绩下滑的现象。

第三类——周期行业：如煤炭、有色金属、钢铁、化工、纺织、能源等行业，这类行业的特点是业绩波动性极大，好的时候特别好，差的时候特别差，比如之前提到的养殖股，就会因猪周期的影响，有时非常赚钱，有时却是亏大钱。

第四类——高股息行业：如电力、保险、金融、银行等行业，这类行业的业绩增长相对较为稳定，无论处于牛市还是熊市，业绩都能维持在一个比较稳定的状态。

针对这四类不同行业，进行中线投资时所关注的要点和采用的方法各有不同。

科技股：投资科技股时，需要重点关注政策是强力扶持还是进行打压，这一点至关重要，同时还要关注渗透率这一指标（渗透率是指在销售的产品中，新产品所占的比例）。例如，十几年前苹果手机刚进入中国大陆时，中国智能手机的渗透率还不到 20%，也就是说，每销售 100 台手机，其中智能手机不足 20 台。而随着智能手机的渗透率从 20% 逐步向上提升的过程中，涌现出了众多牛股。同样的情况在 2019 年的电动车行业再次上演。所以，科技股在渗透率逐渐提升的过程中，往往蕴含着大量牛股诞生的机会。

消费股：投资消费股要着重关注物价指标，即消费者物价指数（CPI）。若物价能够保持稳定且呈上升趋势，则酱油、醋、牛奶、面包、火腿肠等与老百姓日常生活息息相关的必选消费品类公司，股价可能会有好的表现；而当老百姓的消费能力提升、兜里有钱且敢于消费时，白酒、汽车、家电、旅游、医药等可选消费品类股票才会有较好的表现。

周期股：对于周期股的中线投资，要关注工业品出厂价格指数（PPI）。若该指数能够企稳并向上攀升，那么周期股往往会迎来较好的行情。需要注意的是，周期股具有反人性的特点，投资者需要在其业绩不佳、股价不高时买入，而在其最赚钱、股价处于高位时卖出，然而做到这一点着实困难，现实中很少有机构或个人能够长期在周期股投资中获取高额收益，就是因为周期股投资与人性相悖。

高股息股：高股息股可被视作"熊市避风港"，一旦市场步入熊市或者阶段性走弱，许多资金便会涌入高股息板块进行抱团取暖。

短线投资赚的是博弈的钱

短线投资赚取的是博弈以及市场情绪变化带来的收益，不过短线的钱并不好赚。进行短线投资时，投资者的对手包括游资、量化机构、大股东、各类机构以及众多同样想赚快钱的散户，想要从这些对手中稳稳地赚到钱并非易事，毕竟竞争十分激烈。

若想涉足短线投资，需要具备一些技巧。投资者要懂得技术分析，拥有良好的盘感，必要时还得会做日内交易。此外，一旦买错股票，必须杀伐果断地认错止损。例如，当股价跌破 5 日均线或者 20 日均线，或者成本向下跌了一定的百分比时，就要立即止损。但现实中很多投资者往往狠不下心来止损，所以如果缺乏这种果断决策的能力，建议不要轻易触碰短线投资，并且在投资过程中要保持战略定力，被套住时不能自我催眠，避免不自觉地将短线投资变成中线或长线投资。

市场运行存在熊市、震荡市和牛市三种形态，震荡市和熊市可适当进行短线博弈，牛市则应以持股为主。

在牛市第一波阶段，很多投资者并不相信牛市已经来临，因为此时牛市的基础尚不牢固，很可能会因政策不及预期或者经济数据突然变差而出现一轮下跌。倘若市场继续上涨，则在向上的过程中，媒体会进行大量报道，进而吸引众多投资者的目光。尤其在当下自媒体时代，信息传播能力相较于以往的报纸电视时代有了质的飞跃，公众的"笨钱"（指缺乏专业投资知识和经验的资金）开始涌入市场，带着各种幻想和贪婪蜂拥而至。

回顾过往，在 2005 年上证综指从 998 点涨到 6124 点，或者 2014 年从 1800 点涨到 5178 点的过程中，大量资金在牛市高点前一两个月才冲进来，这些资金明显属于后知后觉。当众多投资者在牛市涨到高点，畅想股指能突破 10 000 点时，牛市往往也就接近尾声了。牛市结束后，通常还会向上有一个反抽，形成迷惑性的双头形态。在牛市阶段做投资，尤其是中早期，应以持股为主，避免短线频繁交易和高点加仓。

熊市阶段则应以短线超跌反弹为主进行投资。如 2018 年，大盘下跌了一千多个点，但不少老股民却并未怎么亏钱，原因就在于他们掌握了短线超跌反弹这一策略。市场短期超跌后，会出现反弹，幅度大概在 10%~15%，老股民便趁机"吃一把"就离场，然后等待下一波超跌反弹的机会，这就是熊市中的短线"吃饭行情"。

不过，一旦市场进入牛市，这种超跌反弹的方法就不再适用了。所以，我有时会跟新股民开玩笑说，如果在牛市初期入场，要做的第一件事就是远离老股民，因为老股民普遍胆子较小，既怕踏空又怕亏损，市场越涨他们越不敢买入；当然，新股民若喜欢追高，则在短期内也会备受折磨。

如何理解强势产业

将趋势投资与产业分析相结合，便衍生出了"强势产业"这一概念。所谓强势产业，绝非偶然崛起的昙花一现，而是在特定时代背景下，顺应经济发展潮流、契合市场需求与政策导向，从而展现出强大的增长动力与发展潜力的行业集合。

不同时期有着不同的强势产业。例如，在 1988 年到 1997 年期间，中国经济刚从短缺经济中走出，老百姓对于基本生活需求有释放的渴望，需要洗衣机、电视机等产品，所以当时与老百姓生活密切相关的行业涌现出很多牛股，如长虹、海尔等企业表现突出。那时，长虹凭借其在彩电领域的技术突破与大规模生产优势，迅速占领市场，满足了人们对高品质视听享受的需求，成为家电行业的领军企业，股价也一路水涨船高。海尔则以其优质的产品和完善的售后服务，在家电市场站稳脚跟，尤其在冰箱、洗衣机等领域，深受消费者信赖，在资本市场上也备受青睐。

从 1998 年到 2007 年，中国发生了两个重大事件。一是房地产行业出现了"商品房"概念，房子成为商品，谁也未曾料到其后来会有几十倍的涨幅；二是中国加入世界贸易组织，外需拉动中国经济增长。在这十年间，与房地产、出口相关的行业诞生了众多十倍股。房地产行业的兴起，带动了上下游产业链的蓬勃发展，从建筑材料、装修装饰到家电家居，众多企业迎来发展的黄金期。同时，加入世贸组织后，中国制造业凭借成本优势与庞大的产能，迅速融入全球市场，服装、玩具、电子产品等出口企业的订单大幅增长，企业规模与利润不断攀升，股价也随之大幅上涨。

从2008年到2017年，中国迎来了新兴行业的第一波浪潮，互联网、稀土、LED、TMT等诸多板块都出现了大量十倍股。互联网行业以阿里巴巴、腾讯为代表，通过创新商业模式，改变了人们的生活与消费方式，缔造了商业传奇。稀土作为重要的战略资源，随着全球对新能源、电子信息等产业的重视，需求大增，相关企业受益颇丰。LED在照明领域的广泛应用，以及TMT行业在信息技术融合创新下的快速发展，都为投资者带来了丰厚的回报。

从2018年到未来的2028年，结合当前的政策和产品背景，在内循环中的消费、以人工智能为代表的新质生产力等行业中，大概率也会涌现出不少牛股。随着国内的消费升级，高品质、个性化的消费品需求旺盛，消费类企业有望通过创新产品与服务，赢得市场份额与利润增长。在人工智能领域，从基础算法研发到应用场景拓展，如智能驾驶、智能家居、智能医疗等，都蕴含着巨大的潜力，一旦技术突破与商业应用成熟，相关企业将迎来爆发式增长，成为资本市场的新宠。

下面，看一下某行业大佬对于短、中、长线投资的见解。

短线投资讲究"顺势而为"，基本不受太多基本面选择的限制，秉持高买然后更高卖的原则，对利润不做具体要求，但对亏损要严格把控，要求投资者具备敏锐的市场嗅觉以及严格的操作纪律。

中线投资需要对基本面有充分的把握，要对价格、估值有良好的认知，适合选择那些经营稳定、业绩不会大起大落的行业，并且只有当预期短期利润目标在 20%以上时才考虑入场，若觉得某只股票可能仅上涨五六个点、七八个点，那就应当放弃参与。

长线投资对投资者的要求最高，不过现实中很多人是因为股票被套牢才被动做了长线投资。实际上，长线投资需要投资者对企业有极为深刻的认知，对自身操作有坚强的把控力，能清楚地把握企业未来的发展趋势，并且以长期投资的心态以及股东的心态去分享企业成长带来的收益。

综上所述，短线、中线和长线投资各有特点，要求也截然不同，投资者需根据自身情况谨慎选择适合自己的投资方式和策略。

第 05 讲
常见的技术分析指标

在金融投资领域，技术分析作为判断市场趋势、预测价格走向的重要手段，其涵盖的指标体系可谓繁多且庞杂，常常让初涉其中的投资者望而生畏。为了帮助投资者能够系统、有条理地掌握这些技术分析指标，本书将技术指标归纳为三个部分来详细阐述，分别是 K 线蜡烛图、均线、轨道线和趋势线，以及成交量和 MACD（Moving

Average Convergence and Divergence，异同移动平均线）等指标。

上述这些经典且基础的指标，经过了时间的沉淀与市场的检验。对于大多数投资者日常的交易操作而言，它们犹如一套完备的工具套装，足以满足日常需求。当然，技术指标还包括时间周期、黄金分割线、波浪理论这类看似颇为神秘的指标。

若有人认为，投资一直未获利，想花费半年时间把所有技术指标都学会，就能做好投资，那恐怕要失望了。因为众多指标之间常常相互矛盾，如 MACD 这类能叫出名字的指标就有一千多个，即便全部学会，也可能会出现 300 多个指标看涨、300 多个指标看震荡、300 多个指标看跌的情况。

以波浪理论为例，它存在"五浪上升"和"ABC 三浪下跌"的说法。运用波浪理论进行投资时，事后回顾好像都挺合理，但用于预测时，成功率却并不高，很多人对波浪理论的理解过程就如同"事后诸葛亮，事前猪一样"。

实际上，抓住几个核心指标便已足够，就如同金庸小说里的"倚天剑"和"屠龙刀"一样，在技术分析指标中，K 线和成交量堪称关键所在。对于投资者而言，更有效的方法是采用"基本面择股，技术面择时"的策略。选股时，需考量基本面情况，关注事件驱动因素及题材等方面；而选择买点和卖点时，则最好借助技术分析指标来辅助判断。要注意的是，技术指标主要用于寻找买卖点，切不可单纯依据金叉、放量、底背离等指标去选择股票，不能本末倒置。

如何理解 K 线蜡烛图

下面，我们来看一下技术分析形态，一共可分为五类。

指标派：包含移动平均线、均线、MACD、KDJ（随机指标）等众多指标。这些指标各自从不同角度反映市场的动态。移动平均线能平滑股价波动，展现股价中的长期趋势；MACD 则通过分析股价短期和长期移动平均线的偏离情况，揭示市场的买卖信号。投资者只需掌握其中三四个指标，通常在投资操作中就够用了。

切线派：涵盖趋势线、通道线、压力线、支撑线、轨道线等，通过这些线条来分析市场趋势及关键价位，就如同在地图上绘制路线，趋势线勾勒出股价前行的大致方向，压力线与支撑线则像道路上的关卡，限制股价的涨跌范围。当股价触碰压力线时，可能面临回调；而触及支撑线时，则有反弹的可能。

形态学派：主要与 K 线形态相关，如 M 头、W 底、头肩顶、头肩底、三角形整理等，通过观察 K 线组合形态来判断市场趋势变化。M 头形态一旦形成，往往预示着股价上涨趋势的反转，而 W 底则暗示下跌趋势可能即将结束，开启上升行情。

K 线派：包括吞没形态、红三兵、孕线、上吊线等多种单根 K 线及 K 线组合形态，是技术分析中的重要流派。每一种 K 线形态都传递着独特的市场信息，如红三兵形态由三根连续上涨的阳线组成，象征着多头力量强劲，股价有望继续攀升。

波浪派：此流派理论性较强，"理论大师"居多，投资者稍作了解即可，其在实际预测中的准确性相对有限。它将股价波动类比为波浪起伏，划分出不同浪型，但由于市场复杂多变，精准预测浪型难度较大。

K 线是技术分析中的关键部分，几乎每天都会呈现在投资者眼前。K 线直观地反映了一段时间内交易的开盘价、收盘价、最高价与最低价，每一根 K 线都宛如一部微观的市场交易简史，蕴含着多空双方激烈博弈的痕迹。从 K 线的实体长短、颜色变化，到影线的有无与长短，都能解读出市场参与者的情绪与力量对比。

目前普遍认为，K 线起源于数百年前的日本米市，由一位名叫本间宗久的大米商人所发明。本间宗久于 1724 年出生在日本酒田市山形县，后被本间家族收养并改名。当时的日本米市，交易频繁且价格波动剧烈，本间宗久敏锐地察觉到其中蕴含的巨大商机，也深知精准地把握价格走势的重要性。

他全身心地投入稻米现货买卖的价格信息及走势研究中，通过长期对米价数据的观察和记录，把每天米价的开盘价、收盘价、最高价和最低价用特定图形表示出来，创造出了 K 线图。当时该图形的形状犹如蜡烛，故而也称作蜡烛图。本间宗久在绘制 K 线图时，仔细琢磨每一个价格节点的变化，就像一位严谨的画家，不放过任何细节。他凭借对 K 线图的深入分析与巧妙运用，预判大米价格的走势，在大米交易市场中屡战屡胜，积累了巨额财富。不仅如此，他还将自己多年的交易经验精心编写成 160 条守则，被称作"酒田战法"，K 线分析法便由此衍生而来，为后世投资者在资本市场中的博弈提供了宝贵的参考依据。

对于单根 K 线而言，主要涉及四个价格要素，即最高价、最低价、开盘价和收盘价。当天的最高价和最低价较易理解，开盘价是指每个交易日上午 9:30 的价格，它是多空双方每日博弈的起始点；收盘价则是多空双方经过一天博弈后达到的均衡点，是当天最为重要的价格。

此外，K 线还存在假阳线、假阴线的说法。例如，某一天股价高开了 10%，但盘中出现暴跌，最终当天仅微涨 2%，从视觉上看呈现出一根大阴线，但实际上当天指数是上涨的，这就是假阴线；反之则为假阳线。

单根 K 线形态多达 12 种左右，常见的有光头光脚阳线、十字星、T 字线、墓碑线、一字板等。通常，指向某一方向的影线越长，越不利于价格朝着该方向移动；阳线实体越长，价格上涨的可能性越大。例如，在底部出现一根大阳线时，很可能是市场转势的标志；相反，阴线实体越长，价格下跌的可能性也就越大，如很多妖股或题材股在高位出现放量大阴线时，大概率意味着短期将面临调整。

需要注意的是，单根 K 线的判断失误率相对较高，所以一定要结合 K 线组合来综合分析市场趋势。

K 线组合的反转形态

在 K 线组合中，有的属于持续形态，它们如同平稳行驶的列车，预示着当前的市场趋势将延续下去，投资者可以顺势而为，搭乘趋势的快车获取收益。有的属于反转形态，可能是市场的"信号灯切换"。当反转形态出现时，就如同列车即将改变行驶方向，原本的上升趋势可能转为下跌趋势，或者下跌趋势迎来反转向上趋势。接下来，我们重点关注反转形态，因为它往往意味着市场格局的重大变化，能让投资者提前布局。

锤子线与相关形态

锤子线，因其形状酷似锤子，有锤头和锤柄，所以得名。当市场经过一段下跌后，在底部出现一根缩量锤子线时，很可能意味着市场已经见底。反之，当市场经过一段上涨后，在顶部出现一根放量锤子线时，很可能意味着市场已经见顶。这可以形象地理解为，用锤子去砸顶部和底部，当砸不动时，顶和底也就出现了。若把锤子倒过来，在高位正的锤子线叫上吊线，倒的锤子线叫墓碑线，从名称就能感觉到它们对市场趋势的预示作用不太乐观。

鲸吞线（包含线）

当在高点出现一根大阴线，且这根大阴线能够把前一根 K 线完全包住时，此形态被称作鲸吞线或包含线，这表明前期的市场势头发生了显著变化，很可能意味着趋势即将逆转。

母子线（孕育线、身怀六甲线）

有一种 K 线形态叫母子线，也叫孕育线或身怀六甲线，因其形态好似一个小孩子被包裹在前一根 K 线的"肚子"里而得名。若出现在底部，可理解为孕育着上涨的希望；若出现在高点，则预示着市场可能要由涨转跌了。

黎明之星与黄昏之星

至于黎明之星的 K 线组合，其构成是第一天为光头光脚的阴线，第二天是十字星，第三天是光头光脚阳线。有经验的投资者看到在底部出现大阴线后，又紧接着出现缩量十字星时，往往会判断接下来市场大概率会出现阳线，从而构成黎明之星这一 K 线组合。但如果第二天只是缩量上涨，那么上涨的持续性就值得怀疑，其中涉及的成交量问题，书中后续会讲。黎明之星的相反形态是高位的黄昏之星，其出现往往意味着市场趋势可能发生转变。

三红兵与三乌鸦

俗话说"三根大阳线，千军万马来相见"，当市场底部连续出现三根阳线时，意味着市场很可能要转势了。底部三根阳线，即为三红兵。

与之相对应的，如果在顶部出现三根中阴线，那就是三乌鸦组合，一旦市场或者某些题材股在高位出现三乌鸦，从稳妥操作的角度出发，应当以减仓为主。

强弩之末

强弩之末的 K 线组合，表现为两根阳线之后收了一根小阴线，这意味着这波上涨在短期内可能已接近尾声，往往这根小阴线下方的量能是放大的。对于同样是放大的量能，如果前两天大涨而第三天涨不动了，则说明已有投资者开始逢高卖出。

除了上述列举的两三根 K 线构成的经典组合形态外，从 K 线形态学角度来看，还有头肩底、头肩顶、双底、双头、箱体、三角形整理等多种形态，由于篇幅限制，书中就不再一一列举了。

总之，K 线蜡烛图及其组合形态蕴含着丰富的市场信息，投资者需要仔细研读、综合判断，以便更好地把握市场趋势变化，辅助投资决策。

接下来，我们看一下均线、轨道线和趋势线等。均线能够平滑价格波动，帮助投资者清晰地洞察市场的平均成本以及价格的长期趋势走向。无论是上升趋势、下降趋势还是盘整趋势，均能在趋势线的描绘下一目了然。而轨道线则是在趋势线的基础上，进一步拓展出价格波动的上下边界。

均线的原理及作用

均线存在不同的参数设置，需要明确一些常见的参数所对应的时间周期。通常来说，一周有 5 个交易日，所以 5 日均线就是周线；10 日均线可视为半月线；20 日均线对应的是月线；由于一年大概有 250 个交易日，所以 250 日均线就是年线，也常被称作牛熊分界线。

在实际运用中，建议投资者主要看三条均线，即 5 日均线、20 日均线和 250 日均线，没必要把软件界面弄得过于繁杂。设置诸如 5 日均线、10 日均线、20 日均线、60 日均线、120 日均线等众多均线，这样会让软件界面显得杂乱无章，甚至连 K 线都难以看清。

根据不同的投资周期，可以借助不同的均线来判断趋势。从个人经验出发，建议短期趋势观察周线（5 日均线），中期趋势参考月线（20 日均线），长期趋势则重点关注年线（250 日均线）。

在投资过程中，"顺势而为"至关重要，这里的"势"可以理解为中长期均线向上的走势。尽量不要参与那些中短期均线向下的公司，即便资金雄厚，在下跌趋势中盲目抄底也很容易被套住，就如同螳臂当车，是无济于事的。

我曾在 2015 年参加一个投资沙龙时，与一位投资者交流，他让我帮忙看看他持有的一家公司情况。我查看后发现，那家公司的基本面比较一般，而且均线呈现向下的态势，估值方面也没有优势，就跟他说了一下我的观点。但他却表示不论怎样，短期也不方便卖出了。我追问原因，得知他竟是那家公司仅次于董事长的第二大股东。原来他本是煤老板，最初投入 2000 万元买入该股票，之后股价下跌就不断补仓，最后补仓到几亿元，甚至达到了举牌的程度。由此可见，即便资金量大，若处于向下的趋势中，也难以避免被套的命运。

因此，对于中小散户或者资金量没那么大的投资者来说，投资的一个重要前提是，尽量参与中短期均线向上的公司股票，这个认知非常重要，千万不要轻易抄底，不要去接下落的"飞刀"。

均线中有两个关键术语，一个是"黄金交叉"，另一个是"死亡交叉"。"黄金交叉"指的是短期均线上穿中长期均线，如 5 日均线上穿 10 日均线或者 20 日均线等情况。如果出现黄金交叉的同时，伴随着成交量的放大，通常意味着股价在短期内有发力上涨的迹象。

与之相反，在股价处于高位时，若短期均线下穿中长期均线，这个位置就叫作"死亡交叉"。需要注意的是，股价下跌时不一定需要明显的放量，但上涨时一般是要放量的。所以当股价在高位出现中短期均线下穿中长期均线的死亡交叉，并且该股票从低点到高点已经有了较为明显的涨幅时，投资者就要格外小心，此时不应再盲目加仓，而是要考虑减仓或者清仓操作，正所谓"小心驶得万年船"。

均线还存在多头排列和空头排列两种形态。"多头排列"是指短期、中期、长期均线像士兵列队一样依次有序排列，如从最上方的短期均线（如 5 日均线）依次往下是 10 日均线、20 日均线、60 日均线等。如果手中的个股呈现这样的多头排列形态，只要股价不跌破 20 日均线，就可以继续持有；一旦股价跌破 20 日均线且伴有放量现象，就需要做好减仓的准备了。

而"空头排列"则刚好相反，短期均线处于下方，如 20 日均线、60 日均线、120 日均线、250 日均线依次从上往下排列。当看到一家公司的中短期均线呈现空头排列形态时，无论多么看好这家公司，都不要贸然去抄底，因为很可能公司存在较大问题。在过去，证券公司的股票即便股价跌得很惨，或许还有借壳重组"乌鸡变凤凰"的机会，但如今在注册制背景下，股票一旦下跌，就有可能直接退市，所以对于这类公司坚决不能去抄底。

要是实在忍不住想抄底怎么办呢？可以开个玩笑地说，找一根绳子把手捆起来，以此克制自己的冲动。

另外，在选择股票时，如果有两家公司各方面条件都差不多，如估值相近、所处行业也类似，那么可以选择均线呈现多头发散状态的那家公司。当某家公司的均线在底部呈现多头发散且处于相对黏合的状态时，一旦底部放量，股价就会有一定概率一飞冲天，所以要重点关注这类底部呈现多头均线聚拢且放量后有望向上发散的公司。

趋势线、轨道线及其作用

讲完均线，我们再来看一下趋势线。所谓趋势线，就是将公司股价或者大盘的低点连接起来形成的线，叫上涨趋势线。把高点连接起来形成的线则叫下跌趋势线。绘制趋势线的方法就是选取更多的低点或高点，用直线将它们连接起来。画出趋势线对投资有很大的帮助，能帮助我们更清晰地判断股价的走势。

轨道线与趋势线相关但有所不同，趋势线是一条线，而轨道线是两条线，就如同火车轨道一样，股价会在这两条轨道线之间来回波动。当股价向上突破轨道线上轨时，往往意味着股价将要加速上涨；而当股价向下突破轨道线下轨时，则意味着这一波上涨行情可能要结束了，股价或许会加速下跌。所以在运用轨道线进行分析时，要重视轨道线的上轨或下轨被突破的情况，无论哪一方被突破，都预示着新一轮趋势的开始。因此，运用轨道线时，一是要关注股价是否突破轨道，二是要留意是轨道的上轨还是下轨被放量突破，因为这都会使股价朝着新的方向持续运行一段时间。

轨道线的作用主要在于限制股价变动的范围，股价会在轨道内上下波动，而且轨道线被股价触及的次数越多，其延续的时间往往越长，被市场认可的程度和重要性也就越高。同时要明确，是先有趋势线，后有轨道线，趋势线可以单独存在，而轨道线必须是两条线，其起始线可以是一条线也可以是两条线，但最终呈现的轨道线必定是两条线。

从技术指标维度来看，A股也运行在轨道线里。把上证综指月线做成一个长图，通过这个图就能有一种"上帝视角"，可以更清晰地看到市场的全貌。上证综指的轨道线，其下轨是将过去 30 年来的低点连接而成的一条线，上轨则是把高点连接起来形成的线。尽管市场中有两次大牛市，分别是 2005 年的 6124 点和 2015 年的 5178点，使得股价突破了上轨，但在大多数情况下，A 股其实是在这样一个震荡的箱体内运行的。

支撑线与压力线及其变化

我们再来了解一下支撑线和压力线。在 K 线图中，支撑线和压力线是技术分析里很重要的概念。它们就像市场的"隐形边界"，时刻影响着股价的走势。

支撑线是指当股价下跌到某一价位附近时，会出现买方增加、卖方减少的情况，从而使股价停止下跌甚至回升。这个阻止股价继续下跌的价位线就是支撑线。例如，一只股票价格跌到 10 元附近时，投资者普遍觉得价格很有吸引力，纷纷买入，使得股价跌不下去，那 10 元这个位置就是支撑线所在。这背后的原理是，当股价下跌到一定程度时，投资者会认为其价值被低估，此时买入的成本较低，未来上涨的空间较大，因此大量买入，形成了对股价的支撑。

压力线与之相反，当股价上涨到某一价位附近时，会出现卖方增加、买方减少的情况，股价上涨的势头受到抑制，开始回落或者放慢上涨速度。假设一只股票涨到 20 元时，很多持股者想卖出获利，而新的投资者也觉得价格有点儿高，不太愿意买入，就会使股价上涨受阻，20 元这个位置就是压力线所在。因为股价上涨到一定高度时，前期买入的投资者为了锁定利润，会选择卖出股票，而潜在的买方则会对过高的价格产生顾虑，买卖力量的失衡使得股价难以继续上行。

这两种线不是固定不变的，它们会随着股价的波动、市场供需关系的变化而变化。当股价有效突破压力线后，这个压力线可能会转变为支撑线；反之，当股价跌破支撑线后，支撑线可能会变成压力线。例如，某股票长期在 15~20 元区间震荡，20 元是明显的压力线。当股价成功突破 20 元后，原本在 20 元附近卖出的投资者可能会后悔，而未买入的投资者则会觉得错过了低价买入的机会，当股价回调到 20 元附近时，这些投资者就会纷纷买入，使得 20 元从压力线变成了支撑线。

例如，在牛市中，很多个股就呈现出底部不断抬高的走势，也就是支撑线不断上移，这就是牛市的一种典型特征；而熊市则相反，表现为高点不断降低，即每次反弹的高点越来越低。在牛市里，市场情绪乐观，资金不断涌入，投资者对股价的预期不断提高，每次股价回调到新的支撑线附近时，都会有新的资金买入推动股价继续上涨。在熊市中，市场信心受挫，投资者纷纷抛售股票，每次股价反弹到一定价位时，就会引发更多的抛售，导致压力线不断下移。

了解完 K 线、均线、趋势线、轨道线等内容，接下来的内容主要围绕成交量和 MACD 等指标展开。成交量作为市场交易活跃度的直观体现，其大小变化往往预示着市场动能的强弱转换。当成交量大幅增加时，说明市场交易活跃，多空双方博弈激烈，股价的走势可能会出现较大变化。而 MACD 指标，通过对两条不同周期移动平均线的差值计算，并结合柱状图的形式展现，能够敏锐地捕捉到市场趋势的变化以及买卖信号的出现。

经典的量价关系

什么是成交量？成交量指的是在一个时间单位内某项交易成交的总数量。一般情况下，若成交量较大且股价处于上涨态势，则通常意味着股票趋势向好。这是因为大量的成交代表着市场中投资者对该股票的热情高涨，多方力量强劲，积极买入推动股价持续攀升，形成良性的上升循环。

而在量能比较低迷时，这种情况一般出现在熊市或者股票的整理阶段，此时市场交投不活跃。投资者大多持观望态度，买卖双方都较为谨慎，缺乏明确的方向指引，股价也往往在相对狭窄的区间内波动。成交量是我们分析股价走势以及判断主力动向的重要依据，能为我们提供诸多关键的参考。主力资金的进出往往会在成交量上留下痕迹，通过对成交量的细致观察与分析，我们能更好地洞察市场背后的力量博弈，从而在投资决策中抢占先机。

下面我们将成交量与 K 线的关系梳理为几种情况来具体分析，探寻其中可供参照的规律。

天量天价

"天量对应天价"是一个非常重要的规律。具体而言，当股价处于高位且形成巨大成交量时，表示买盘力量很强，仿佛所有想买的人都已经入场了。倘若后续量能无法再创新高，那么股价调整的风险就会显著加大。

通过复盘会发现，上涨时成交量最高的那一天，往往对应股价的相对高点。如果股价继续上涨，但是成交量无法继续放大，这就涉及后面要提到的缩量上涨情况。

虽然"天量对应天价"并非绝对，但从过往经验来看，大概百分之七八十的情况是符合这一规律的。大家可以回顾一下手中持有的股票或者大盘走势，查看量能最高的那天对应的股价，是否就是短期高点，以此验证这一规律。

地量地价

既然有天量天价，与之相对应的就是"地量地价"。当市场或者个股处于底部时，量能往往很小，这意味着卖盘不积极，买盘进场意愿也不强，但这也可能预示着股价即将上涨，只需等待消息面出现利好即可。

例如，在 2024 年的"924"行情①之前，市场成交量十分低迷，两市成交量加起来仅有 5000 亿元左右，但随后在政策利好的刺激下，成交量迅速放大到 2 万亿元以上，市场随之放量拉升。这充分体现了天量天价、地量地价的规律特点。

温和放量

哪种量价走势相对健康呢？那就是温和放量。在市场或个股处于底部时，量能通常较小，随着买盘逐渐进场，成交量呈现一波一波温和放大的态势，股价也随之上涨。不过，当某一天成交量突然

---

① "924"行情：2024 年 9 月 24 日，金融监管部门宣布了降准、降息、互换便利、回购增持再贷款等一系列重磅政策，这次行情的特点是由政策利好和流动性释放共同推动的，A股市场出现了显著的上涨行情，市场称之为"924 行情"。

变得特别大时，个股有可能在高位收出射击之星或者锤子线等 K 线形态，这往往意味着股价上涨可能接近尾声了。所以，温和放量是比较健康的量价关系，而单纯的缩量上涨往往不是好现象。

量价背离

市场还存在量价背离的情况，需要格外小心。有时候股价在上涨，但量能却在持续萎缩，这意味着可能有主力在锁仓，不需要太多资金就能推动股价上升，或者只是股价的惯性上涨。然而，当市场出现量价背离且处于缩量上涨状态，尤其是当判断公司此前涨幅已经比较大时，投资者要第一时间警惕起来。

缩量上涨与下跌

股价缩量上涨存在两种情况。第一种情况是主力锁仓，大部分筹码集中在主力手中，所以主力不需要投入大量资金就能让股价上涨。但主力锁仓往往是为了后续在高位出货，所以当出现缩量上涨时，投资者虽然可以继续持有，但也要多留个心眼。一旦未来股价跌破 10 日均线或者 20 日均线，就要第一时间减仓或者清仓，毕竟缩量上涨本身不是一个积极的信号。

不仅上涨会出现缩量情况，下跌时也可能缩量。有些投资者看到公司股价下跌很多就想抄底，但如果股价下跌过程中出现缩量，那么下跌可能并无止境。例如，有的股票从 100 元跌到 5 元，投资者觉得跌了一半想抄底，结果股价又从 50 元继续跌到 30 元、20 元甚至 10 元。从过往来看，很多曾经的优质股票在 2021 年高点到低点期间跌幅都达到了 80%甚至 90%以上，所以对于中短期均线向下且下跌不止的公司，千万不能轻易去抄底，这类公司很有可能一直跌到退市。

内盘与外盘

成交量还可以拆解为内盘和外盘，在交易软件的右侧位置通常能看到这两个数据（投资者可自行查看对应的软件界面）。所谓内盘，是指以卖出价格成交的数量；而外盘则是指以买入价格成交的数量，内盘和外盘共同构成了成交量。这两者犹如天平的两端，时刻衡量着市场买卖双方的力量。

我们可以把投资比喻成围城，城外的人想冲进来（对应外盘，积极买入），城里的人想冲出去（对应内盘，急于卖出）。形象地说，外盘代表着对股票前景看好、跃跃欲试的投资者，他们迫不及待地想要买入股票，分享未来可能的收益；内盘则体现了那些对股票持有疑虑，或是想要锁定利润的投资者，他们希望尽快卖出手中的股票。

如果外盘大于内盘，则说明买方的力量较强，这意味着市场上更多的人看好股票未来的走势，积极买入从而推动股价上升，就像一股强劲的东风，助力股价乘风破浪。反之，若内盘大于外盘，则表明卖方的力量更强，此时股票持有者急于抛售，潜在买家却寥寥无几，股价更容易承受下行压力。

当股价处于底部且成交量放大，同时外盘明显大于内盘时，后市通常看涨。这是因为在股价低位时，大量的买方涌入，显示出市场对其价值的认可，新资金的注入会成为股价上涨的有力助推器。而若在高位出现天量成交且内盘明显大于外盘，意味着主力可能在暗中出货，此时投资者要尽快离场。高位的天量成交本就异常，大量的卖方涌出，很可能是主力在高位悄悄抛售股票，将筹码派发给普通投资者。一旦主力出货完毕，股价大概率就会大幅下跌，所以投资者此时必须保持警惕，及时止损，避免被高位套牢。

MACD 指标的原理与应用

接下来看另一个重要的指标——MACD。MACD 是很多投资者经常关注的指标，MACD 指标由差离值（DIF）线、异同平均数（DEA）线、MACD 柱线以及 0 轴这几部分组成，有着独特的原理基础。它先是基于快速移动平均线（一般选取 12 日的指数移动平均线，即 EMA）与慢速移动平均线（常为 26 日的 EMA）做差值计算，得出能体现股价短期和长期移动平均线偏离情况的 DIF 线。而 DEA 线，是对 DIF 线进行 9 日的指数平滑移动平均处理，目的在于让其波动更平缓，便于分析。

打个比方，快速移动平均线就像是短跑选手，能敏锐地捕捉股价的短期变化；慢速移动平均线则如同长跑选手，能反映股价的长期趋势。DIF 线就是两者之间的差距，通过这个差距，我们能看出股价的短期波动与长期趋势之间的关系。

MACD 的原理看起来较为晦涩难懂，从具体呈现上看，则相对简单易懂。MACD 柱线就是 DIF 线与 DEA 线相减后的差值呈现形式，当柱线为正值呈现红色时，意味着多头力量占据上风；反之呈绿色，表明空头力量更强。0 轴作为多空力量的分水岭，若指标处于其上方，则说明多方主导；若在下方，则是空方更有优势。

通俗地理解，这就好比一场拔河比赛，0 轴是绳子中间绑定的红布，红色柱线代表着多头一方用力拉，把绳子往自己这边拽；绿色柱线则是空头发力，将绳子往反方向拉。

从具体应用来看，主要有以下几种场景。

金叉与死叉

DIF 线从下往上穿过 DEA 线构成金叉，往往是一个积极的买入信号，暗示股价有上涨的动力；而 DIF 线从上往下穿过 DEA 线形成死叉时，多是卖出信号，预示股价可能走低。金叉就像两个朋友携手向上攀登，共同推动股价上升；死叉则如同两人分道扬镳，股价也随之走下坡路。

背离判断

若股价不断创出新高，可 MACD 指标却没能同步创新高，出现顶背离现象，这预示着股价后续大概率会下跌；相反，股价持续创新低，可 MACD 指标未随之创新低，产生底背离，那股价之后很可能迎来上涨。

趋势判断

当 MACD 指标处在 0 轴上方，并且 DIF 线、DEA 线都呈向上运行状态时，基本能判定股票正处于上升趋势中；当 MACD 指标处在 0 轴下方，且两条线向下运行时，股票大概率处于下跌趋势中。

总之，技术指标会给我们发出清晰的买卖信号，投资者需要做到两点：一是能够看懂指标的含义；二是要做到知行合一，避免心

存侥幸心理。只有真正理解并运用好这些指标，才能在股市中更好
地把握机会，规避风险。

技术面和基本面的关系

此外，还有一些指标，如黄金分割线、波浪理论等，虽然看似
神奇，颇具玄学色彩，但并不建议大家去深入学习，因为它们对于
实际投资的帮助并不大，反而可能让投资者陷入过于追求理论完美
而脱离实际的误区。例如，黄金分割线中的 0.382、0.618 等分割位，
仿佛被赋予了神秘的力量。在理论推演中，股价似乎会精准地在这
些位置出现反转或支撑。但在现实复杂多变的资本市场中，股价受
众多因素影响，如突发的政策变动、企业的意外事件等，很少会严
格按照黄金分割线运行。

再比如，波浪理论里的一浪、二浪、三浪、四浪、五浪和 ABC
浪下跌等概念，将股价走势描绘得如同有规律的波浪起伏，可在实
际操作中，市场的不规则波动常常让这些波浪形态难以被准确划分，
不同的解读者对同一时段的浪型解读也可能大相径庭，在实际投资
操作中意义有限。

回顾之前的内容，我们分别讲到了 K 线、均线、趋势线、轨道
线、支撑线、压力线、成交量及 MACD 等内容，阐述了不同量价关系
以及对应的股价走势特点。这些技术分析工具，可以帮助我们识别
股价的运行轨迹，从中找寻规律和投资机会。

K 线犹如股价的微观记录仪，通过每日的开盘价、收盘价、最
高价和最低价，呈现出多空双方的博弈结果；均线则像一条平滑的

轨迹，展现股价的平均成本与趋势走向；成交量直观地反映出市场的活跃程度与资金流向；MACD 通过分析股价的短期和长期移动平均线的偏离情况，为投资者提供买卖信号。

需要强调的是，在投资中，基本面与技术面是缺一不可的。技术分析主要是帮助我们寻找买点和卖点，以此提升投资成功的概率。运用技术分析后，成功率或许能提高到 55% 或 60%，但想凭借某个技术指标将成功率从 50% 提升到 90% 是不现实的，要是真有这样神奇的指标，早就被大家广泛熟知并运用了。一旦大家都掌握了，也就不可能有很高的胜率了。

技术分析内容繁多，并非几节内容就能完全讲清楚的。对于投资者而言，重点掌握 K 线、成交量、均线、MACD 这几个关键指标就基本够用了。投资想要赚钱，技术分析是必须要掌握的环节，不过建议按照"六分基本面，四分技术面"的比例来综合考量投资决策，毕竟技术面主要是辅助我们寻找买卖点、提高投资成功率的，切不可单纯依靠技术指标去选择股票。

第 06 讲
价值投资中的宏观分析

在投资领域，存在两种投资路径，即"自上而下"和"自下而上"。"自上而下"的投资策略是，投资者在进行投资决策前要对宏观环境进行评估，如同站在高山俯瞰全局。首先，他们会仔细研究宏观经济的走向，诸如 GDP 的增长态势，利率的升降趋势，通货膨胀率的高低等。这些宏观因素驱动着整个经济的航行方向。然后，依据宏观环境挑选合适的行业，若宏观经济处于扩张期，则消费、科技等行业往往更具潜力；若经济下行压力大，则公用事业、必选消费等防御性行业可能更抗跌。最后，在选定的行业中选择龙头企业，因为龙头企业通常拥有更强大的市场竞争力、更完善的产业链布局，以及更雄厚的资金实力。

与之相对的是"自下而上"的投资策略，采用这种策略的投资者，在选择投资的公司时，并不关注宏观环境，而是坚信所投资的公司有能力跨越牛市和熊市周期。这种公司虽然存在，但数量稀少，在很多情况下，甚至连专业的投资机构都难以找到。因此，从投资的可靠性角度考量，"自上而下"的投资策略相对更为可取。它能让投资者在更广阔的视野下，筛选出契合宏观趋势、行业前景良好且企业实力强劲的投资标的。

宏观分析中的"两个镜子"

"在中国有 10 万名宏观经济分析师，其中有 8 万名在北京开出租车。"这是投资圈内部的一个段子。如果能说会侃就是懂宏观，那么北京的出租车师傅们可能都是宏观分析大师，显然他们并不是。

在宏观分析中，可将数据分为两类，一类是"后视镜"数据，另一类是"望远镜"数据。这两类数据犹如我们观察经济世界的两种独特视角，各自发挥着关键的作用。

"后视镜"数据包括消费者物价指数（CPI）、电影票房、进出口数据等。这些数据能够反映过去一段时间内经济领域的情况，就像通过后视镜观察已经走过的路程一样。如消费者物价指数，它直观地展示了过去一段时间内物价的涨跌幅度，让我们清晰地了解居民消费价格水平的变化。电影票房数据则从文化消费层面，侧面反映出居民的消费意愿和消费能力。进出口数据则体现了一个国家在国际贸易中的地位和经济对外依存度。通过对这些"后视镜"数据的分析，我们能复盘经济过往的运行轨迹，总结经验教训。

"望远镜"数据主要包含采购经理指数（PMI）、社会融资规模、消费者信心指数等。以 PMI 数据为例，它被称为经济的先行指标，属于典型的"望远镜"数据。就像我们用望远镜提前眺望远方，PMI 能让我们提前洞察经济的未来走向，为投资决策、企业生产规划等提供前瞻性的指引。

PMI 数据于每个月的最后一天公布。在众多每月发布的高频数据中，PMI 最早能呈现当月经济的全貌，其蕴含的信息量极为丰富。反映总需求层面的，有新订单、新出口订单及在手订单等；体现生产环节的，涵盖生产、从业人员、采购量、进口、供货商配送时间等；关乎库存状况的，包括产/成品库存与原材料库存；涉及价格方面的，则有主要原材料购进价格、出厂价格等。由此可见，PMI 对经济信息的反映极为全面。

在宏观经济分析领域，一个常用的采购经理指数是财新 PMI，由财新传媒冠名。从理论层面而言，财新 PMI 和官方制造业 PMI 都属于采购经理指数，两者理应保持同步。然而，在实际情况中，两者却频繁出现背离现象。

造成这一数据背离的原因是多方面的。官方制造业 PMI 涵盖了

《国民经济行业分类》中制造业的 31 个行业大类,样本企业多达 3000 家;而财新 PMI 的样本数量仅为 400 家,它由市场调查机构 IHS Markit 编制。样本数相对较小,这使得财新 PMI 更容易产生较大的波动。从样本企业的性质来看,官方制造业 PMI 的样本企业以大中型的央企、国企为主,财新 PMI 则以中小型企业为主,并且这些企业多为民营企业。此外,样本企业所处行业的差异以及指标季节性调整方法的不同等,也都是导致数据背离的因素。

PMI 是否处于 50% 以上,是判断经济强弱的关键临界点,在业内也被称作"荣枯分水岭"。当 PMI 高于 50% 时,意味着经济总体处于扩张态势;当 PMI 低于 50% 时,则表明经济总体处于收缩状态。

进一步细分来看,当 PMI 高于 50% 且较前值有所提高时,说明经济扩张的速度正在加快,经济整体呈现上行趋势;当 PMI 高于 50% 但较前值降低时,虽然经济依旧处于扩张阶段,然而扩张的节奏已然放缓,经济在边际上存在下行压力;当 PMI 低于 50% 且较前值有所上升时,经济虽处于收缩状态,但正在逐步好转,意味着经济正处于复苏进程;当 PMI 低于 50% 且较前值更低时,表明经济有加速收缩的趋势,此时经济处于明显的下行阶段。

在宏观分析过程中,应重点关注"望远镜"数据。宏观数据繁多,不可能全部跟踪,所以要聚焦关键数据,关注数据的变化节点及异常波动。

宏观分析还需要关注一些重要会议。每年三月上旬召开的全国两会是重中之重。在两会期间,国务院总理会发布政府工作报告。通过这份报告,可以了解政府去年的工作成果以及当年在财政、消费、投资等方面的目标和计划，从而明晰政府的工作重点和方向。

中央政治局会议也极为重要，通常每月召开一次，其中每年的四月、七月、十月和十二月的会议往往会讨论经济问题，包括总结季度工作和展望未来规划。十二月的中央政治局会议结束大约一周后会召开中央经济工作会议，该会议主要总结年度工作，并对来年的工作计划进行部署，这些部署内容会在来年三月的两会中得到进一步深化和落实。

此外，国务院常务会议会定期举行。央行会在每年的二月、五月、八月和十一月发布货币政策执行报告。通过货币政策执行报告的内容，可以判断未来货币政策是积极、稳健还是相对审慎的，进而了解未来市场的流动性是宽松的还是紧缩的。这些会议的文件内容以及其中的关键变化信息都值得高度关注。

宏观因素对股市波动的影响

在资本市场的复杂生态中，宏观数据犹如无形的手，影响着市场的波动走向。利率、汇率与货币供给量这三大关键宏观数据，以各自独特的方式，深刻影响着资本市场的每一个角落。

利率堪称影响股市波动的重要宏观因素，其作用如同一个强有力的"杠杆"，对资本市场的资金流向起着关键的撬动作用。当利率下降时，银行存款的吸引力就会大打折扣。以余额宝这类货币基金为例，十年前，其年化利率能稳定在 4% 以上，当时投资货币基金，就像找到了一个稳定的收益"小引擎"，能让投资者收获较为丰厚的回报。可如今，货币基金利率与银行存款利率双双下滑，处于较低水平。在这种情况下，投资者就像精明的"逐利者"，不会再满足于银行存款那微薄的收益，而是开始四处寻觅其他收益更高的投资渠道。

此时，债券与股票市场就成为他们眼中的"潜力股"。大量资金从银行储蓄账户中流出，涌入债券市场，推动债券价格上涨；流入股票市场，为股市注入源源不断的资金活力，促使股价上扬。反之，若利率上升，资金就会回流到银行体系，导致股市资金流出，对股价形成下行压力。

汇率的涨跌对资本市场的影响同样不可小觑，它就像一个"风向标"，指引着资金的跨国流动方向。以人民币兑美元汇率为例，当人民币升值时，就好比在国际资本市场上竖起了一块"欢迎投资"的金字招牌。对于境外投资者而言，同样数量的外币能够兑换到的人民币减少，但在中国资本市场投资的资产价值却相对增加。这就使得 A 股市场对他们的吸引力大幅提升。反之，当人民币贬值，境外投资者在中国资本市场的资产价值缩水时，他们会倾向于将资金撤离，A 股市场资金外流，对市场行情造成负面影响。

不过，当利率与汇率同时发生变化时，利率因素往往占据主导地位，成为影响资本市场的主要力量。这是因为利率的变动直接影响着资金的借贷成本与收益，而汇率变动更多的是从资产价值换算与国际资本流动意愿的角度产生作用。即便如此，汇率的波动依然不容忽视，它与利率相互交织，共同影响着资本市场的走势。

货币供给量也是影响资本市场的关键因素，它就像是资本市场的"血液"，其充裕程度与流通状况直接决定着市场的活力与健康程度。当下，中国的货币供给量整体呈现相对宽松的态势，这意味着在市场中，理论上有充足的资金可供调配。然而，现实中却存在着资金在银行体系内"空转"的现象。要理解这一现象，需明确"货币"与"信用"的区别。

央行向商业银行提供资金，这一过程创造了"货币"，就像央行打开了资金的"水龙头"，让货币源源不断地流入商业银行这个"蓄水池"；而商业银行通过信贷将资金投放至实体经济，才实现了"信用"的扩张，即把"蓄水池"里的水引到实体经济的"田野"中，灌溉企业的生产经营、居民的消费等活动。

目前，尽管央行释放了大量货币，使得货币供应充足，但由于各种原因，大量资金被"困"在银行体系内部，无法顺畅地流入实体经济与资本市场。一方面，企业可能因市场前景不明朗、经营风险较大等因素，不敢轻易扩大生产规模、贷款或增加投资，导致资金需求不足；另一方面，银行出于风险控制考虑，对贷款对象的审核更为严格，一些中小企业难以满足贷款条件，资金难以贷出。

这就好比血液在身体的主血管中淤积，没有充分流通到各个器官，导致市场上实际可用于投资的资金并不充裕。对于股市而言，充足的资金流入是推动股价上涨的重要动力，因此需要信用扩张，即银行信贷规模大幅增长，让资金从银行体系中"走出来"，流入实体经济，同时，也为股市注入新鲜"血液"。

当下，中国的货币供应量正处于从"宽货币"向"宽信用"的关键转化阶段，这一过程对于资本市场的发展至关重要。一旦信用扩张顺利实现，企业就会有更多的资金用于研发和扩张，投资者有更多的资金投入股市，将为市场带来新的活力与发展机遇，股价可能因资金的推动而上涨，市场活跃度提升；反之，若转化过程受阻，资金持续在银行体系内空转，股市则可能面临资金短缺的困境，制约其发展潜力，企业难以获得足够的资金发展，股价缺乏上涨的动力，市场交易也会相对冷清。

重大事件和政策对市场的影响

在资本市场复杂多变的生态体系里，除了利率、汇率、货币供应量等宏观经济因素持续发挥着关键作用外，重大事件的发生同样会引发资本市场的阵阵涟漪，甚至掀起惊涛骇浪。

当国外发生战争时，地缘政治局势瞬间紧张，全球资本市场都会卷入不确定性的漩涡。例如，战争可能导致能源供应中断，石油价格大幅波动，进而引发全球通胀预期的改变。而对于军工企业，在战争期间，订单量往往会大幅增加，股价可能逆势上扬。然而，国外战争对本国资本市场的影响并非绝对，还需结合本国的经济结构和对外依赖程度来判断。

在国内，重大政治事件和政策会议的影响力不容小觑。政治稳定是资本市场繁荣的基石，重大政治事件所释放出的稳定信号，能够增强投资者的信心。如每年的两会，政府在会议上明确经济发展目标、财政预算以及产业发展规划等重要内容，这些信息会成为投资者制定投资策略的重要依据。

2024 年 9 月 24 日，三大金融部门（中国人民银行、国家金融监督管理总局、中国证券监督管理委员会）联合召开的会议便是一个典型例子。在当时的市场环境下，投资者对未来经济发展和资本市场的走势存在诸多疑虑。而此次会议释放出的积极信号，犹如一场及时雨，极大地提振了资本市场的信心。

除了重大事件，政策也是引导资本市场走向的指挥棒，可细分为货币政策、财政政策和产业政策，它们从不同维度影响着资本市场的格局。

货币政策中的降准备金，意味着商业银行向央行缴存的准备金减少，可用于放贷的资金增加，市场流动性增强。这就好比为资本市场注入了一剂强心针，大量资金流入市场，不仅企业融资变得相对容易，而且投资者也有更多资金用于投资股票、债券等资产，从而推动资产价格上升。降息则直接降低了企业的融资成本，企业的财务负担减轻，利润空间有望扩大，这对股市中的上市公司而言是重大利好，股价往往会随之上涨。

财政政策中的基建投资，能够直接拉动相关产业的需求。例如，加大对铁路、公路等基础设施建设的投入，建筑材料、工程机械等行业的订单量会大幅增加。企业业绩的提升，反映在资本市场上，这些行业的股票价格会上涨。减税降费则能减轻企业负担，激发企业活力，企业有更多资金用于研发、扩大生产等，增强了企业的竞争力和发展潜力。发行国债是政府筹集资金的重要方式，国债的发行会吸引大量资金流入债券市场，同时也为政府投资提供了资金支持，带动相关产业的发展，从而间接影响资本市场。

产业政策对资本市场的影响更为直接和精准。以供给侧结构性改革为例，通过淘汰落后产能、优化产业结构，钢铁、煤炭等传统行业的供需关系得到改善，企业的盈利能力得到增强，行业内优质企业的股价在资本市场上得到了良好的表现。互联网监管政策的出台，旨在规范行业发展，保护消费者权益。对于互联网行业而言，短期内可能会面临一定的调整压力，部分不符合监管要求的企业可能会受到冲击；但从长期来看，有利于行业的健康可持续发展，符合监管要求的龙头企业则可能会迎来更大的发展机遇。

宏观变化与资本市场之间存在着紧密的对应关系，投资者正确地把握这些关系，是制定成功投资策略的关键。

经济与股市的复杂关系

宏观经济与股市的关系一直是投资者关注的焦点。然而，不少人对宏观数据与股市表现之间的联系存在着根深蒂固的误解，认为经济形势与股市涨跌是如影随形、严格对应的关系，即经济形势向好时，股市必然会上涨；经济形势不佳时，股市必定下跌。但金融市场的实际运行情况远比这种简单的对应关系复杂得多。

从历史数据来看，经济增速与股市走势并非总是同步的。以2001—2005 年这段时间为例，中国经济在这五年间展现出强劲的发展态势，经济增速分别是 8.3%、9.1%、10.0%、10.1%和 9.9%。按照部分人对经济与股市的刻板认知，股市理应连续大涨。然而，现实却令人大跌眼镜，股市不仅没有上涨，反而从高点大幅下跌了50%左右。这一时期，尽管经济整体处于快速增长阶段，但股市却面临着诸多内部和外部因素的挑战。

例如，当时国内股市正处于股权分置改革的前期，市场结构存在诸多不合理之处，大量非流通股的存在犹如高悬的达摩克利斯之剑，令投资者信心受挫。同时，国际经济环境也存在一定的不确定性，全球经济在经历互联网泡沫破裂后，处于调整阶段，这也对中国股市产生了一定的负面影响。

再看 2014—2015 年，情况则完全相反。这一时期，中国经济增速出现了"下台阶"的态势，经济发展面临着结构调整、产能过剩等问题。然而，股市却犹如一匹脱缰的野马，上证综指从 1800 点一路狂飙至 5178 点。这背后的原因主要是当时货币政策较为宽松，大量资金涌入股市，同时，市场对"一带一路"等重大战略的预期较高，引发了市场的投资热情。此外，融资融券等金融创新业务的发展，也在一定程度上放大了市场的资金杠杆，推动了股市的非理性繁荣。

通过这两个典型案例可以清晰地看出，从短期（一年或两年）的时间维度来观察，经济和股市经常会出现背离现象。这充分说明，经济形势并非决定股市涨跌的唯一因素，股市的表现受到多种复杂因素的综合影响，包括宏观政策、市场情绪、行业发展趋势及国际经济形势等。

进一步深入分析，市场所真正担忧的并非单纯的经济数据好坏，而是经济预期未能实现。这一点可以通过一个生动形象的例子来加以阐释。

假设有一位三十多岁仍未婚的女士，家人为其介绍对象。如果家人在介绍对象时，将对方描绘得近乎完美，宛如一位"高富帅"，各方面条件都堪称一流。然而，当女士与这位男士见面后，却发现对方存在诸多与描述不符的问题，那么这门婚事大概率会以失败告终。相反，如果家人在介绍时，较为客观地告知女士对方可能存在一些小缺点，如头发少，但同时也强调对方具备会做饭、工资全部上交等优点，那么女士在心理上会有更为合理的预期，这门婚事反而有成功的可能性。

在这个例子中，小伙子的情况就如同经济形势，而女士对小伙子的预期就如同市场对经济的预期。如果市场对经济形势的预期被过度拔高，一旦公布的经济数据不理想，或者实际的经济发展情况与预期存在较大差距，投资者的信心就会受到严重打击，股市便可能出现下跌。但倘若市场一开始对经济形势的预期较为合理，即使实际的经济数据表现不太好，只要政府及时出台有力的政策措施，如调整货币政策、实施积极的财政政策，或者推出鼓励新兴产业发展的举措等，为经济发展注入新的动力，那么股市仍有可能保持良好的表现，甚至出现上涨。

股市并不惧怕经济数据差，真正让股市产生剧烈波动的原因是对经济、政策和数据的预期不能实现。在分析宏观经济对资本市场的影响时，不能局限于经济数据的表面，而要深入研究经济发展的内在逻辑、政策导向以及市场预期的变化。只有这样，才能更加准确地把握资本市场的走势，做出合理的投资决策。

第07讲
如何进行行业和公司分析

在进行行业投资时，要关注一些关键因素，包括行业周期、行业政策和板块轮动等。不同的行业周期对应的行业估值是不同的，行业政策也会对行业产生重大影响。

行业周期犹如四季更迭，各有不同的阶段。处于成长期的行业，充满生机与潜力，市场需求迅速扩张，企业盈利快速增长，此时行业估值往往较高。而步入成熟期的行业，发展趋于平稳，市场份额相对固定，估值也较为稳定。到了衰退期，行业面临市场萎缩、竞争加剧等困境，估值随之降低。

行业政策则像一只无形却有力的大手，对行业产生重大的影响。利好政策能为行业发展注入强劲的动力。例如，国家大力扶持新能源汽车行业，给予补贴优惠政策，刺激了市场需求，推动了企业扩大生产、研发创新，行业迎来爆发式增长。反之，若行业政策收紧，如环保政策趋严，对高污染行业形成制约，企业经营成本上升，发展受限，则行业前景也会蒙上阴影。板块轮动更是市场的常态，不同行业的板块在不同经济阶段会轮番表现。投资者需敏锐地捕捉这些变化，顺势而为，才能在行业投资中把握先机。

行业分类方式

市场上有众多行业，各类看盘交易软件划分的行业数量和类别虽有所不同，但大致方向是一致的。常见的一种分类是将行业分为上中下游、大交运、大金融等类别。

上中下游行业示例：上游行业一般包括煤炭、石油、有色金属、化工等；中游行业主要是加工制造行业，如钢铁、化工、建材、机械、电力、造纸等；下游行业则偏消费类，如汽车、家电、医药、旅游、食品饮料等。TMT 行业涵盖电子、计算机、通信、传媒等。此外，还有大交运和大金融（主要包括银行、保险、券商）等行业类别。

行业投资需要遵循一定的逻辑。例如，有一个形象的小故事可以帮助我们理解投资逻辑：东北有一户人家养了一只鸡和一头猪，鸡问猪主人去哪了，猪说好像去赶集买蘑菇了（小鸡炖蘑菇），鸡听完就跑了，猪问鸡为什么跑，鸡说下次主人买粉条的时候，看你跑不跑（猪肉炖粉条）。这体现的就是一种逻辑思维，就像投资中，当市场形势好、经济蓬勃发展时，适合投资上游和中游行业；当经济形势不太乐观时，投资消费和大金融行业能起到避险作用。

另外，之前章节中我们提到了四大类行业，分别是科技行业、消费行业、周期行业和高股息行业。高股息行业属于熊市避风港，牛市大概率也能提供稳健的收益。相对于高股息板块，其他几类行业都需要一定的"交易择时"技巧。

消费行业细分逻辑：消费行业可分为必选消费和可选消费，逻辑有所不同。必选消费是老百姓日常生活中经常消费的产品，只要消费者物价指数（CPI）企稳向上，必选消费行业的龙头企业就值得关注。可选消费则包括白酒、家电、旅游、医美等，当老百姓有足够的消费能力并敢于消费时，可选消费行业可能会涌现出许多牛股。

周期和科技行业投资时机：对于周期行业，比较好的投资时机是在行业情况特别差的时候买入，在行业非常繁荣的时候卖出，这是一种反人性的操作。科技行业容易出现暴涨暴跌的情况，当行业渗透率达到较高水平，如突破50%～60%时，就需要谨慎投资。例如，早年的智能手机，2019年的新能源，以及现在的人工智能行业，都是在行业渗透率从较低水平向较高水平迈进时，出现了大量牛股。因此，盲目在高位追入科技股，很容易被套牢。

做投资的过程中，对于四大类行业，应该如何配置仓位呢？古人的智慧可以给我们一些启示。古人说"留三分贪财好色，以防与世俗格格不入，剩七分一本正经，以图安分守己谋此生"。我们可以将周期和科技行业看作有点"贪财好色"的部分，高股息和消费（或指数）看作"一本正经"的部分。在仓位配置上可以采用7∶3或者6∶4的比例。

行业周期与估值关系

在资本市场的投资领域中，行业周期与估值之间存在着极为紧密且复杂的关系。不同的行业由于所处的发展阶段不同，其估值水平呈现出显著的差异。

人工智能行业当下正处于曙光期，在这一阶段，虽然技术创新不断涌现，但行业整体尚未形成成熟的商业模式与稳定的盈利模式。不过，市场对其未来的发展潜力充满期待。这种高预期使得投资者愿意为其较高的不确定性买单。因此，处于曙光期的人工智能行业往往能获得较高的估值。尽管目前盈利可能微薄甚至尚未盈利，但市场更看重的是其未来广阔的发展空间。

反观一些电池或新能源行业，大概处于朝阳向成熟过渡的阶段。以新能源汽车电池为例，过去几年，随着全球对环保出行的重视以及政策的大力扶持，新能源汽车市场迅速扩张，带动了电池行业的蓬勃发展。在这个阶段，行业内的企业已经初步建立起较为稳定的供应链和生产体系，产品也逐渐被市场广泛接受，盈利能力逐步提升。不过相较于曙光期的那种基于高潜力预期的极高估值，这一阶段的估值会更加基于实际的盈利增长和市场占有率的提升。

电网、光伏行业则处于成熟期。这些行业经过长期的发展，技术成熟度高，市场格局相对稳定。企业的营收和利润增长趋于平稳，行业竞争也逐渐从增量竞争转变为存量竞争。例如，电网企业在国内基本形成了较为固定的市场格局，企业的主要任务在于维护现有的电网设施，提升服务质量，以及进行一些局部的技术升级。光伏行业虽然近年来发展迅速，但随着产能的不断扩张，市场逐渐趋于饱和。在成熟期，行业的估值相对较为稳定，通常会基于企业的现金流、股息率等较为稳健的财务指标来确定，相较于前两个阶段，估值水平相对较低。

煤炭、有色金属、钢铁、化工行业大概率处于夕阳期。这些传统行业经过长时间的发展，面临着产能过剩、环保压力增大以及新兴技术替代等诸多挑战。以煤炭行业为例，随着清洁能源的兴起，煤炭在能源结构中的占比逐渐下降，需求增长乏力。同时，严格的环保政策使得煤炭企业的生产运营成本大幅增加。在夕阳期，行业的发展前景较为暗淡，市场对其未来的增长预期较低，因此估值也处于较低水平。

行业所处阶段不同，能享受的估值也不一样。投资者在进行投资决策时，必须深入了解行业周期，清楚所投资公司是处于曙光期、朝阳期、成熟期还是夕阳期，绝不能简单地以过去的估值来衡量现在的公司价值。否则，极有可能因错误的估值判断而导致投资失误。

除行业周期对估值有着决定性影响外，行业政策对行业涨跌同样有着重大影响。以 2021 年教育部发出的《关于进一步减轻义务教育阶段学生作业负担和校外培训负担的意见》政策为例，这一政策旨在进一步减轻义务教育阶段学生的负担，提高教学质量。

"双减"政策对相关教育龙头产生了深远影响。高途（全称是高途教育科技集团有限公司）作为教育行业的头部企业，受到了巨大冲击。股价暴跌，营收大幅下滑。在政策的严格要求下，高途不得不停止高中学科辅导服务，还进行了大规模裁员。这一系列举措虽然是应对政策变化的无奈之举，但也反映出行业政策对企业经营的巨大影响。不过，高途并没有坐以待毙，而是积极寻求转型，向素质教育、职业教育、出国留学、技能培训等方向拓展业务。通过这种转型，高途试图在新的市场领域找到发展机会，重新实现企业的价值增长。

新东方（全称是新东方教育科技集团有限公司）同样遭受重创，股价大幅下跌，大量学科类培训业务被关停。但新东方凭借其强大的教研能力和品牌影响力，迅速调整战略。通过拓展非学科素质教育辅导课程，如口才、写字、编程等，以及发展智能学习系统及设备、智慧教育等新业务，成功实现了营收和利润的双双大涨。

这充分体现了企业在面对不利行业政策时，通过积极转型和创新，依然能够在市场中找到新的发展路径。行业政策的变化虽然会给企业带来短期的冲击，但也促使企业进行自我革新，推动行业向更加健康、可持续的方向发展。

公司分析方法

精准且深入地分析公司是实现稳健投资收益的核心环节。具体而言，剖析一家公司主要可从以下几个关键维度展开。

法人治理堪称公司分析至关重要的一环，其核心聚焦于公司内部权力的分配、制衡及运行机制。在一家治理良好的公司中，股东会、董事会、监事会与管理层之间有着清晰且明确的权责划分。

高效的权力制衡机制能有效避免权力的过度集中与滥用。例如，在一些家族企业中，如果缺乏合理的治理结构，家族成员可能会凭借控制权谋取私利，损害公司其他股东的利益。而在完善的法人治理体系下，不同权力主体之间相互监督、相互制约，能保障公司决策的科学性与公正性。

公司护城河是决定公司长期竞争力与盈利能力的关键因素。具有护城河的公司往往具备定价权，能够在市场中根据自身成本与市场需求灵活调整产品或服务价格，从而获取更高的利润空间。所谓护城河，通俗地讲，就是公司具备他人难以复制的独特优势。

这种优势主要体现在两个方面。

第一，公司拥有独特的业务领域，只有这家公司能够开展该项业务。例如，某些拥有特殊专利技术的企业，凭借专利的排他性，在特定领域形成垄断地位。如一些制药企业，其研发的特效药物拥有独家专利，在专利保护期内，其他企业无法生产相同药物，从而使该公司在市场中占据绝对优势。

第二，即便其他公司也能涉足该业务，但这家公司在产品质量、成本控制、品牌影响力等方面表现更为出色。以华为公司为例，在智能手机市场，虽然众多品牌林立，但华为凭借其卓越的产品设计、强大的品牌号召力以及完善的生态系统，在高端市场占据重要份额。它能够以较高的价格出售产品，并且拥有庞大且忠实的用户群体。

对公司进行财务分析并合理估值是投资决策的重要依据。

在财务分析方面，毛利率与净利率是衡量公司盈利能力的关键指标。毛利率反映了公司在扣除直接成本后获取利润的能力，如果一家公司的毛利率显著高于同行，这意味着它在产品或服务的定价、原材料采购、生产效率等方面可能具有优势。例如，一家高端白酒企业，由于其独特的酿造工艺和品牌价值，产品售价较高，同时原材料成本相对稳定，使得其毛利率远高于普通白酒企业。

净利率则在考虑了所有成本与费用后，展示公司的最终盈利水平。若公司的净利率同样优于同行，则说明其在费用控制、运营管理等方面也表现出色。当一家公司的财务指标展现出强劲的盈利能力时，它就有可能享受比同行业更高的估值。估值是对公司未来现金流的预期折现，高盈利能力通常预示着未来更稳定且丰厚的现金流，因此投资者愿意为其支付更高的价格，给予更高的估值倍数。

然而，在投资市场中，部分投资者采用的投资方式却显得比较"玄学"。他们仅仅依据公司名称来挑选股票，如认为公司代码中含有"88""66"之类象征吉利的数字就进行购买。这种投资方式缺乏对公司基本面的深入研究，纯粹基于运气与心理因素。

短期内，由于市场的随机性与波动性，他们或许能够赚到钱。但从长期来看，这种投资方式根本无法持续盈利。资本市场是复杂且充满不确定性的，依靠运气获取的收益，最终大概率会因为缺乏对投资本质的理解和专业分析能力，在后续的投资中亏回去。

以我在 2015 年一次沙龙中的经历为例。当时，有投资者前来咨询一家公司，他仅仅因为公司名字里有一个"兔"字，就主观臆断地认为这是一家农业股。但实际上，这家公司从事的是环保建材业务。在后续的市场变化中，股灾突然暴发，众多公司股价暴跌。然而，这家公司却因停牌重组，股价不跌反涨。这看似是一次幸运的投资，但后续这位投资者由于盲目投资，没有对所投资公司进行深入的分析与研究，仅仅凭借感觉和运气进行操作，最终把之前赚到的钱几乎亏得一干二净。在投资过程中，必须摒弃这种凭借运气的投资方式，回归到对公司基本面的深入分析，才能在资本市场中实现长期稳定的盈利。

价值投资的理解与策略

在投资领域，价值投资始终是备受瞩目的策略之一。乔尔·格林布拉特（Joel Greenblatt），这位在美国投资界造诣深厚、与巴菲特比肩的大师，对投资有着深刻的见解。他曾提出，"如果某些策略每月都有效或每年都有效，每个人都用它，那么它就会失效。从长期来看，市场给股票的定价和价值经常不一致，但短期却常常不符合预期。这就是为什么价值投资不是实时有效，但却是长期有效的。"

这一观点精准地揭示了价值投资的核心逻辑。在短期内，市场常常受到各种非理性因素的干扰，如投资者情绪的剧烈波动，突发的消息冲击等，导致股票价格严重偏离其内在价值。例如，在市场恐慌情绪蔓延时，投资者往往会盲目抛售股票，使得一些优质股票的价格被过度打压；而在市场狂热阶段，又可能出现对热门股票的过度追捧，使得股价虚高。

但从长期视角出发，市场的有效性会逐渐发挥作用，股票价格会向着其真实价值回归。价值投资正是基于对股票内在价值的深入挖掘，坚信市场的长期理性，从而在长期投资中收获回报。就像一颗被深埋在沙砾中的珍珠，短期内可能被忽视，但随着时间的推移，其价值终会被市场发现。

在投资过程中，估值无疑是至关重要的环节。估值是评定一项资产当时价值的关键指标，常见的估值指标包含市净率、市盈率、市销率等。这些指标如同不同的测量工具，从不同角度反映了资产的价值状态。

不同的行业特性决定了其适用的估值指标有所不同。对于传统行业，如钢铁、银行等，由于其资产大多为实物资产，资产的账面价值相对稳定且重要，所以主要看市净率。市净率能够直观地反映出股票价格与每股净资产之间的关系，帮助投资者判断股票是否被低估或高估。例如，一家钢铁企业拥有大量的厂房、设备等固定资产，通过市净率，投资者可以清晰地了解到股价相对于这些资产价值的高低。

而对于科技、消费行业，其盈利增长潜力和市场预期更为关键，一般看市盈率。市盈率通过股价与每股收益的比值，展示了市场对公司未来盈利增长的预期。例如，一家新兴的科技企业，当下盈利可能不高，但市场预期其未来产品能广泛应用，盈利将大幅增长，此时市盈率就成为评估其价值的重要指标。

例如，在创新药行业，因其研发的产品具有巨大的市场潜力和高额利润空间，在医药行业中的估值是最高的。而仿制药、化学药由于竞争激烈、利润空间相对较小，估值则相对较低。所以，如果投资者想要购买某家公司的股票，必须深入了解如何看待估值，并且能够准确判断当下的估值是否合理。这需要投资者对行业发展趋势、公司基本面及市场情绪等多方面因素进行综合考量。例如，一家公司所在的行业前景广阔，但近期市场情绪低迷导致股价下跌，此时若通过分析发现公司基本面依然强劲，估值已低于合理区间，就可能是一个不错的投资机会。

所谓自上而下的投资方法，是一个全面且系统的投资分析策略。首先，投资者需要密切关注宏观因素，如利率的升降直接关系到企业的融资成本和资金流向，货币供应量的变化会对整个市场的流动性产生深远影响。当利率下降，企业融资成本降低时，可能会刺激企业扩大生产、增加投资，资金也更倾向于流入股市寻求更高回报；当货币供应量增加时，市场流动性充裕，同样有利于股市上涨。

　　其次，深入研究行业，包括行业周期的不同阶段（如初创期、成长期、成熟期和衰退期）决定了行业的发展速度和投资风险，行业政策的扶持或限制会直接影响行业内企业的发展空间。

　　最后，聚焦到公司层面，仔细分析公司的护城河，评估公司的财务指标，以及精准判断公司的估值情况。一家拥有强大品牌、专利技术或独特商业模式等护城河的公司，往往能在竞争中保持优势，其财务指标如毛利率、净利率、资产负债率等反映了公司的盈利能力和偿债能力，结合估值情况，投资者就能更全面地判断公司是否值得投资。

　　通过这种自上而下的全面分析，投资者能够构建起一个科学、合理的投资决策体系，在复杂多变的资本市场中，提高投资成功的概率。

第 2 章

老手投资进修篇

我不想每时每刻都被市场折磨，我想要在我睡觉的时候，都能帮我赚钱的模型。

——詹姆斯·西蒙斯

在投资的漫漫长路中，新手阶段就像蹒跚学步的起点，每一步都充满了未知和挑战。初涉投资领域的新手们，要从最基础的投资知识学起。如同跑步之前，先学会走路。

走过了新手的探索期，在积累了一定的知识与实践经验后，很多人开始迈向老手的行列。老手阶段，可谓是投资思维的深化与拓展。此时，投资者不再局限于表面的认知，而是深入挖掘投资背后的底层逻辑。并且，投资者会接触到更深层级的底层框架，如行业逻辑梳理，去剖析一个行业的发展脉络、竞争格局及未来趋势；又如宏观经济和投资的联动关系，明白宏观经济的风吹草动如何影响投资市场的起伏。

从初涉投资领域的新手蜕变成为经验老到的老手，这一历程绝非仅仅是投资知识的简单堆砌，而是思维方式的"破局"。在投资中，相同的话题会因所处阶段的不同而衍生出截然不同的解读视角。

例如，本书在新手阶段和老手阶段都会讲到宏观经济的话题。投资者在处于新手阶段时，往往将目光聚焦于基础层面，着重钻研宏观经济的基本概念，如 GDP、通货膨胀率等指标的含义。同时，他们也会努力探寻宏观数据与资本市场之间的关联，试图从这些数据中找到投资的蛛丝马迹。

然而，当步入老手阶段时，投资者思考的维度与深度全然不同。此时，应更注重实操性，力求让宏观数据切实转化为可落地的投资策略。例如，当宏观经济数据显示经济处于扩张期时，应该加大对股票等风险资产的配置；而当经济数据暗示衰退风险时，就应适当增加债券等防御性资产，要灵活调整投资组合，以适应市场的变化，追求收益的最大化。

接下来，让我们一同深入这一关键阶段，开启投资进阶的新篇章，为你成为真正的投资高手筑牢根基。

第 08 讲
投资前的准备和理论基础

投资中，常有人发出疑问：为何市场总是震荡，甚至下跌，却不见上涨？事实上，市场的运行态势只有三种：牛市、熊市与震荡市，牛市早晚会到来。一些"聪明人"可能会想，如果不参与熊市和震荡市，只参与牛市，是不是就可以了？

投资中有句名言："当闪电打下来的时候，你必须在场"。这句话出自美国著名投资家查尔斯·艾里斯（Charles D. Ellis）1985 年出版的《赢得输家的游戏》一书。这是一句很有深意的投资理念。

从市场波动的角度，"闪电"代表着市场突然出现的绝佳机会。市场的波动是不可预测的，就像闪电一样，不知道何时会出现。如果投资者一直处于离场观望的状态，就会错过这些能带来丰厚收益的机会。以股票投资为例，在大部分时间里，市场可能是平稳或者波动较小的，但偶尔会出现快速上涨的阶段。如果不能一直参与市场，当市场快速上涨的时候，就很难第一时间参与。

2019 年，我曾经接到过一位投资者的电话，咨询我看好哪些板块。我问他仓位是多少，他说是空仓。当时，我很惊讶、很佩服地跟他说，"现在市场涨了很多，风险很大，像您这种有风险意识，能保持空仓的人，非常厉害"。结果他无奈地说，他是从市场底部的1664 点，一直空仓到 3000 多点，市场越涨，他越不敢追。实在受不了了，想追一下。

这就是很典型的例子，当市场快速上涨的时候，即"闪电来临的时候"，投资者不在场，导致错失一大波涨幅，心态也完全失衡。退一步讲，就算很多人历经千辛万苦，熬到了牛市，就能"一把翻身"了吗？答案是否定的。

有一个颇具争议的观点认为，牛市反而是普通投资者亏损的主要原因。乍一听，这似乎违背常理。这一观点并非凭空而来，而是出自被誉为"华尔街教父"的美国著名投资家本杰明·格雷厄姆（Benjamin Graham），他是投资大师巴菲特的老师。对此，我深表认同。

在牛市初期，多数投资者往往抱着怀疑的态度，对市场的变化无动于衷。当市场从 1000 点缓慢攀升至 2000 点时，他们冷眼旁观，不为所动；当市场疯狂上涨至 4000 点时，市场的狂热氛围开始感染他们。当涨到 5000 点时，市场的火爆让他们笃定牛市已至，于是倾尽全力，蜂拥入场。

然而，他们没有意识到，此时市场已经达到了顶点，盛极而衰的规律即将上演。紧接着便是一轮惨烈的暴跌，将高位入场的投资者牢牢套住。这就是为什么在牛市中，有人不仅没有实现财富的增长，反而亏损惨重。根源就是在牛市底部时，他们过于谨慎，仓位较轻；而在牛市高点时，却被贪婪冲昏头脑，重仓投入。

投资中的"不可能三角"

我有一位家境优渥的富二代朋友。有一天，他兴致勃勃地找到我，向我"炫耀"不想再按部就班地上班了，准备彻底躺平，"炒老板鱿鱼"。一问之下才知道，原来是因为他父亲提前把财产做了分配，他和他弟弟每人大概能分到 1000 万元。在他看来，这笔钱足以让他衣食无忧，无须再为工作劳神费力。

为了让他更直观地了解货币贬值的速度，我向他介绍了 CPI（居民消费价格指数）这一衡量物价水平的重要指标。CPI 就像是一个默默记录物价变化的史官，精准地反映着生活中各类商品和服务价格的变动情况。假设 CPI 每年以 3% 的速度增长，这看似不起眼的数字，却如同"财富杀手"，有着惊人的复利效应。

以 1000 万元为例，根据复利计算公式，20 年后，这笔钱的购买力将大幅下降，仅能购买当下价值 500 多万元的商品（根据复利公式 $PV=FV/(1+r)^n$ 计算得出，其中本金 FV=1000 万，年利率 r=3%，时间（年）n=20）；而到了 50 年后，更是仅能购买当下价值约 200 万元的商品。

此外，在中国的经济数据体系中，还有 M2（广义货币供应量）这一关键指标。根据央行官网公布的历年货币统计数据，从 2010 年到 2024 年年末，在这 15 年里，中国 M2 的平均增速为 10.3%。若以此计算，同样根据复利公式，1000 万元在 20 年后的购买力，仅相当于现在的 120 万元，50 年后更是大幅缩水至 5 万元。

我跟他开玩笑说，50 年后，当你跳完广场舞，回家路上买个老年电动车，这 1000 万元可能就所剩无几了。也就是说，即便坐拥千万财富，如果不妥善规划投资，那么若干年后，这笔钱可能会变得微不足道，根本无法支撑他原本设想的无忧生活。

谈及投资，就不得不提到投资领域中的"不可能三角"，即流动性、盈利性、安全性。这三个关键要素无法同时兼顾，一般情况下只能取其二。例如，若投资者追求资金的高流动性，希望资金能够随时自由进出市场，同时又期望获得高额盈利，那么这类投资往往伴随着较高的亏损风险。

若追求资金的高流动性与安全性，则盈利难以得到保障。例如，将资金存入活期储蓄账户，资金可以随时取用，安全性也高，但收益却极为微薄。以当前国内大部分银行活期存款利率 0.3% 左右计算，1000 万元存一年的利息仅有 3 万元，相比于本金，这几乎可以忽略不计。因此，较为合理的投资策略是追求盈利性与安全性，并适当舍弃部分流动性，即进行中长线投资，避免频繁操作。这样既能在一定程度上保障资金的安全，又能通过长期投资获得较为稳定的收益。

我认识一位私募行业的朋友，他的投资业绩堪称传奇。从 2005—2020 年的 16 年间，他所管理的投资组合收益增长了 20 倍。也就是说，若在 2005 年投入 100 万元，到 2020 年就增值成了 2000 万元。即便如此亮眼的成绩，年化收益率也仅为 20%。这一数据让我深刻认识到，在投资市场中，要实现长期稳定的高收益是多么艰难。

回顾 2006—2007 年，那是一段令人热血沸腾的牛市时光。大盘连续两年大幅上涨，分别上涨了 130%、97%。不少人的投资账户实现了翻倍增长。在这种狂热的市场氛围下，投资者极易在 2007 年下半年冲动入场。2008 年，股市遭遇了一场史无前例的暴跌，从 6124 点跌到 1664 点，跌幅超过 70%。那些在 2007 年年底冲动投资的人损失惨重。

到了 2008 年年底，经历了暴跌的投资者们心有余悸，又不敢投资了。可市场就是这样充满了戏剧性，2009 年股市再度暴涨，又上涨了 80%。投资中，"冲动是魔鬼"这句话，无数次应验。要避免冲动，关键在于提升投资认知。投资者需要深入学习投资知识，了解市场规律，建立自己的投资体系，才能在复杂的市场环境中保持冷静。

投资中的"资金面"

投资是一门复杂而精妙的学问，需要投资者掌握诸多基本常识。资本市场的走势深受资金供求关系的影响。若股票供应量大，而市场上的资金量却捉襟见肘，则股市便会面临下行压力。这就好比商品市场，如果供大于求，则价格必然下降，反之亦然。

在资金面的众多术语里，货币和信用是两个关键概念。

在经济领域的研究中，货币作为关键要素，其分类与特性深刻地影响着经济运行的各个层面。提及货币，就不得不引入"货币三兄弟"的概念，它们分别是 M0、M1 和 M2，在货币体系中各自扮演着独特且重要的角色。

M0，即流通中的现金，是货币家族中的"老三"，堪称货币体系里最具流动性的存在，如同经济血脉中最活跃的因子。它是我们日常生活中最直观可触的货币形式，如春节期间大家互发红包使用的现金，便是 M0 的典型体现。人们可以直接用它进行即时交易，其便捷性和灵活性为经济活动提供了最基础的支付支撑。

M2，也就是广义的货币供应量，在货币家族中堪称"老大"，它代表着货币总量。2025 年 1 月，M2 同比增长 7%，乍看之下，这个增长数据似乎并不高。然而，当我们聚焦其总量时，便会发现其体量之庞大，已达 318 万亿元。随着 M2 的持续增长，老百姓普遍感受到"钱不值钱了，越来越毛了"，这种直观感受并非毫无根据，货币总量的变化在一定程度上反映在物价水平和人们的购买力上。

说完 M0 和 M2，接下来让我们将目光投向老二 M1，即狭义货币供应量。M1 的构成较为复杂，它涵盖了现金，加上单位和个人的活期存款，以及非银行支付机构客户备付金等。（中国人民银行自统计 2025 年 1 月数据起，启用新修订的狭义货币 M1 统计口径。修订前的 M1 包括流通中的货币 M0、企业活期存款、农村存款、机关团体部队存款、个人持有的信用卡类存款。修订后的 M1 纳入了个人活期存款和非银行支付机构客户备付金。）

可以将 M1 大概理解为一年内即将投入使用的资金，这部分资金的活跃度与实体经济和资本市场的发展态势紧密相连。当 M1 的数据增速较快时，往往意味着实体经济的信心较为充足，资本市场的表现也不会逊色。道理很简单，当企业对未来发展前景持乐观态度时，出于资金灵活调配和积极投资的考虑，便会将定期存款转化为活期存款，以便随时投入生产运营或进行投资活动。

回顾过往的经济发展历程，我们不难发现，每当 M1 的增速处于较高水平时，资本市场往往呈现出较为活跃的态势。在"货币三兄弟"中，M1 与资本市场的关联最为紧密，尽管 M1 同比增速与资本市场的表现并非完全同步，但从长期趋势来看，两者基本呈现出正向关系。可以说，货币三兄弟的表现，共同塑造了宏观经济的格局，为投资者、决策者及经济研究者提供了重要的参考依据。

信用则是一种借贷关系，是基于信任而产生的资金使用权的暂时转移。在金融领域，常见的信用形式有银行贷款、债券发行等。以银行贷款为例，企业或个人凭借自身的信用状况，从银行获取资金，在约定的期限内使用并偿还。从宏观层面看，信用的扩张或收缩对经济有巨大影响。当银行放宽信贷标准，增加贷款投放时，市场上的资金供给增加，这就是信用扩张，它能够刺激投资和消费。相反，当银行收紧信贷，减少贷款额度时，就是信用收缩，会使得经济活动受到一定的抑制。

货币和信用相互作用，衍生出不同的组合，对市场产生显著影响。在宽货币、宽信用的市场环境下，往往会催生大牛市。如 2015 年，央行多次降准降息，大量投放货币，商业银行也积极放贷，市场资金充裕，股市迎来了一轮波澜壮阔的牛市行情。而当处于宽货币、紧信用状态时，股票市场表现相对较弱，债券市场则相对较强。此时，虽然市场上货币较多，但由于各种原因，资金难以流入股市，而债券市场凭借其相对稳定的收益，更具吸引力。

反之，当央行收紧货币投放，银行也减少信贷时，市场则会陷入大熊市。如 2008 年，受全球金融危机影响，货币和信用双重收缩，股市遭受重创；2018 年，受宏观经济调整、去杠杆等因素影响，货币和信用再次收紧，股市同样出现大幅下跌。

在投资过程中，对资金情况进行日常监测至关重要，这涉及宏观流动性与微观流动性两个维度。通过 M1、M2、降准降息等指标，可有效观察宏观流动性。M1 反映了经济中的现实购买力，M2 则涵盖了现实购买力和潜在购买力。当 M1 增速较快时，往往意味着市场消费和终端市场活跃；M2 增速的变化则能敏锐地反映出宏观经济的资金宽松程度。

通过新发基金规模、IPO 规模、成交量、换手率以及两融（融资融券）数据等，能深入了解微观流动性。例如，2024 年 9 月以来，市场成交量从日常的五六千亿元暴增至 1.5 万亿元以上，这表明市场资金大量涌入，如同干涸的河道迎来水流，此时市场往往会迎来上涨行情。

每次行情启动时，题材股、小盘股通常率先上涨，这就好比大量水流进入干涸的河床，玉米棒、矿泉水瓶、纸盒子等轻小物品会先漂浮起来，随后大船小船才陆续浮起。这种现象背后的原因在于，题材股和小盘股市值较小，启动所需资金量相对较少，更容易在市场资金初期涌入时受到关注和推动。

投资中应认清主力部队

在股票市场的宏大棋局中，不同类型的主力资金就像风格迥异的精锐部队，各自拥有独特的战术和战略目标，在不同的行情阶段轮流掌控市场的节奏，它们的一举一动都深刻影响着投资者的收益与市场的走向。这些主力部队包括公募基金、私募基金、外资、国家队、保险资金及杠杆资金等，每一支力量都凭借自身的投资策略和资金优势，在市场这个大舞台上扮演着不可或缺的角色。

回顾 2019 年的市场行情，外资就像嗅觉灵敏的猎手，凭借对全球经济形势和政策风向的精准判断，率先捕捉到政策转向释放的积极信号，果断地吹响了入场的号角。它们将大量资金投入白酒、家电等业绩稳定、盈利能力强劲的白马股中，成为当时市场舞台上的主角。

根据沪深交易所公开的数据，2019 年外资通过陆股通渠道净流入 A 股的规模近 3500 亿元，这一庞大的资金量有力地推动了白马股价格上扬，许多投资者跟随外资的脚步，在这波行情中收获颇丰。同年，公募基金也凭借专业的投研团队，在景气度较高的行业积极布局，白酒、医药、新能源等行业成为他们重点关注的对象，为这些行业的股价上涨贡献了强大的动力。

然而，市场行情总是跌宕起伏的。在 2023—2024 年间，市场陷入下行的泥沼，投资者的信心遭受重创。在这艰难时刻，国家队和险资挺身而出，如同中流砥柱一般，承担起稳定市场的重任。国家队凭借雄厚的资金实力，通过大手笔买入沪深 300ETF 等指数基金，向市场传递坚定的信心，稳住了市场的阵脚。险资则凭借自身拥有长期资金的独特优势，有条不紊地配置高股息资产，为市场提供了稳定的资金流，让市场在低迷中看到了一丝曙光。

自 2024 年 9 月起，量化私募和杠杆资金迅速崛起，成为市场的主导力量。量化私募借助先进的算法和复杂的模型，如同拥有精密导航系统的战舰，精准地捕捉市场的短期波动机会。杠杆资金的涌入则进一步放大了市场的资金量和交易活跃度，这也就很好地解释了为何在 2024 年四季度题材股和科技股涨幅惊人。这些股票以股性活跃、波动幅度大等特点，恰好契合了量化私募和杠杆资金的操作风格，成为它们驰骋市场的主战场。许多投资者在这波行情中，因准确判断主力资金的动向，及时布局相关股票，获得了可观的收益。

2025 年年初，金融市场再度发生显著变化。在全球金融领域有着重要影响力的高盛、美林等海外知名投行，一改往日对 A 股市场的中性态度，纷纷转为"看多"。他们在深入研究后，笃定中国资本市场潜藏着巨大机遇，开始大力布局。

这些投行的转变并非毫无依据。从宏观经济层面来看，中国经济展现出强大的韧性，一系列政策组合拳的出台，为经济稳定增长提供了有力的支撑。从行业发展的角度看，新兴产业如人工智能、机器人等领域蓬勃发展，具备广阔的成长空间。基于这些判断，他们纷纷将目光投向 A 股和 H 股，大量配置其中的优质资产。

在港股市场，这种资金流入的影响尤为明显。以腾讯、阿里巴巴为代表的成长股，凭借其在互联网领域的龙头地位和创新能力，成为外资布局的重点对象。随着外资的持续买入，这些股票的股价大幅上涨，反映出市场对其未来发展的高度认可。对投资者而言，这一趋势蕴含着重要的启示。在投资过程中，及时捕捉外资流向等市场信号至关重要。外资作为市场中的重要参与者，其动向往往反映了对市场的趋势和企业价值的深刻洞察。当外资大规模转向配置 A 股和 H 股时，意味着这些市场和其中的优质资产具备较高的投资价值。投资者若能敏锐地察觉并顺势而为，合理调整投资组合，便有可能在市场波动中获取不错的收益。

　　总体而言，在投资领域，主力资金往往具备信息、研究和资金规模的优势。跟随主力部队，就如同站在巨人的肩膀上，可以借助其对宏观经济、行业趋势的深入分析与判断，提前布局潜力板块。但要知道，跟住主力资金并非易事，需要借助专业的工具和方法，密切关注成交量、资金流向等指标。同时，投资者还需深入研究主力资金的投资逻辑和策略，不能盲目跟风，要结合自身的风险承受能力和投资目标，制订出适合自己的投资计划。只有这样，才能在复杂多变的市场中游刃有余。

第 09 讲
投资中应关注事件驱动

　　上一章中提及的"事件驱动"主要是概念性阐述，而在实际投资的战场中，如何将其与具体操作紧密结合，才是决定投资成败的关键。

　　例如，某地区突发公共卫生事件，医疗防护用品的需求会呈井喷式增长。投资者可立即关注生产口罩、防护服、消毒液等产品的企业。一方面，评估企业的产能扩张能力，那些能够迅速扩大生产规模以满足市场需求的企业，股价可能大幅上涨；另一方面，关注企业的品牌影响力与销售渠道，品牌知名度高、销售渠道广泛的企业，能更有效地将产品推向市场，获取丰厚的利润。

　　又如，某科技巨头突然宣布将投入巨额资金研发下一代芯片技术，这一事件会迅速影响半导体行业。从操作层面看，投资者可关注该巨头的合作伙伴，这些企业可能因订单的增加而实现业绩的提升。同时，相关芯片原材料供应商也可能迎来机遇，因为技术的升级往往伴随着对优质原材料需求的增长。投资者可通过研究企业的供货稳定性、产品质量等，挑选出有投资价值的对象。

总之，在实际投资中，要将事件驱动的概念细化为具体的分析步骤与投资动作，才能在风云变幻的市场中抓住机会，实现盈利。

投资的问题是信息太多

在当今这个信息爆炸的时代，投资领域面临着一个棘手的问题——信息太多。海量的信息将投资者层层包围，陷入信息茧房之中。例如，在新闻资讯类 App 上，算法根据用户过去浏览科技新闻的习惯，总是推送科技类资讯，用户接触的信息范围就会变得狭窄。在投资领域，投资者如果只关注某一行业或者某一类型（如只看自己持有股票相关的利好消息）的信息，就容易形成信息茧房，无法全面、客观地看待市场动态。

在日常的媒体资讯里，财经新闻铺天盖地，从宏观经济数据的重磅发布，到微观层面企业的重大战略调整，各类消息如乱麻般交织在一起，让人目不暇接。

然而，这些财经新闻的质量可谓良莠不齐，真假难分。虚假消息的来源多种多样，有些是不良媒体为了博眼球、赚流量而进行的恶意炒作，还有些是别有用心之人故意编造散布的"小作文"。在这鱼龙混杂的信息海洋里，投资者急需一套可靠的导航系统，对铺天盖地的新闻及热点进行高效的信息筛选，去伪存真，提取出真正有价值的信息。

当投资者好不容易完成信息筛选后，还远远没有到达投资决策的终点，接下来还需从逻辑层面进行深度判断。就拿一则新能源汽车行业的政策利好新闻来说，绝不能仅仅看到"利好"两个字，就头脑一热、冲动行动。

投资者需要像侦探破案一样，深入思考一系列问题：这项政策的具体内容究竟是什么？是补贴力度加大，从而刺激消费者购买，拉动市场需求？还是对新能源汽车的技术标准做出了新规定，推动行业技术升级？这项政策对行业内的哪些企业最有利？是专注于整车制造的企业，能够凭借政策东风扩大生产规模？还是电池供应商因为技术标准的改变而迎来新的发展机遇？通过层层深入的分析，才能逐渐形成相对理性的投资观点。

经过上述分析，如果得出政策对拥有先进电池技术的企业更为有利，那么投资者就可以将投资目标精准地锁定在这类企业上。基于此观点，投资者还需要进一步开展投资活动，对这些企业进行全面深入的研究。例如，详细研究这些企业的财务状况，包括营收、利润、资产负债等关键指标，判断企业的盈利能力和偿债能力；了解其市场份额，评估企业在行业中的竞争力。同时，结合企业当前股价所处的位置，判断股价是处于历史高位，存在回调风险，还是处于低位，具有较大的上升空间。综合这些因素，最终做出合理的投资决策。

投资者一定要时刻保持清醒的头脑，切不可看到一则利好消息，便在次日早盘不假思索地盲目追涨买入；也不能因为一则利空消息，就在次日慌慌张张地仓促抛售股票，这两种做法都是极其不可取的。

根据东方财富金融终端提供的上证综指历史数据，自 2010 年到 2024 年年底，上证综指出现过 14 次当日高开 2% 以上的情形，其中超过 80% 的走势为高开低走。这一数据充分表明，当面对利好消息时，投资者不能盲目冲动地进场。

在"信息大爆炸"的时代，投资者需要不断学习和更新知识体系。随着科技的飞速发展和经济结构的不断调整，新的投资领域和投资工具层出不穷。从早期的股票、债券，到如今的数字货币、量化投资等，投资市场的边界在不断拓展。投资者如果不紧跟时代的步伐，学习新的知识，就很容易在面对新的投资机会和风险时不知所措。

投资者需要练就一双"火眼金睛"，掌握信息筛选、逻辑分析、信息整合、应对不确定性以及持续学习的能力，只有这样才能在复杂多变的市场中披荆斩棘，实现财富的稳健增长。

投资中的事件驱动

究竟什么是事件驱动呢？在投资领域，事件驱动是一种极为有效的投资策略。其核心在于针对并购重组、产品提价等可能对公司股票价格产生潜在影响的特定事件，进行预测并据此展开投资。该策略旨在利用市场对这些事件的反应不足或过度反应，获取投资回报。这些事件既可能源于公司内部，也可能由外部因素刺激引发。因此，投资者必须对这些事件进行及时且有效的分析。下面为大家举例说明。

例如，业绩预告，即公司提前公布未来一段时间的经营业绩预测，这通常会对股价产生直接的影响。在每年一月份的年报披露期，若公司宣布业绩预增 80%，这很可能会对股价形成正向刺激；反之，若业绩预减 80%，则可能会对股价产生负面影响。不过，在分析时需结合股价形态。假设股票处于高位时，公司发布了一份出色的业绩预告，那么此时投资者应秉持"高位利好是利空"的原则。

也就是说，当股价从底部以来涨幅可观（如涨幅 100% 以上），在高位发布业绩预增 80% 或 100% 的消息后，若次日股价大幅高开，则投资者可考虑卖出。原因在于，股价从底部大幅上涨后，部分投资人可能趁此利好高位出货。反之，若公司股价已大幅下跌，在底部发布利空的业绩预告，则此时可遵循"低位利空是利好"的原则，即所谓的"底部利空出尽"。（当然，这不是绝对的。）

所以，业绩预告的好坏，虽然会对股价产生相应的影响，但投资者仍需结合公司发布业绩预告时股价所处的高低位置进一步做出判断，这都是从投资实践中总结出的宝贵经验。同样的道理，也适用于业绩快报。

再比如，大股东增减持和高管增减持。大股东与高管作为公司内部人员，对公司的了解程度远非普通投资者可比。因此，大股东和高管对公司股票的买卖行为，会对投资者的决策产生重要的影响。投资者切不可盲目自信，认为自己比高管更了解公司。当高管持续减持股票时，投资者应考虑及时抛售；当高管不断增持股票时，投资者则需留意消息，或许后期会有利好消息公布。

此外，限售股解禁也会对股价造成较大的冲击。限售股大多掌握在公司大股东手中，其持股成本相较于普通投资者低很多。例如，某股票当前股价为 30 元，而大股东的成本可能仅为几元甚至几毛钱，即便股价下跌，他们仍有盈利空间。所以，对于即将迎来大量限售股解禁的公司，投资者应谨慎规避。

回想 2023 年年底，有朋友向我咨询一家公司，称该公司有一则利好消息。经了解，原来是该公司宣布加入某业内知名公司的造车产业链，该消息明显属于利好。公司发布公告后，股价当日即出现一字涨停板。我当时给出的建议是，若次日股价未涨停，务必卖出或减仓。朋友对此表示疑惑，认为这是利好消息，不理解为何要卖出。

实际上，从股价走势来看，该股票自前期低点的涨幅已超100%，且为明显的机构重仓股。在此情形下，机构极有可能趁此利好高位卖出，这看似利好的消息实则隐藏着潜在利空。当时朋友对此半信半疑。此后不到一个月，该股股价下跌了50%。这一案例充分说明，在研究事件驱动时，投资者不仅要判断事件对股价的利好或利空的性质，还需结合公司的技术形态，辩证地思考当利好出现时究竟是买入时机还是高位卖出时机。

在事件驱动投资中，有时会存在一些看似简单粗暴的炒作逻辑。例如，市场上曾流传"谣言就是遥遥领先的预言"这一说法。许多时候，公司会对某些传闻进行辟谣，但后来却发现辟谣内容并非真实，谣言反而可能是真相。当投资者看到因谣言引发板块上涨时，往往会跟风买入。但需注意，一旦股价在高位时，传闻被证实为真，即便消息属实，投资者也应立刻卖出。也就是说，对于这类谣言引发的投资机会，若一开始未及时参与，后期就不应再盲目跟风。股价在高位时，无论传闻真假，都应果断离场。

市场还曾出现过对数字玄学的炒作。市场的炒作逻辑是，只要公司名称中带有数字，股价就可能涨停。这种逻辑非常荒谬，但却被很多人认可。不过，此类投资风险极大，不建议投资者参与，应坚决回避，毕竟这属于高风险的"勇敢者游戏"。若投资者心态不够强大，切勿轻易尝试。

从事件驱动的角度来看，对于某些概念，当舆情、氛围以及大众感知都显示，身边的人都在热议某个题材时，这或许预示着板块性的投资机会。这类题材通常具有不可证伪性、联动性和新颖性。从盘面表现来看，会出现一个板块集体上涨的情况，该板块中会涌现出龙一、龙二、龙三、龙四等股票。

简单解释一下，"龙一"属于投资的业内术语，即板块中第一只涨停且能连续涨停的公司，或者是板块内某段时间涨幅最高的公司，因其受到大众喜爱，游资也会纷纷追捧。龙二则会随后跟上，此后龙三、龙四等也会随之上涨，从而形成板块扩散效应。需要注意的是，一个具有投资价值的题材，不应仅一家公司股价上涨，"单丝不成线，孤木不成林"，必须具备板块效应。一旦龙一、龙二走势转弱，该板块的行情可能也就接近尾声了。

提升认知至关重要

如何提升事件驱动投资的能力？提升认知能力是关键所在。强势板块的崛起往往由一只或几个股引领，这种现象在投资领域极为常见。就如同在雁群的长途迁徙中，头雁凭借着丰富的经验和强大的飞行能力，引领着整个雁群朝着正确的方向前行。

在投资中，龙一就如同这至关重要的头雁。它凭借自身独特的优势，如强大的业绩支撑、独特的技术创新或前瞻性的战略布局，率先在市场中崭露头角。以特斯拉为例，作为电动汽车领域的龙头企业，凭借其领先的电池技术、创新的自动驾驶系统以及对未来出行方式的前瞻性布局，在全球范围内吸引了众多投资者的目光。

一旦龙一展现出强劲的上升势头，就仿佛头雁振翅高飞，为后续的个股树立了榜样，激发起整个板块的活力。在特斯拉的带动下，蔚来、小鹏、理想、小米等一众新能源汽车企业纷纷崛起。

然而，若头雁的飞行能力下降，如遭遇恶劣天气、体力不支等情况，整个雁群的飞行速度、方向乃至安全性都可能受到影响。在投资中，原本跟随龙一上涨的其他个股，也会因为龙一的颓势而陷入迷茫。当特斯拉因供应链问题或技术瓶颈导致业绩不及预期时，相关新能源汽车企业的股价也纷纷受挫。当然，在现实投资中，也存在龙一遭受挫折后，被其他公司替代的情况。

在事件驱动投资中，尤其是行业投资中，存在一些黄金投资法则。

第一，要寻找渗透率低于10%，且未来能够提升至50%的行业投资逻辑，同时相关投资标的要足够丰富，如人工智能、机器人、低空经济等领域。以人工智能为例，目前人工智能在一些行业的渗透率相对较低，但随着技术的不断进步，其在医疗、教育、金融等领域的应用前景广阔，未来有望大幅提升渗透率，为投资者提供丰富的投资机会。想象一下，在医疗领域，人工智能辅助诊断系统可以更快速、更准确地识别疾病；在教育领域，智能教学工具能实现个性化学习，这些潜在的应用场景都预示着巨大的市场空间。

第二，行业逻辑的阐述应简洁明了，最好能用不超过 20 个字概括清楚。例如，智能手机的投资逻辑可概括为"未来人手一个智能手机"；电动车的投资逻辑为"未来节能环保的电动车将替代燃油车"；人形机器人的投资逻辑则是"未来应对老龄化，机器人辅助家务"。如此简洁清晰的逻辑表达，虽然未必准确、客观，但便于普通投资者理解，能迅速抓住投资要点。对于普通投资者而言，简单易懂的投资逻辑更容易在脑海中形成投资决策的框架，避免陷入复杂的信息迷宫中无法自拔。

第三，在行业或者赛道投资中，要快速识别龙一、龙二。龙一的走势对整个板块的影响至关重要。当市场对某一行业或板块形成一致性预期时，往往并非行情的顶部，还会出现最后的疯狂上涨阶段，随后行情才会终结。这就如同在一场热闹的狂欢中，当所有人都沉浸在欢乐的氛围中时，往往也是狂欢接近尾声的时刻。投资者需要保持冷静，不要被市场的热情冲昏头脑，准确判断行情的走势。

第四，当一个行业或板块的渗透率达到50%时，该板块的大规模投资机会可能会逐渐减少。此外，在赛道投资中，市值指标不容忽视。若某一板块的市值占整体 A 股市值的比例达到历史最高点，则此时投资者需格外警惕。这意味着该板块可能已经被过度炒作，估值过高，存在较大的泡沫风险。

事件驱动投资的本质在于利用信息差和认知差获利。若投资者能提前洞察他人未发现的信息，便可能获取投资收益。市场对事件的反应往往存在不足或过度的情况，投资者对事件的理解能力直接决定了其投资收益的多少。可以说，投资是投资者认知的变现，凭借运气赚取的财富，最终可能因认知局限而回吐给市场。

在事件驱动投资领域，可适当借鉴乔治·索罗斯（George Soros）的"反身性理论"。该理论可从以下三个方面进行深入理解。

第一，投资者的认知存在偏差，在对某一事件的理解过程中，难以做到完全客观，这是由于投资者自身的知识储备、信息获取渠道等多方面因素的局限性所致。

第二，众多认知存在偏差的投资者参与投资活动，必然会对事件的发展进程产生影响，进而改变事件的最终结果。因为投资者的买卖决策会直接作用于市场的供需关系，从而影响资产价格，而资产价格的波动又会反过来影响企业的经营决策以及市场参与者的行为。

第三，事件的发展态势又会反向作用于投资者的认知。随着事件的不断演进，新的信息不断涌现，这些信息会促使投资者重新审视自己对事件的原有认知，并根据新的认知调整投资策略。

例如，在机器人行业的投资热潮中，众多投资者纷纷涌入，将某些公司的股价推至高位。许多投资者其实并不了解这些公司的具体业务内容，仅仅因为公司股价上涨，便主观地认为该公司与机器人行业存在紧密关联。而相关公司可能也会发布公告，表明自身正在为某些企业供货。由此，公司也将自己定位为板块龙头，股价的上涨增强了公司的市场影响力和自信心。然而，随着市场的发展，部分公司的泡沫逐渐显现，投资者发现这些公司所供应的产品科技含量并不高，于是开始抛售股票。抛售股票的行为引发更多投资者跟风，进而形成恶性循环，导致股价出现剧烈的暴涨暴跌。这一过程充分体现了投资者、公司及市场预期之间的相互作用，是反身性理论在投资实践中的典型体现。

事件驱动投资策略，其核心在于投资者对事件的分析、理解和认知能力。只有不断提升自身认知，才能赚到真正属于自己的"钱"。在投资的道路上，投资者需要不断学习，积累经验，提升对行业、企业和市场的认知深度和广度，这样才能在复杂多变的市场环境中抓住机会，实现财富的稳健增长。同时，要保持谦逊的态度，认识到自己认知的局限性，不断反思和修正自己的投资决策，避免因认知偏差而遭受损失。

第 10 讲
投资中的行业逻辑和风格

在投资中，投资者都渴望找到投资的密码。其中，对行业和风格的精准把握，就是一把至关重要的钥匙。不同行业在资本市场中有着不同的表现。科技行业，犹如充满活力的短跑选手，在创新浪潮的推动下，凭借技术突破快速发展，股价常常呈现爆发式增长，但也伴随着高风险与高不确定性。传统制造业则像稳健的长跑者，业绩相对稳定，股价波动较小，受经济周期影响更为明显。

市场风格也在不断转换，大小盘风格转换如同潮汐涨落，其背后隐藏着经济周期、政策导向等诸多因素。美林时钟这一经典理论，为我们理解经济与投资的关系提供了独特的视角。

美林时钟下的行业投资

我们先来认识一个在投资领域至关重要的概念——美林时钟

（Merrill Lynch Investment Clock），它是由美国知名投资银行美林证券在 2004 年提出的。当年，美林证券的研究团队通过对美国1973—2004 年整整 30 年间详实的经济数据和资产市场表现进行了深度剖析与研究，最终构建出这一经典的经济周期分析模型。这一研究成果被广泛引用，其数据来源主要基于美国官方经济统计部门以及各大金融数据机构所提供的历史数据。

美林时钟把经济周期细致地划分为四个阶段，分别是复苏期、过热期、滞胀期和衰退期。在不同的经济周期阶段，各个行业的表现可谓天差地别，适宜关注的行业也存在显著差异。这种经济周期的不同阶段与行业表现的关系，就如同自然界中一年四季的更迭一般，每个阶段都有与之对应的优势行业。

在经济复苏期，整个经济形势就像冬日过后开始逐步回暖，市场活力逐渐恢复。此时，消费领域往往如同春天里率先苏醒的万物，成为经济复苏的先头部队，以消费为主的行业自然而然地成为关注焦点。例如，一些日常消费品、家电等行业，消费者的购买意愿开始增强，企业的销售额和利润随之提升。

当经济进一步发展，进入过热期，就好比夏日炎炎，各类需求旺盛。周期股迎来了它们的高光时刻，如钢铁、煤炭等行业，由于市场需求的急剧增长，产品价格大幅上涨，企业的业绩也随之大幅提升。以钢铁行业为例，在基础设施建设和房地产市场火热的带动下，市场对钢铁的需求大增，钢铁企业的利润也水涨船高。

到了滞胀期，经济增长的步伐开始放缓，然而物价仍保持在相对高位。在这个阶段，消费行业中的防御性板块，如医药、食品饮料等，展现出较强的抗跌性。因为无论经济形势如何变化，人们对药品和食品饮料的需求相对稳定，这些行业的业绩波动相对较小。

而当经济陷入衰退期，仿佛寒冬降临，市场一片萧条。此时，资金就倾向于寻求安全避风港。如电力、机场、高速公路、银行等具有稳定现金流的行业受到青睐。如电力行业，无论经济好坏，人们对电力的需求始终存在。

在国内，我们可以通过一系列宏观经济数据来判断经济究竟处于美林时钟的哪个阶段。例如，通过观察GDP（国内生产总值）增速能直观地判断经济增长态势；利用CPI（居民消费价格指数）则可以衡量通货膨胀水平。

当GDP增速下滑且CPI也处于低位时，根据美林时钟理论，经济可能处于衰退期；若GDP增速开始回升，同时CPI相对稳定，则意味着经济进入复苏期；要是GDP增速较快，与此同时CPI涨幅较大，那么经济有可能处于过热期；而当GDP增速停滞不前，CPI却居高不下时，大概率就是滞胀期了。

当然，现实中的经济周期并非如理论模型那样界限分明，不同阶段的过渡往往比较模糊。而且，市场环境复杂多变，各种突发因素，如政策调整、自然灾害、国际形势变化等，都可能导致资产表现与理论不完全一致。也正因如此，很多业内人士都不禁调侃，国内的美林时钟变化过快，简直成了"电风扇"。但不可否认的是，总体而言，它依然是投资者在进行行业配置时的重要参考工具，能帮助投资者在复杂的经济环境中做出相对合理的投资决策。

科技股和消费股

科技股在投资领域中颇具吸引力，同时也伴随着高风险。科技股行业的发展与估值变化紧密相连。以电动车行业为例，五年前，当中国电动车的市场渗透率处于 15%～20% 的较低水平时，市场对其发展前景充满乐观预期，彼时给予电动车企业 40 倍、50 倍甚至更高的估值。这是因为在行业发展初期，市场潜力巨大，企业的增长速度极为可观，高估值反映了投资者对其未来高增长的期待。

然而，随着时间推移，中国电动车市场的渗透率已超过 50%，市场格局发生显著变化。以宁德时代为代表的电动车企业，其市盈率基本处于 20～25 倍之间。这并非由于当年的高估值不合理，而是由于行业发展阶段发生了转变。早期的高增速使得高估值具有合理性，而如今行业增速放缓，估值相应下降，这是市场规律的正常体现。

不少投资者在新能源领域遭受损失，很大程度上是因为在行业热度高涨的顶点，过度相信新能源的美好前景，进而在高位入场，最终被套牢。当前，新能源行业并非毫无机会，但已不再是整体性的大规模机遇，更多呈现为结构性机会。诸如无人驾驶、固态电池等细分领域，成为行业发展的新亮点与潜在的投资机会。

回顾我个人的职业经历，起初作为科技行业分析师，我曾一度自认为能力超群。那时我所研究的股票大多实现了十倍涨幅，这让我深感自豪。但随着时间的推移，我逐渐意识到，这并非完全取决于个人能力。我更像是"风口上的猪"，恰好研究的是当时最为热门且发展势头强劲的苹果产业链。如果当时我一入行，研究的是煤炭或者钢铁行业，我可能就不会对自己的能力产生如此大的误判了。

这使我深刻认识到，个人的成功往往与时代赋予的机遇紧密相关。时代的浪潮推动着某些行业崛起，身处其中的从业者看似能力卓越，实则在很大程度上受益于行业的蓬勃发展。

基于多年对科技股的研究与投资实践，我有以下两点感悟。

第一，国家在科技领域的大力扶持，为科技的迅猛发展奠定了坚实的基础。同为科技股，其表现却天差地别。有的科技股能够实现几十倍的涨幅，而有的却暴跌 90%。造成这种巨大差异的关键因素，很大程度上在于是否与行业巨头（如华为或苹果）建立紧密的合作关系。傍上这些行业巨头的"大腿"，意味着企业能够获取更多的资源、技术支持及市场份额，从而获得高速发展的机遇；反之，则可能在激烈的市场竞争中逐渐被淘汰。这也充分表明，科技股投资领域蕴含着极高的风险。

第二，从风险的角度，投资科技股股票的风险大于科技股基金。但即便投资者选择基金而非直接购买股票，也应采取波段操作策略，并密切关注产业变化。例如，曾有许多投资者认为基金风险较低，于是在电动车板块处于高位时大量买入相关基金，结果损失惨重。即使投资科技类基金，若不时刻关注产业动态，也容易重蹈在高点追高买入的覆辙，遭受严重损失。

对于寻求长期投资的投资者来说，并非所有行业都能满足需求，消费行业可能是不二之选。消费行业就像一条漫长且坡度平缓的雪道，具备"长坡厚雪"的特性，适合进行中长期投资。当然，投资消费股时需要注意估值，避免在估值过高时买入。这里的估值，通常指市盈率（PE），投资者应尽量在市盈率较低时布局。

消费股可细分为必选消费和可选消费。必选消费是指中国老百姓日常生活中不可或缺的商品和服务，如酱油、醋、榨菜、牛奶、面包、医药等。对于必选消费股的投资，应重点关注行业龙头企业。可选消费则是指消费者在满足基本生活需求后，根据自身经济状况和喜好进行消费升级的领域。以电视机为例，有液晶电视、激光电视、投影电视等，尺寸越来越大，观影体验越来越好。但消费者进行这类消费的前提是手中"有钱"，且"敢花钱"，这两点缺一不可。

在可选消费领域，有几个群体的消费能力和意愿值得关注。首先是爱美的女士们，她们在美容、医美等方面的消费毫不吝啬。实际上，不仅是女士，男士对医美也有需求，如植发，许多因工作压力导致脱发的男士，愿意通过植发改善形象。

其次，随着科技的发展，人们对于通过干细胞等手段延缓衰老的需求也在逐渐增加。记得有一次，我跟一位基金行业的朋友吃饭，他问我有没有发现他有什么变化。我瞅了半天，也没发现他的容貌有什么变化，只是感觉他变得更自信了。后来他跟我揭晓了答案，原来他前不久刚做了植发。我很难想象，曾经的"钢铁直男"也开始做医美了。看来，不只有"女为悦己者容"。

如今，"谷子经济"（源于英语"goods"，指围绕二次元文化的商品经济）十分火爆，如泡泡玛特等公司，凭借销售各类深受孩子们喜爱的玩偶，股价一度大幅上涨。类似地，宠物经济也是可选消费中的重要赛道。最后，白酒作为男士喜爱的消费品，同样是可选消费中的优质赛道。总之，在可选消费领域，投资者应关注那些消费者愿意慷慨解囊的细分领域。

行业投资的大致分类

在行业投资的复杂版图中，估值是投资者至关重要的参考指标之一。之前书中讲到了"金钱三兄弟"，为了更形象地理解不同行业的估值特点与投资逻辑，我们也可以将行业比喻为"行业四兄弟"。

老大是高股息兄弟，以银行、电力、公路等行业为典型代表。这类行业通常具有较为稳定的现金流和盈利能力，就像一位忠厚可靠的兄长，虽不会带来暴富的惊喜，但能提供稳定的收益。它们的股票市盈率估值通常在 7~20 倍之间，这一估值区间相对较为稳定。而当市盈率估值涨至 15~20 倍时，股息率相对下降，意味着性价比降低，此时投资者可以考虑逢高卖出，将资金重新配置到更具吸引力的资产上。

老二是沉稳的消费兄弟，涵盖了白酒、家电、医药等行业。这些行业与人们的日常生活息息相关，需求相对稳定，如同一位性格沉稳的兄长，能在不同的经济环境下保持一定的韧性。消费股存在一个相对合理的估值区间。机构投资者作为市场中的"聪明钱"，对估值极为敏感。若估值过高，超出了合理范围，则他们通常会选择卖出，等待估值回归合理区间时再重新布局。

以白酒行业为例，在某些年份，由于市场对高端白酒过度追捧，所以相关企业估值飙升，随后机构投资者大量减持，股价也随之回调，直到估值回到合理水平，才又重新吸引资金流入。

老三是周期股兄弟。周期股的投资逻辑别具一格，与一般认知背道而驰。在其估值很低的时候，往往意味着行业处于高度景气的状态，市场一片繁荣，产品供不应求，企业利润大幅增长，仿佛站在了行业的巅峰，风光无限。例如，在有色金属行业，当全球经济快速发展，对金属的需求暴增时，有色金属价格飞涨，相关企业利润丰厚，股票估值也被压得很低。

然而，"盛极而衰"是周期股难以摆脱的规律，行业景气达到顶峰后，往往会迅速走向衰退。此时，投资者应果断卖出，落袋为安。反之，当行业处于低谷，产品滞销，企业盈利不佳，导致估值较高时，却可能孕育着反转的机会。因为市场往往具有前瞻性，当行业最艰难的时刻过去，复苏的曙光初现，股价可能提前反应，为投资者带来丰厚的回报。

老四是科技股兄弟。科技股的估值与行业渗透率紧密相连，呈现出一种独特的反比例关系。渗透率越低，意味着行业的发展空间越大，未来的增长潜力无限，市场对其充满了憧憬和期待，因此给予它们的估值往往较高。这就好比一个充满潜力的年轻人，虽然目前成就有限，但未来可期。

例如，早期的智能手机行业在普及率较低时，市场对其未来的发展充满想象，相关企业的估值居高不下。随着渗透率的逐步提高，行业逐渐走向成熟，增长速度逐渐放缓，估值也会相应下降。同理，当下低空经济、机器人、人工智能等行业，由于尚处于发展的初期，渗透率较低，市场对它们寄予厚望，给予的估值相对较高。投资者在投资这类行业时，需要密切关注行业的发展动态和渗透率的变化，以便把握最佳的投资时机。

投资者在具体行业的投资中，唯有深入理解各行业独特的估值逻辑，方能慢慢找到正确的投资思路。与此同时，还需紧密结合自身的风险承受能力与投资目标，如同量体裁衣般制定合理的投资策略。对于风险偏好较低的投资者，可能更倾向于高股息和消费类行业，追求稳定的收益；而风险偏好较高的投资者，则可能在周期股和科技股中寻找机会，以获取更高的回报。在投资过程中，投资者还需不断学习和积累经验，关注宏观经济形势、政策变化等因素对行业的影响。

大小盘风格转换

这一节，我们深入探讨另一种在投资领域至关重要的市场划分，即投资中的大小盘风格转换。这一概念对于投资者把握市场趋势、优化资产配置起着关键作用。

作为投资者，我们必须清晰地明确大小盘的概念。以我国股票市场为例，在沪深两市众多的上市公司中，市值排名前 300 名的公司构成了具有代表性的沪深 300 指数。这 300 家公司通常是各行业的龙头企业，规模庞大、业绩稳定，在市场中具有广泛的影响力。而排名在 300 名之后的 500 家公司，组成了中证 500 指数，它们的规模相对小一些，但同样在经济发展中占据重要的地位。

排名在 500 名以后的 1000 家公司构成了中证 1000 指数，以及排名更靠后的 2000 家公司对应着中证 2000 指数。截至目前（本书出版时），沪深两市共有 5000 多家上市公司，基于这种市值排名形成的指数划分，沪深 300 指数成份股，通常被投资者视为大盘股；紧随其后的中证 500 成份股，归为中大盘股范畴。而中证 1000 和中证 2000 的成份股，则被称作中小盘股。这种划分方式为投资者分析市场风格提供了重要框架。

在中国 A 股市场，在相当长的一段时间内，大小盘风格呈现出极为鲜明的特征，常常呈现出大小盘股轮番强势的走势。回顾历史，从 2012 年至 2016 年这段时间，小盘股占据了主导地位。彼时，互联网金融与信息技术行业成为市场的核心主线。这一时期，众多涉足互联网金融与信息技术的相关公司吸引了大量投资者的目光，不少公司的股价涨幅达到十倍甚至几十倍。这种市场风格的形成，与当时的经济环境、政策导向以及行业发展趋势紧密相连。

2016 年年初市场遭遇熔断危机。所谓指数熔断机制，是指对相关指数设定一定的价格波动阈值，当价格突破阈值时，在一定时间内停止交易。2016 年 1 月 1 日起，我国正式实施指数熔断机制，在当年 1 月 4 日和 7 日，A 股市场因熔断机制出现了大幅波动。由于熔断机制在实施过程中出现了一些问题，如加剧市场恐慌、降低市场流动性等，所以 1 月 7 日晚，沪深交易所决定自 1 月 8 日起暂停实施"指数熔断"机制。

随后，市场风格发生了显著逆转，转向周期股和大盘股。当时，国家推行供给侧结构性改革政策，受此影响，煤炭、有色金属、钢铁、化工等周期板块表现优异。同时，以白酒、家电为代表的白马股①也表现出色。因此，从 2016 年年底直至 2021 年春节前夕，中大盘股在市场中占据主导地位。

2021 年春节成为了一个关键的分水岭。在春节前，白马股价格一路飙升。以贵州茅台为例，2021 年年初，贵州茅台总市值超过 2.5 万亿元，在春节前的一周内，股价涨幅竟高达 20%。市值如此巨大

---

① 指长期绩优、回报率高并具有较高投资价值的股票，因其具有较高的投资价值以及相对稳定的业绩，如同市场中的"白马"，备受投资者青睐。

的公司，在短短一周内上涨 20%，足见当时市场对大盘股的狂热追捧。但春节过后，形势急转直下，大盘股股价大幅下跌，市场迎来了小盘股的时代。

可以看出，中国 A 股市场存在明显的大小盘风格轮动规律。这背后的原因之一在于均值回归理论，即市场在长期发展过程中，会向其长期均值靠拢。当市场行情不佳时，投资者倾向于买入大盘股，以寻求避险；而当市场行情向好时，投资者的风险偏好提升，便会转向小盘股，期望获取更高的收益。由于估值具有牵引作用，所以无论是大盘股还是小盘股，其股价都不会无限制地上涨。通过对历史数据的分析，我们可以发现，大小盘风格大约每四到五年会出现一次轮回。

若投资者能洞察这一风格轮动规律，则投资过程将会轻松许多。反之，若无法把握市场风格的切换，每次投资都与市场风格相悖，则投资之路必将充满痛苦。

第 11 讲
如何做好周期股投资

在投资世界里，周期就像无形的指挥棒，左右着资产的起伏涨落。理解投资周期，是投资者在风云变幻的市场中找准方向、获取收益的关键所在。我们在前面介绍过消费股和科技股的逻辑，本节内容重点聚焦周期股投资。

当经济处于上行繁荣期时，周期股中的钢铁、煤炭等资源类股票，好似被注入了强大的动力，需求旺盛，企业盈利飙升，股价也随之水涨船高。原因是此时各行各业蓬勃发展，对基础原材料的需求急剧增加。而当经济步入下行衰退阶段时，这些周期股又会陷入低谷，需求萎缩，价格下跌，企业利润下滑，股价也一路走低。投资者要把握周期股投资，需密切关注宏观经济数据的变化，如 GDP 增速、工业增加值等。还要深入研究行业供需关系。只有精准地洞察周期股在不同经济周期阶段的表现，才能在投资中顺势而为，踏准节奏，避免在周期下行时陷入困境，实现在周期上行时收获丰厚的回报。

投资周期的多元万象

投资领域的"周期"丰富多样，如同周而复始的一年四季。其中，康波周期①是跨度非常久远的周期，跨度通常在 50～60 年。它就像一场漫长的马拉松，借由技术革新推动产业变革，进而引发社会变迁，带动经济完成一轮又一轮的循环。"人生就是一场康波"，许多人终其一生，或许仅能完整经历一个康波周期；若有幸活到百岁，或许能见证两轮。而随着科技的飞速发展，未来甚至有人预测人类寿命可达 150 岁，如此一来，便可能历经 2～3 个康波周期。

相较于康波周期的漫长，朱格拉周期②则更像是经济发展中的中型节奏。在这一周期内，企业对设备的更新换代以及资本的投入变

---

① 康德拉季耶夫周期，Kondratiev Wave，由俄国经济学家康德拉季耶夫于 1926 年提出，以技术创新为驱动，展现经济长期波动的规律。

② 由法国经济学家克莱门特·朱格拉（Clèment Juglar）于 1862 年提出，时长约 7～10 年，主要基于设备更替与资本投资来呈现经济的周期性波动。

化，成为推动经济起伏的关键力量。

库存周期①则是经济周期中的短期波动代表，时长 3~5 年。企业根据市场需求的变化调整库存，库存的增减变化又反过来影响经济的短期走势。

对于投资者而言，精准地把握周期股在不同周期中的表现，是做好投资的重要基础。周期股，犹如经济的晴雨表，其行业景气度、投资利润、产品价格等，紧密关联着宏观经济指标。

当宏观经济向好时，这类股票的所属行业往往一片繁荣；当宏观经济下行时，它们也会随之陷入低迷。以航空业为例，它便是典型的周期股。当经济不景气时，人们手头拮据，出行时往往会因飞机票价相对火车较高，而选择减少乘坐飞机，甚至取消出行计划；反之，当经济繁荣时，人们不仅更愿意坐飞机出行，部分人还会选择更为舒适的商务舱。

除航空业外，有色金属、钢铁、化工、造纸等行业，也都明显带有周期股的属性。其中，水泥、有色金属、化工等行业受宏观经济影响强烈，属于强周期股；而生猪养殖、券商、消费电子等行业，除了受宏观经济影响，还与所在行业的自身发展阶段紧密相关。

房地产：辉煌的周期传奇

中国房地产市场影响了无数国人，书写了一段周期传奇。放眼

---

① 也叫基钦周期，Kitchin Cycle，由美国经济学家约瑟夫·基钦于 1923 年提出，主要围绕企业存货的变化来展现经济的短期波动。

全球，过去二十年，全球有两大资产一度非常耀眼，一是长期处于牛市增长通道的美国股市，二是创造了无数财富神话的中国楼市。

房地产市场能够取得如此辉煌的成就，背后是多种独特因素交织成的一张紧密大网。婚姻观念在这张大网中成为了重要的一环。在传统观念影响下，对于许多年轻人组建家庭而言，丈母娘的"买房要求"宛如一道难以跨越的门槛，却也成了推动房地产市场需求的强劲动力。

2009 年，电视剧《蜗居》一经播出便掀起热潮，剧中人物为了房子所经历的酸甜苦辣，深深触动了观众内心，让无数人真切体会到住房在婚姻中的关键地位。不少人在这种触动下，咬咬牙下定决心购置房产，就像无意间踏上了一辆高速行驶的列车，随着中国房地产市场一同向前飞奔。事后想来，可能很多人还会感谢当年这部电视剧。

面对购房资金的巨大压力，"六个钱包"理论适时出现。"六个钱包"这一概念，由知名经济学家樊纲于 2017 年提出。意思是在年轻人购房时，可以使用夫妻双方的父母、爷爷奶奶、外公外婆这"六个钱包"的积蓄来支付首付。这一理论反映了购房压力下家庭资金集中支持的情况，从侧面体现出房价较高、购房资金筹集困难的社会现象，也引发了关于年轻人购房是否应该动用长辈积蓄等诸多社会讨论。

面对媒体的众多转载，樊纲曾多次对"六个钱包"言论进行辟谣和澄清，樊纲强调自己的原意不是鼓励啃老，而是在说房价太高，年轻人没有老人支持很难买得起房。他表示，如果"六个钱包"凑在一块儿能够帮助年轻人支付首付，且年轻人工作稳定，那么可以考虑买房，应该利用好按揭贷款的机制；如果财力不允许，则应考虑租房，不要勉强"上车"。

然而，自 2020 年起，房地产市场形势发生转变，若此时还依赖"六个钱包"买房，就如同将所有鸡蛋放在一个摇摇欲坠的篮子里，不仅可能把"六个钱包"的积蓄耗尽，还极有可能因房价下跌，面临资产大幅缩水的风险。

过去多年，中国尽享人口红利，"80 后""90 后"作为社会新生力量纷纷步入职场，组建家庭，这一庞大群体产生了海量的购房以及改善性住房需求。与此同时，城镇化进程加速推进，大量人口涌入城市，城市规模不断扩张，使得城市对住房的需求像被点燃的火焰，持续攀升。伴随着经济的高速发展，人们的钱包渐渐鼓起来，对居住品质的追求也日益提高，从狭小拥挤的房屋搬到宽敞明亮的大房子，从老旧小区搬进配套齐全的新社区，改善性住房需求愈发旺盛。

在货币超发的大背景下，市场上充斥着大量资金，这些资金如同四处觅食的猛兽，急切需要寻找合适的投资出口。股市虽然充满机遇，但风险较高且波动巨大，令许多投资者望而却步。而房地产市场凭借相对稳定的特性，吸引了大量资金源源不断地涌入。

此外，房地产市场的繁荣就像一场皆大欢喜的盛宴。购房者通过房产实现资产增值，收获财富与安全感；地方政府也在这场盛宴中颇为满意，因为土地财政在一定程度上依赖房地产市场的蓬勃发展。土地出让金成为地方财政的重要收入来源，这也在客观上如同给房地产市场的熊熊烈火添了一把柴，推动其持续升温，造就了持续多年的房地产黄金周期。

自 2020 年起，北上广深等一线城市房价出现不同程度下跌，"房价永远涨"的神话就此破灭，如同 2008 年美国次贷危机后，美国人对房价永远上涨信念的崩塌。

电影《夏洛特烦恼》（主演是沈腾和马丽）中，主角夏洛穿越回 1997 年，嘱咐好友大春在北京二环买房，"听话"的大春虽买了房，但在房价仅小幅上涨时便抛售，错失了房价大幅上涨的机遇。美国电影《大空头》则展现了 2008 年次贷危机时，房地产市场暴跌引发股市动荡的场景。而电影《股疯》（主演是潘虹和刘青云），讲述了 20 世纪 90 年代全民炒股的故事。

这几部电影从不同角度揭示了股市与楼市的疯狂，只不过楼市像慢牛，走势相对平稳且持续时间长；股市则似快牛，来得迅猛，去也匆匆，往往一波牛市仅持续一年左右，随后便陷入漫长等待。

随着"房住不炒"政策的持续推进，中国楼市逐渐趋于平稳，房地产的投资属性不断弱化，居住属性日益凸显。在此背景下，大量资金开始寻求新的投资方向。若 A 股能够走出慢牛行情，无疑将成为吸引资金的巨大磁石。对于监管层与投资者而言，慢牛行情都是众望所归。它既能避免市场的过度狂热与剧烈波动，又能为投资者提供相对稳定的收益预期，促进资本市场的健康可持续发展。

周期股投资策略与实例

在投资周期股时，能否精准地判断周期拐点至关重要。以房价、煤炭价格、钢铁价格、化工价格等为代表的周期股相关价格，不仅直接影响企业盈利，还会波及企业的存货、存货周转率等关键指标。

投资者应尽量预判周期的拐点，避免在价格高位时被套牢。同时，要多关注行业中的大型企业，它们犹如市场海洋中的巨轮，具备更强的抗风险能力。在行业周期波动中，小企业可能如脆弱的小船，瞬间被浪潮吞没，而大企业则能凭借雄厚的实力和丰富的资源，具有更高的抗风险能力。

黄金常被人们视为财富的避风港，但实际上它也具有周期股的属性。从历史走势来看，2012 年黄金价格达到高点后，经历了近十年的底部震荡，直至 2020 年才再次创下新高。这背后的价格波动，蕴藏着诸多复杂的因素和投资逻辑。

黄金价格主要受三大因素影响：美元走势、地缘政治局势以及央行的黄金购买行为。美元作为全球主要的储备货币，与黄金之间存在着紧密的反向关联。美元走强，黄金往往走弱；反之，美元走弱，黄金则走强。这是因为美元的价值波动会影响投资者对黄金的相对价值判断。当美元升值时，以美元计价的黄金在国际市场上对其他货币持有者来说变得更昂贵，需求下降，价格随之走低；反之，当美元贬值时，黄金的吸引力就会增加。例如，在 2008 年全球金融危机后，美国为刺激经济实行量化宽松政策，美元贬值，黄金价格则一路飙升。

当全球地缘政治局势紧张、战争冲突不断时，黄金作为避险资产，其价格通常会上涨。在不确定性加剧的时期，投资者会寻求资产的安全性，而黄金因其稀有性和全球认可度，成为首选的避险工具。如中东地区冲突频发时，投资者纷纷买入黄金，推动其价格快速攀升。在这些动荡时刻，人们对未来经济和货币体系的信心下降，黄金的保值属性使其成为资金的"避风港"。

此外，央行的黄金购买决策也对价格影响深远。近年来，不少央行出于对美元的不信任，纷纷加大黄金储备，中国央行也在其中，这无疑推动了黄金价格的上升。央行作为大规模的黄金买家，其一举一动都能对市场供需关系产生重大影响。当央行大量购入黄金时，市场上的黄金需求大幅增加，而黄金的产量相对稳定，供不应求的局面必然会推动价格上涨。而且，央行增加黄金储备也向市场传递出一种信号，即对现有货币体系稳定性的担忧，这进一步强化了投资者对黄金的购买热情。

不过，若美元强势反弹、地缘政治局势缓和或者央行减少黄金购买，则黄金价格可能会面临震荡下行的风险，正所谓"乱世黄金，盛世古董"，黄金价格与全球局势的稳定程度紧密相关。对于投资者而言，了解黄金的投资逻辑后，还需知晓其投资途径。实物黄金是最直观的投资方式，如金条、金币等，但储存和保管存在一定的成本和风险。黄金期货则具有高杠杆性，能以小博大，但也伴随着更高的风险，需要投资者具备较强的专业知识和风险承受能力。黄金ETF也是常见的投资工具，它交易便捷，成本相对较低，投资者可以像买卖股票一样在证券市场交易，通过追踪黄金价格波动来获取收益。

当然，也有一些投资大师对黄金丝毫没有兴趣，最著名的代表人物便是股神巴菲特。在 2013 年的一次采访中，巴菲特说了这样一段话：

"我一两年前在就职伯克希尔哈撒韦公司股东的信中谈过黄金，

从那时到现在，黄金没有再生出黄金，也没生产出其他任何东西。你买的黄金只是待在那里一动不动，你只能希望有人能出更多的钱来买黄金。即使黄金价格跌到每盎司 1000 美元，我也不会买。即使黄金价格跌到每盎司 800 美元，我也不会买。我从来没有过购买黄金的兴趣，我不是黄金的买家，也不是白银的买家。"

在中国，还有一个颇具特色的周期——猪周期。简单地说，当农户们看到养猪利润丰厚，便会纷纷投身养猪行业，一时间生猪存栏量大幅增加。但由于市场需求相对有限，很快便出现供过于求的局面，猪价随之下跌。猪价下跌后，农户们觉得无利可图，便开始减少养殖规模，生猪存栏量减少，进而导致猪价再次回升。如此循环往复，猪价呈现出大约两年上涨、两年下跌的周期性波动。

然而，2019 年非洲猪瘟的暴发，给中国养猪业带来了巨大冲击。众多小农户损失惨重，纷纷退出市场。而牧原、新希望等大型企业凭借强大的抗风险能力，不仅在行情低迷时坚守，还在行情好转时扩大养殖规模，逐渐占据了更大的市场份额。在大型企业的主导下，传统猪周期的波动特征逐渐变得不那么明显。

除了黄金和猪周期，原油市场也是周期股的典型代表。原油被誉为"工业的血液"，在全球经济体系中占据着举足轻重的地位。其价格走势深受全球经济增长、地缘政治、OPEC（石油输出国组织，Organization of the Petroleum Exporting Countries，通过协调成员国石油政策，维持国际石油市场价格稳定）减产协议等因素影响。

当全球经济蓬勃发展时，人们对能源的需求如饥似渴，原油价格往往会水涨船高。例如，在过去几十年间，新兴经济体的崛起带动了大规模的基础设施建设和工业生产，原油需求持续攀升，推动价格不断上涨。然而，经济增长并非一帆风顺，一旦全球经济陷入衰退，原油需求大幅下降，价格便会急剧下跌。2008 年全球金融危机爆发，经济陷入寒冬，原油价格从高位一路暴跌，众多石油企业面临巨大经营压力。

地缘政治因素同样对原油价格有着巨大影响。中东地区作为全球重要的石油产区，局势一直动荡不安。当该地区发生战争、政治冲突或者产油国出现内乱时，石油供应面临中断风险，市场恐慌情绪蔓延，原油价格会迅速飙升。

此外，OPEC 的减产协议也是影响原油价格的关键因素。OPEC 成员国通过协商，决定减产或增产石油。当达成减产协议时，市场上的石油供应量减少，价格通常会上涨；反之，若增产协议达成，价格则可能下跌。近年来，OPEC 与非 OPEC 产油国加强合作，共同调整石油产量，以维持市场的供需平衡和价格稳定，但这一过程充满了利益博弈和不确定性。

投资周期股，需要投资者深入研究其历史规律，同时敏锐洞察当下市场的新特点、新变化。唯有如此，才能在复杂多变的投资世界中，把握机遇，规避风险。

第 12 讲
个人投资者的投资三阶段

个人投资者做投资，很多人会历经股票投资、基金投资和资产配置的三个关键阶段。深入了解这些阶段，掌握各阶段的投资要点与策略，能帮助投资者少走很多投资弯路。

初入投资领域，多数人会从股票投资起步。这一阶段的投资要点在于学习股票基础知识，了解如何分析公司基本面，掌握技术分析的基本方法。例如，通过研读公司财报来判断其盈利能力和资产负债情况，借助 K 线图、均线等技术指标，辅助判断股价走势。但需谨记，不可盲目跟风，要学会独立思考，控制好投资风险。

随着经验的积累，投资者可能会将目光投向基金投资。这一阶段，投资者要学会挑选优质基金，了解基金的投资策略、业绩表现、基金经理的投资风格和过往业绩等。不同类型的基金，如股票型、债券型、混合型，其风险收益特征各异，投资者需根据自身的风险承受能力和投资目标进行选择。

当投资经验更为丰富后，一些投资者便会进入资产配置阶段。此时，他们不再局限于单一的股票或基金投资，而是如同一位经验丰富的指挥官，将资金合理分配到不同的资产类别中，包括股票、基金、债券、现金等，以实现风险与收益的平衡。资产配置的关键在于根据宏观经济环境、市场趋势以及自身财务状况的变化，动态调整各类资产的比例，构建一个稳健且适应市场变化的投资组合。

投资收益率的理性认知

2012 年，我从证券分析师转型为证券投资顾问，几年时间走访了国内数百家证券营业部。在日常工作中，与形形色色的投资者打交道。有一回，一位投资者满怀期待地找到我，他向我询问是否能与我建立合作关系。交谈中，他语气平和地表示，自己并不想一夜暴富，只盼着投资能带来一份不错的收益。

出于职业习惯，我自然要了解他对收益的具体期望值，便开口问道："您觉得每年多少收益率是相对合理的？"他几乎不假思索，脱口而出："一年翻一倍就行。"我心中暗自一惊，原来这就是他心中"不错的收益"。这一经历深刻地反映出部分投资者对投资收益有着不合理的预期。

我们简单看一下众多声名赫赫的投资人的收益率情况。在价值投资的领域里，巴菲特、格雷厄姆等堪称泰山北斗级别的投资大师，他们通过长期的实践与积累，年化收益率稳稳地保持在20%左右。

例如，巴菲特管理的伯克希尔哈撒韦公司（Berkshire Hathaway Inc.），在1965—2024年期间，每股市值的复合年增长率为19.9%。这个数据是通过计算该公司每股账面价值的年度增长得出的。这样的业绩表现是在跨越了不同的经济周期、市场环境，包括经济繁荣、衰退、股市牛市和熊市等多种复杂情况下取得的。

这一现象清晰地表明，对于秉持价值投资理念，并着眼于长期投资的投资者而言，长期20%的年化收益率宛如一座难以逾越的高山，或许已逼近人类在该领域所能企及的极限。

有些投资者在投资过程中，偶尔会因某一年斩获100%的惊人收益，便陷入自我陶醉之中，沾沾自喜地觉得巴菲特也不过如此。然而，他们忽略了一个关键事实，投资绝非短跑冲刺，而是一场漫长且艰苦的马拉松。"三年赚一倍很难，一年赚三倍比较简单"，这句话乍听之下似乎违背常理且充满矛盾，但细细品味，它深刻地揭示了投资世界中短期波动与长期稳定收益之间的微妙关系。

在短期内，市场的偶然因素，如某个热门题材的突然爆发，或某家公司的意外利好消息，都可能让投资者的收益在短时间内呈几何倍数增长，实现一年赚三倍的"奇迹"。然而，这种收益往往难以持久，如同昙花一现。高收益的背后，往往也会面临巨大的回撤。

要实现长期稳定的收益，绝非依靠运气就能达成，它需要投资者具备深厚的投资功底，对宏观经济形势有精准的判断，对行业发展趋势有敏锐的洞察力，对公司的基本面进行深入细致的研究。

在我成为分析师之前，也有自己的股票账户，凭借追逐题材股也能短期上涨 50%，当时甚至幻想过不找工作了，直接转型成职业股民，后来被市场"无情毒打"后，才发现自己有多么无知可笑。

彼得·林奇（Peter Lynch）在科技股投资领域成绩斐然，他在掌管富达公司的麦哲伦基金的 13 年间（1977—1990 年），实现了年化收益率约 29%。他通过对公司的深入研究和广泛调研，投资于各种类型的公司，包括成长型、价值型及困境反转型企业等众多领域。他管理的基金资产规模从最初的 1800 万美元增长到 140 亿美元左右，投资公司数量超过 1000 家，如此出色的业绩使他成为投资界的传奇人物之一。

然而，这一"高光时刻"仅仅持续了 13 年，他便选择功成身退。科技行业的发展日新月异，新技术、新应用层出不穷，投资者必须时刻保持高度的专注，不断跟踪行业动态和技术发展趋势。这种高强度的工作对投资者的身心而言，无疑是一场巨大的考验。

相比之下，消费股的投资领域则相对稳定，消费作为人们日常生活的基本需求，受经济周期的影响相对较小，行业格局也更为稳定。投资者在这个领域能够相对轻松地长期从事投资工作，甚至可以持续到八九十岁，享受时间带来的财富增值。这鲜明地体现出不同投资领域的独特之处，以及对投资者在精力、知识储备和投资策略等方面的不同要求。

美国耶鲁大学首席投资官大卫·史文森（David Swensen）以资产配置闻名于世，他管理耶鲁大学捐赠基金多年，他的年化收益率为 16% 左右。在他的管理下，耶鲁捐赠基金资产配置多元化，涉及股票、债券、房地产、私募股权等多个领域。通过对各类资产的合理配置和专业的投资管理，在长期的投资过程中，成功地实现了资产的稳健增值。

在量化投资领域，美国数学家詹姆斯·西蒙斯（James Simons）堪称传奇人物，公开数据显示，西蒙斯的文艺复兴科技公司旗下的大奖章基金在 1988—2018 年的 30 年间，年化收益率高达 66.1%，扣除昂贵的费用后，费后年化收益率为 39.1%。

西蒙斯的文艺复兴科技公司聚集了大量顶尖的数学家、物理学家、计算机科学家等人才。这些专业人士利用他们的专业知识构建和优化量化投资模型。例如，数学家可以开发复杂的算法来处理非线性关系，物理学家可以运用物理模型中的概念来分析市场的动态变化，计算机科学家则负责确保系统的高效运行和数据处理的速度。公司在技术方面投入巨大，拥有先进的计算机硬件和软件系统。

这些系统能够高速处理数据，并且不断学习和适应市场变化。他们的交易系统可以在极短的时间内完成交易指令的下达和执行，从而提高交易效率，抓住转瞬即逝的投资机会。

在众多投资门派中，代表量化门派的文艺复兴科技公司可能是最低调的。量化投资策略是其取得卓越业绩的关键，如独特的数学模型、算法和交易系统等。一旦泄露，竞争对手可能会模仿或破解，从而削弱公司的竞争优势。量化公司的核心成员多为数学家、物理学家和技术专家，他们更倾向于将精力集中在量化模型的优化、数据的分析等工作上，而不是应对媒体和公众事务。可以说，他们把"闷头赚钱"这四个字演绎得淋漓尽致。

股票投资的关键要点与误区

对于只专注于股票投资的投资者来说，通常会面临四个核心问题：选股、仓位控制、买入时机和卖出时机。

选股时，要确定各板块的龙头股。在消费股领域，白酒、医药、家电、食品饮料等行业的龙头企业具有强大的品牌优势、市场份额和稳定的盈利能力。对于科技股，投资者可关注渗透率较低的行业，如数字经济、人工智能等领域。对于题材股，投资者参与时要保持清醒，这类股票多为短期炒作，切勿长期持有。题材股往往由于市场热点或概念的驱动而上涨，缺乏基本面的支撑，一旦热点消退，股价可能会大幅下跌。

此外，仓位控制也至关重要，可将仓位分为一成仓、三成仓、五成仓、七成仓和九成仓。当 5 日线、20 日线、60 日线、120 日线等中短期均线向下时，市场处于下跌趋势，应保持一成至三成的娱乐性仓位，避免过度投入。当均线走平并向上时，表明市场趋势开始好转，可逐步将仓位从三成提升至五成、七成甚至九成。切不可盲目补仓，导致在市场下跌过程中过早满仓，陷入被动。

买入时机的选择至关重要，可以借助估值、技术指标、市场题材等因素来选择何时入场。卖出时机的判断同样重要，需要综合考虑估值、技术指标及市场情绪等，寻找最佳的离场点。

若无法妥善解决这四个问题，投资者极有可能在市场中被机构或游资当成"韭菜"收割。股票市场充满了不确定性和风险。机构投资者凭借专业的研究团队、丰富的投资经验和强大的资金实力，在市场中占据优势地位。而游资则善于利用市场热点和投资者情绪进行短期炒作，从中获取暴利。普通投资者如果缺乏专业知识和正确的投资策略，很容易在市场中迷失方向，遭受损失。

在股票投资中，许多投资者过于关注成本价，这往往成为他们投资的一大心理障碍。当投资者向我询问"张总，怎么看这个公司"时，大概率是其持有的股票被套牢，此时他们的第一反应通常是这只股票能否涨回来，帮助自己解套。实际上，成本价代表的是沉没成本。在市场中，除了投资者自身，没有人会在意其成本究竟是多少。

例如，投资者以10元每股的价格买入一只股票，股价随后跌至8元，此时投资者往往不舍得卖出。当股价进一步跌至3元时，投资者可能依然心存侥幸，不愿离场。后来股价从3元涨回到9元，理智告诉投资者股价可能难以继续上涨，但情感上却因尚未解套而不愿卖出。最终，股价又从9元跌回3元，投资者完美错过这波涨幅。这充分说明，过度关注成本价会影响投资者的决策，导致错失机会。

投资者应追求的是资金的解套，而非股票的解套。在投资过程中，要学会摆脱成本价的束缚，根据市场的实际情况和股票的基本面、技术面等因素做出理性的投资决策。关于这一点，后面会详细阐述。

投资中，很多投资者存在"路径依赖"。为了更好地理解这一概念，我们可以看看铁路轨道间距的例子。铁路轨道两个铁轨之间的距离约为 143.5 厘米，这一数字看似普通，却有着深远的历史渊源。

它源于古罗马时期两匹马拉车时，马屁股之间的平均距离。随着时代的发展，马车被火车替代，火车又进化成高铁，但这一轨道间距却被沿用至今。这就是路径依赖，即过去的成功经验或做法，在后续的发展中被惯性地延续。

在 A 股市场中，也曾出现过类似的情况。过去，一些投资策略取得了成功，例如只买 ST 股票，部分投资者通过这种方式获得了丰厚的收益。然而，随着 A 股市场的不断发展和完善，市场规则和环境发生了变化，这种策略逐渐失效。这表明，过去让投资者成功的策略在未来不一定仍然适用。投资者要不断提升自己的认知，紧跟市场变化，避免陷入路径依赖的困境。

做好股票投资，需要投资者具备一种孤独感，正如"别人贪婪我恐惧，别人恐惧我贪婪"这句话所表达的含义。在投资中，要敢于在市场底部众人恐慌时贪婪买入，在市场高点众人贪婪时恐惧卖出。这种行为与大众的心理和行为相悖，需要投资者具备坚定的信念和独立思考的能力。

唐朝诗人陈子昂的"前不见古人，后不见来者。念天地之悠悠，独怆然而涕下"，描绘出一种孤独、超脱的心境。李白的"举杯邀明月，对影成三人"，虽看似有人相伴，但实则只有自己与影子、月亮相对，同样体现出孤独之感。林语堂的"稚儿擎瓜柳棚下，细犬逐蝶窄巷中。人间繁华多笑语，唯我空余两鬓风"，则刻画了在人间繁华热闹中，自己却独自落寞的场景。

在股票投资中，这种孤独感体现在当市场处于底部，众多投资者因恐慌而抛售股票时，孤独的投资者能够保持冷静，看到其中的投资机会，大胆买入；当市场处于高点，投资者们被贪婪情绪驱使，疯狂追涨时，孤独的投资者能够保持清醒，果断卖出。

然而，做到这一点并非易事，因为人都是血肉之躯，很难完全克服人性的弱点。市场的波动往往与人性的波动紧密相连，在市场最低点时，投资者普遍感到恐慌、绝望、悲观、沮丧，甚至对国家经济发展失去信心；而在市场高点时，投资者情绪高涨，乐观情绪蔓延，各种大胆的预测和言论层出不穷，如"万点论"等。投资的难点就在于如何克服人性的弱点，做到逆人性投资。

从股票迈向基金投资的挑战

宏观经济形势的细微变化、行业竞争格局的突然转变，乃至企业自身的经营决策失误，都可能引发股价的剧烈起伏。许多投资者在经历了股价大幅颠簸后，逐渐萌生了转向基金投资的念头。转向基金投资，就能解决"投资难"的问题吗？

基金主要分为公募基金和私募基金两大阵营。从募集方式和门槛来看，两者风格迥异。公募基金的门槛非常亲民，仅需 10 元便可踏入。这使得手头资金并不充裕的上班族、学生群体等，都有机会参与其中。而私募基金的门槛则高高在上，通常需要 100 万元起投，仿佛是一座设置了高门槛的私人俱乐部，主要面向资金实力雄厚的高净值客户。这些高净值客户往往具备更丰富的投资经验和更强的风险承受能力，他们寻求的是更为个性化、专业化的投资服务。

在投资限制和支付方式上，公募基金与私募基金也有着显著的差别。公募基金通常设有后端分成模式，投资者在赎回基金时，需按照一定比例支付费用。这一方式旨在鼓励投资者长期持有基金，减少短期频繁交易带来的市场波动。而私募基金的分成方式则更为多样，其中常见的二八分成颇具代表性，即投资者获取 80%的收益，基金管理人获取 20%的收益。这种分成模式将基金管理人与投资者的利益紧密捆绑，激励基金管理人全力以赴为投资者创造更高的收益。

此外，私募基金产品系列可谓琳琅满目。股票策略产品聚焦于股票市场，通过精选个股、把握市场趋势来追求收益；中性策略致力于在各种市场环境中保持相对稳定的收益，以尽可能降低市场波动带来的影响；CTA 策略（商品交易顾问策略，Commodity Trading Advisor Strategy，通过运用期货等金融衍生工具进行投资的策略）在期货、期权等衍生品市场中交易；FOF（基金中的基金，Fund of Funds，是一种以基金为投资对象的基金，通过投资多只基金间接投资于各种类型的金融资产）组合，将投资的触角伸向多只基金，实现资产的多元化配置；宏观复合策略则站在宏观经济的高度，综合考虑各类资产，全方位布局投资组合。

每种策略对应着不同的风险收益特征，投资者需要依据自身的风险偏好和投资目标，精准地挑选出最契合自己的那把财富"钥匙"。

然而，投资者切不可天真地认为选择了基金投资就如同踏上了一条铺满鲜花的康庄大道。虽然基金由专业的基金经理管理，但无论是公募基金还是私募基金，都隐藏着诸多风险和陷阱。

根据沪深两市和中国证券投资基金业协会的数据，截至 2024 年 12 月，市场上股票数量有五千多家，而基金数量更是超过一万家。如此庞大的基金数量，让投资者在筛选优质基金时难度非常大。部分基金经理可能由于对市场趋势的判断出现偏差，投资策略未能跟上市场的变化节奏，或者在行业和个股的选择上出现失误，所以基金业绩不尽如人意。

例如，在某一阶段市场风格突然从大盘蓝筹股转向中小成长股时，如果基金经理未能及时调整投资组合，依然重仓持有大盘蓝筹股，那么该基金的净值增长可能就会落后于市场平均水平。此外，一些基金公司可能会为了自身利益，罔顾投资者权益，存在道德风险。例如，故意夸大基金的预期收益，隐瞒潜在风险；或者在投资过程中，进行利益输送，将基金资产转移至关联方，损害投资者的利益。

因此，投资者在选择基金时，必须摒弃盲目跟风的心态，深入了解基金的方方面面。要仔细研究基金的投资策略，判断其是否符合当下的市场环境和自身的投资目标；关注基金的业绩表现，不仅要看短期业绩，更要考察其长期的业绩稳定性，可通过查看基金的历史净值走势、与同类基金的业绩对比等方式进行评估；还要深入了解基金经理的投资经验和能力，包括其从业年限，过往管理的基金业绩，投资风格是否与自己相符，等等。

同时，投资者要对自己的风险承受能力有清晰的认识，结合自身的投资目标，如养老、子女教育、财富增值等，合理配置基金资产。可以将资金分散投资于不同类型、不同风格的基金，构建一个多元化的投资组合，以降低单一基金带来的风险。如果投资者只是简单地从股票投资转向基金投资，而不进行深入的研究和分析，那么投资踩坑只是早晚的事情。

就像很多投资者选择基金，选来选去，选择了一只过去半年表现最好的产品。一旦买入，很可能就是追高，成了投资版的"买家秀"和"卖家秀"。

资产配置：投资的高阶境界

当投资者在股票和基金投资中遭遇困境时，资产配置成为一种更为科学、合理的投资选择。资产配置的核心要点可以概括为 12 个字：知己知彼，科学搭配，追跌杀涨。

"知己知彼"，即投资者要充分了解自己的风险偏好，明确自己能够承受的投资风险水平。同时，要深入了解所投资的产品，包括股票、基金、债券、商品等，了解它们的风险收益特征、投资策略、管理团队等信息。

例如，2020 年年底，一位投资者希望我为他推荐一只每年能涨至少 50% 且最大回撤不超过 5% 的基金。他以自己当年购买的已经翻倍的白酒基金为例，认为降低要求至 50% 的涨幅并不过分。然而，两三年后，他在市场连续下跌的情况下，对股票产品失去信心，转而只希望购买债券产品。

这一案例充分说明，该投资者没有正确认识自己的风险偏好，在市场大幅波动时，投资心态发生了较大的变化，从极度乐观转变为极度悲观。同时，他也没有深入了解所投资基金产品的风格和特点，导致投资决策缺乏理性。

"科学搭配"，要求投资者根据自己的风险偏好和投资目标，合理确定股票、债券、商品等各类资产的配置比例。不同资产在不同的市场环境下表现各异，通过合理搭配，可以降低投资组合的整体风险，提高收益的稳定性。例如，在经济增长较快时，企业盈利增加，股票资产往往表现较好；而在经济衰退或市场不稳定时，债券因其固定收益的特性，能够提供相对稳定的现金流，起到稳定投资组合的作用。

此外，商品资产如黄金、原油等，与股票和债券的相关性较低，在投资组合中适当配置商品资产，可以进一步分散风险。假设一位投资者将全部资金都投入股票市场中，那么当股市出现大幅下跌时，他的资产将遭受严重损失；但如果他将资产合理地分配在股票、债券和黄金上，即使股票市场表现不佳，债券和黄金的稳定表现也能在一定程度上弥补损失。

"追跌杀涨"，是一种反人性的投资策略。在投资组合中，当某些资产表现良好时，投资者应适时卖出，将资金转移到表现相对较差的资产上。这是因为万物皆有周期，资产的表现也会随着市场环境的变化而改变。目前表现好的资产，未来可能因市场变化而表现不佳；而当前表现不好的资产，在未来可能迎来反转。例如，在科技股持续上涨一段时间后，其估值可能过高，未来增长空间受限，此时应卖出科技股，转而投资处于低谷的消费股，当消费股迎来复苏时，就能实现收益的增长。通过"追跌杀涨"，投资者可以在资产价格的波动中实现收益的最大化。但这一策略需要投资者具备敏锐的市场洞察力和强大的心理素质，能够克服追涨杀跌的本能冲动。

资产配置不仅是一种投资策略，更是一种投资境界。我个人非常欣赏苏东坡的两首诗，我一直觉得，它们恰如其分地体现了投资和资产配置的心法。

"不识庐山真面目，只缘身在此山中"，在投资中，投资者往往容易被股市的短期波动所左右，股价上涨时欣喜若狂，股价下跌时则惶恐不安。实际上，投资者应该跳出股市的局限，以更宏观的视角看待投资。

就像从不同角度欣赏庐山，"横看成岭侧成峰，远近高低各不同"。当投资者能够跳出 A 股市场看 A 股时，就会发现市场的波动是正常的，而且向上波动往往伴随着风险，向下波动则可能隐藏着投资机会。例如，当市场整体处于牛市，股价不断攀升时，投资者可能会被乐观情绪冲昏头脑，忽视了潜在的风险；而在熊市中，股价下跌，很多投资者因恐惧而匆忙抛售股票，却忽略了低价买入的机会。

"庐山烟雨浙江潮，未至千般恨不消，到得还来别无事，庐山烟雨浙江潮"，苏东坡的这首诗描绘了一种历经千帆后的淡然心境。对于资产配置来说，当投资者做好股票、债券等各类资产的合理搭配，构建出适合自己风险偏好的投资组合后，就无须过分在意地缘政治冲突、政策变化等因素的短期影响。因为一个合理的投资组合能够在不同的市场环境下保持相对稳定的表现，实现资产的稳健增值。这就是资产配置所追求的境界，一种对投资的深刻理解和从容应对。

做好资产配置，实现家庭财富的科学管理，是投资的高阶境界。投资并非简单地满仓、空仓或半仓操作股票，而是从更宏观的财富管理维度出发，通过合理的资产配置实现财富的长期增长。

个人投资的三个阶段，从对投资收益率的懵懂认知，到在股票和基金投资中摸爬滚打，再到迈向资产配置的高阶境界，是一个不断学习、成长和进化的过程。在这个过程中，投资者会遇到各种挑战和困难，需要不断克服人性的弱点，提升自己的投资知识和技能。

在后续的内容中，我们将深入探讨宏观分析的重要性。宏观经济形势、政策变化等因素对投资有着深远的影响，了解这些因素，能够帮助投资者更好地把握投资机会，规避风险。例如，宏观经济数据中的 GDP、CPI 等数据，会直接影响企业的盈利和市场利率水平，进而影响股票和债券的价格。货币政策和财政政策的调整，也会对不同资产的表现产生重大影响。投资者只有掌握了宏观分析的方法，才能在投资中占据主动，做出更明智的决策。

第 13 讲
投资中的宏观经济分析

在投资领域，宏观研究的重要性不言而喻，就像为投资者精心绘制的一幅全景地图，上面详尽地标注着各个经济区域的情况，为投资决策清晰地指引方向。对于不同层次的投资者，宏观研究有着不同的意义。

对于初涉市场的新手而言，通过了解宏观经济的基本走势，如GDP 的增长或收缩、通货膨胀率的高低，新手能初步认识到市场处于何种大环境之中。当经济处于扩张期时，市场整体氛围活跃，各类投资机会增多，新手可以借此机会更积极地探索不同的投资领域，如股票市场的新兴行业板块，或债券市场中因经济向好而信用增强的债券品种。

对于经验丰富的老手，他们能够凭借深厚的经验和专业知识，从宏观数据的细微变化中捕捉到投资风向的转变。例如，当央行货币政策出现微调时，资深投资者能迅速分析出这对不同资产类别的影响，从而精准地调整投资组合。借助宏观研究的力量，在复杂多变的市场中始终保持领先一步。

宏观研究的维度与框架

初涉投资领域的新手，在接触宏观研究时，更多是为了厘清一些基础概念。经济增长代表着一个国家或地区经济总量的增加；通货膨胀悄无声息地影响着货币的购买力；货币政策通过调节货币供应量来影响经济活动。新手们需要搞清楚这些概念到底意味着什么，它们又是如何相互作用的。这就好比初入陌生城市的游客，需要先搞清楚东南西北，认识主要地标，才能在这座城市中找准方向。

而投资经验丰富的老手，看宏观研究时，更看重其对实际投资操作的指引作用，会致力于研究如何根据宏观经济形势调整投资组合，就像猎人根据不同季节调整捕猎策略，如夏天在草地捕猎野鸡、野鸭，冬天在农田附近捕猎野兔、野猪。

如果从长期视角深入剖析，则众多经济周期是宏观研究不可或缺的分析对象，如康波周期、库兹涅茨周期、朱格拉周期，等等。同时，借助美林投资时钟理论，大致判断当下经济所处的阶段。美林投资时钟将经济周期划分为衰退、复苏、过热和滞胀四个阶段，并依据每个阶段的经济增长和通胀特征给出相应的资产配置建议。（相关基础知识在前面做过介绍，这里不再赘述。）

这些周期理论就像不同频率的时钟一样，各自以独特的节奏跳动着，共同交织出经济发展的长期复杂节奏。当然，对这些周期的深入研究是机构凭借专业团队和大量资源才能完成的工作，对于普通投资者而言，保持基本了解即可，无须深陷其中。

此外，政策分析与基本面分析同样是宏观研究的核心构成。政策就如同经济发展的方向盘，政府出台的财政政策、货币政策及产业政策都会对各个行业和资本市场产生深远的影响。例如，政府加大对新能源产业的扶持力度，就会推动相关企业的发展，影响该行业股票的走势；降低利率则可能刺激债券市场价格上涨。

基本面分析则深入企业或行业内部，探究其内在价值和发展潜力。通过研究企业的财务报表、市场份额、技术创新能力等信息来判断企业的投资价值，分析行业的发展趋势、市场供需关系，评估行业的发展前景。例如，当某行业处于上升周期时，市场需求旺盛，行业内企业的盈利预期也会相应提高，可能带来更多的投资机会。

一年之中，从年初到年末，每月都有重大财经会议或政策值得关注。例如，每年3月的两会（中华人民共和国全国人民代表大会和中国人民政治协商会议）及政府工作报告，投资者需要对其进行细致的解读，从中捕捉经济发展的目标、政策导向等关键信息。如 12 月的中央经济工作会议，堪称一年中最重要的会议之一，它既回顾总结当年的经济工作，又对次年的经济发展做出规划与展望。会议的决策和导向，会在次年 3 月的两会中进一步细化并落实。

投资者需依据这些会议的新闻稿深入解读政策意图，洞察经济发展趋势。例如，若中央经济工作会议提出加大对科技创新的支持力度，则投资者应关注相关政策在两会中的具体落地措施，以及对科技行业企业和资本市场的潜在影响，从而为投资决策提供依据。

投资中，很多人也奉行"宏观无用论"，股神巴菲特堪称典型。巴菲特常言不研究宏观经济，应专注企业基本面，但其投资生涯却处处彰显着深厚的宏观智慧，堪称"宏观高手"。

2008 年，次贷危机肆虐，作为全球最大投资机构之一的高盛集团深陷困境，资金链紧张，面临生存危机。此时，巴菲特伸出援手，于 2008 年 9 月 25 日宣布投资。当年 10 月 1 日，他旗下的伯克希尔哈撒韦公司花 50 亿美元买入高盛的永久优先股。这种优先股每年能拿到 10% 的股息，也就是说每年光股息就能进账 5 亿美元。而且，巴菲特还拿到一份价值 50 亿美元的认股权证，能在 5 年内以每股 115 美元的价格把这些优先股换成高盛的普通股。

后续，高盛逐渐恢复。2011 年 3 月，高盛花 56.4 亿美元回购优先股，巴菲特仅在优先股上就盈利约 17.5 亿美元。2013 年 10 月，高盛又给了巴菲特 20 亿美元现金和 1310 万股股票，这部分又浮盈约 14 亿美元。巴菲特的这次投资不仅帮高盛度过了危机，自己也赚得盆满钵满，堪称投资经典。

巴菲特的这一决策绝非偶然，其背后是对宏观经济格局的深刻洞察。当时美国经济面临巨大的下行压力，政府为挽救经济，必然采取一系列措施稳定金融体系。高盛作为金融行业巨头，拥有强大的业务根基和广泛的客户网络，在政府救市的大背景下，具有极高的抗风险能力与复苏潜力。

巴菲特看准宏观经济形势及政府干预方向，精准布局，收获丰厚的回报。巴菲特所谓的"不研究宏观"，实则是不被短期宏观波动所干扰，以独特视角从宏观层面把握经济发展脉络，挖掘具有长期投资价值的机会。这有点像上学时候的一些学霸，口口声声说从来不复习，其实早已经把知识点学得滚瓜烂熟。

宏观经济与投资的关联度

回顾历史，我们不难发现，一个国家的强大往往伴随着两个关键因素：经济的强大与资本市场的崛起。200 年前，英国凭借其强大的经济实力拥有全球最强的股市；100 年前至今，美国在世界经济舞台上占据主导地位，其股市表现同样领先全球。如今，中国经济以约 5% 的增速稳健发展，不仅需要经济实力的持续提升，还需拥有强大的资本市场。

过去，我国资本市场呈现快牛慢熊、长期震荡的态势，这对实体经济与资本市场的协同发展存在一定阻碍。实体经济与资本市场相辅相成，缺一不可。

为了更深入地理解宏观经济与投资选择的关系，我们不妨进行一场有趣的实验。假设我们闭上眼睛，在脑海中穿越回 2000 年的中国。倘若置身那个时代，我们会做出怎样的投资决策？

很多人可能会想到购买腾讯股票、茅台股票，或者毫不犹豫地选择在一线城市买房。毕竟，过去 20 年中国房地产市场堪称最成功的资产投资领域，在北上广深等一线城市购置房产，加杠杆且不限购，若真如此操作，且尽自己最大所能，争取多买几套，或许早已实现财富自由。为什么我们现在清楚过去该如何投资？因为我们仿佛坐上了投资的时光机，拥有了"后见之明"。

让我们简单地重温全球顶级投资人孙正义投资阿里巴巴的传奇经历。

1999 年，阿里巴巴在马云的带领下诞生于杭州湖畔花园公寓内。创业初期，资金有限且消耗迅速，急需一笔资金将公司拉出泥潭。虽然高盛投资了阿里巴巴 500 万美元，但这只是暂时缓解了资金压力。当时的阿里巴巴前景未卜，但马云在与孙正义会面时，不谈钱和商业模式，而是先谈自己的愿景和想法，这让孙正义感受到了他的决心和激情。

孙正义决定投资阿里巴巴 4000 万美元，马云最终只接受了 2000 万美元。2004 年，淘宝与 eBay 激战正酣，孙正义再次注资，帮助阿里巴巴渡过难关。此后，软银继续增持阿里巴巴的股份，到 2014 年阿里巴巴上市时，软银持有超过 30% 的股份，成为最大股东。

在孙正义的支持下，阿里巴巴逐渐发展壮大，成为全球知名的电子商务平台。到 2014 年阿里巴巴上市时，软银持有的阿里巴巴股份价值高达 580 亿美元，翻了将近 3000 倍。

孙正义投资阿里巴巴，不只因为马云的"个人魅力"，也因为他深信"时光机理论"。该理论就是充分利用不同国家、不同行业发展中间的不平衡，将先进的技术、思想和模式带到落后的地区，以赚取产业发展时间差过程中的估值差和资本差。他认为美国、日本、中国、印度等国家的 IT 行业发展阶段不同，先在发达国家开展业务，等时机成熟再杀回日本，然后轮回到中国、印度等国家，就像坐上"时间机器"一样。在投资阿里巴巴上，他就是运用了这一理论，预见到美国电商的成功模式在中国也有巨大的发展潜力。

站在当下，展望未来，我们又该如何投资呢？不妨坐上"时光机"，借鉴发达国家的发展经验。当一个国家的经济高速发展时，是选择买房还是买股票？

以日本和美国为例，20 世纪 60～90 年代，两国经济高速增长，呈现出城市人口大幅增长、人口红利释放、住房需求激增、经济快速发展的特征，大量资金涌入房地产市场。日本相关数据显示，日本东京、大阪等六大主要城市商业区的地价指数从 100 涨至 10 000，涨幅高达 100 倍，房价涨幅更是远超于此。这表明在国家经济高速增长阶段，投资策略是买房不买股。

然而，当国家经济进入中低速增长阶段时，情况又有所不同。仍以日本和美国为例，此时人口增长缓慢，国家鼓励生育但效果不佳，城市化进程接近尾声。在这种情况下，做实业利润微薄，房地产市场也逐渐失去活力，资金开始流向权益资本市场。美股走出了长达几十年的大牛市，日本日经 225 指数也创下历史新高。由此可见，当经济从高速发展过渡到中低速发展时，投资策略应转变为买股不买房。

　　再看中国，2010 年可视为一个分水岭。在 2010 年之前，中国经济保持高速增长，买房应成为投资者的第一选择；在 2010 年之后，经济增速逐渐下台阶，似乎应调整策略，转向股票等权益投资。当然，投资股票并非盲目满仓，而是需要技巧，进行合理配置。

　　宏观投研不仅要研究宏观经济环境，还要对比股票、债券、商品等各类资产的性价比。即使看好股票市场，也需进一步分析是看好大盘股还是小盘股，是青睐成长型股票还是价值型股票，以及对周期、消费、科技、高股息等不同风格板块的判断。同时，要根据投资者的风险偏好，量身定制适合的资产配置方案，这样才能构成完整的宏观研究及投资框架。

　　例如，中国股市存在明显的大小盘股轮动规律。当下若小盘股占优，则未来某段时间小盘股可能因过度飙涨形成泡沫，随后泡沫破灭，此时投资者应及时从小盘股切换至大盘股，这便是策略研究的体现。又如，资产配置研究则针对不同风险偏好的投资者，确定个性化的股票、债券、商品投资比例。风险偏好较高的投资者，可适当增加股票投资比例；而风险偏好较低的投资者，则应减少股票持有比例，这就是资产配置研究在投资决策中的实际应用。

货币政策与宏观投资

　　在宏观投资研究的广阔领域中，货币政策是不容忽视的关键因素。以美联储为例，其货币政策的制定与实施背后有着错综复杂的逻辑链条，牵一发而动全身。

　　在美国，存在一种独特的政治经济学现象，即美国总统若想成功连任，往往需要在大选前推动股市上涨，营造经济繁荣的景象。回溯至 2020 年，时任总统特朗普谋求连任之际，遭遇了新冠疫情这只"黑天鹅"的沉重冲击。为了挽救岌岌可危的股市，特朗普向美联储施压要求降息。因为在通常的经济逻辑下，降息能够给市场注入一针"强心剂"，刺激股市上扬。

当时，根据美联储官方公布数据，联邦利率约为 1.75%，按照每次降息幅度为 25 个基点（1 个基点为 0.01%）来计算，理论上可降息 7 次。美联储起初降息 50 个基点，然而，美股却并未如预期般企稳回升，反而持续下跌。无奈之下，美联储破釜沉舟，直接将利率从 1.25%降至 0%。这一举措如同打开了货币的闸门，零利率的出现使得美元如汹涌的洪水般涌向全球。美股也迅速在充裕的流动性刺激下创出新高，当年全球股市也普遍迎来大涨。

然而，降息虽暂时挽救了股市，却也带来了严重的副作用——物价飞涨。2021 年 12 月，美国 CPI 同比涨幅达到 7%，创近 40 年新高。正所谓"通胀猛如虎"，高通胀如同一只凶猛的"老虎"，对经济稳定构成巨大威胁。面对如此严峻的高通胀压力，美国不得不采取强硬措施，通过大幅加息来抑制物价。在短短一年时间内，美联储展现出惊人的加息力度，将利率从 0%提升至 5%以上。这种降息与加息的剧烈波动，深刻影响了全球资本市场，众多国家的金融市场都在这场风暴中经历了巨大的起伏。

为了更形象地理解这一过程，我们可以将其类比为一个人在深山老林里遭遇熊市这只"熊"。此人手持一把装有 7 发子弹的左轮手枪（意味着最多降息 7 次），当熊市逼近时，他先是冷静地向"熊"开了两枪，试图吓退它，但"熊"毫无惧色，依旧步步紧逼。在这千钧一发之际，情急之下，他只能将剩余 5 发子弹全部射出，终于成功击退了"熊"，结束了熊市。

但随后，通胀这只"老虎"又气势汹汹地出现了。为了吓退这只"老虎"，他只能不断往枪里加子弹，每加一发子弹代表一次加息，最终将利率提升至 5.5% 以上，才成功地将 CPI（消费者物价指数）压制下去。

与美国不同，中国在货币政策方面拥有更为丰富的工具和手段，就像电影中的"小马哥"周润发，那迎风飘扬的风衣里面装着很多武器，政策工具箱更为充裕。逆回购、中期借贷便利、常备借贷便利、降准降息等，都是中国货币政策的重要调节工具。就拿 2025 年来说，中国货币政策定调为适度宽松，这一提法自 2009 年以来首次出现，时隔已达十几年。适度宽松的货币政策无疑为股市发展创造了有利条件。

宏观研究在投资过程中起着定性把关的关键作用。通过宏观研究，我们能够精准地把握宏观经济背景，明确不同经济阶段下的投资方向。进而寻找具有潜力的行业和公司，并进行合理的资产配置，使投资布局更加科学合理。宏观研究是投资决策的第一步，也是至关重要的一步，它为投资者在复杂多变的资本市场中指引方向，帮助投资者更好地实现投资目标。

"国九条"的演进轨迹

在宏观经济版图中，政策研究无疑占据着举足轻重的地位。具体到 A 股市场，"国九条"扮演着无可替代的关键角色。每隔十年，

"国九条"便会以不同的姿态出现在资本市场的舞台上，深刻影响着市场的走势与格局。

2004 年 1 月 31 日，在股市连年低迷，股权分置改革等问题长期积累的背景下，国务院发布了《关于推进资本市场改革开放和稳定发展的若干意见》。这份文件意义非凡，它将资本市场提升到国家战略的高度，提出九个方面的纲领性意见，故而简称"国九条"。

当时的 A 股市场，正处于困境之中。在 2001 年，A 股创下 2245 点历史大顶后，便一路下行。而"国九条"发布之时，市场尚处于超跌反弹阶段。尽管投资者意识到这是一则利好消息，但对于其蕴含的巨大能量，却未能充分预估。随后，市场继续下探，直至跌破众人以为的"铁底"1000 点，在 2005 年 6 月 6 日，最低点触及 998 点，这一数字竟与"救救股市"谐音，仿佛是市场发出的求救信号。

然而，谁也未曾料到，这竟是一场超级大牛市的前奏。在这波牛市中，上证综指从 998 点一路飙升至 6124 点，涨幅高达六倍。这一牛市的形成，原因众多，股权分置改革、人民币升值、经济高速发展等因素均发挥了作用。但不可忽视的是，"国九条"在其中扮演了重要的催化剂角色。

"国九条"中明确提出，要大力发展资本市场，扩大直接融资，建立多层次资本市场等内容，这些表述在以往同级别文件中从未出现。更为关键的是，"国九条"致力于解决股权分置改革问题，强调尊重历史规律。以往，国有股减持常常令股民恐慌抛售，而此次通过"全流通"方案，即大股东若要流通股权，需向小股东支付对价，如每十股送两股等方式，换取小股东同意其流通。这一举措，成功地将大小股东的利益紧密绑定。此前，大股东股权不能流通，股价涨跌与己无关，而此后，大股东也期盼股价上涨，市场动力得以重塑。加之 2005 年以前，中国经济连续四年保持高增长，而股市却持续下跌四年。市场人心思涨，诸多因素共同作用，拉开了超级大牛市的序幕。

时光流转，来到 2014 年 5 月 9 日，国务院发布《关于进一步促进资本市场健康发展的若干意见》，即 2014 版"国九条"。在其发布之前，市场处于震荡慢熊状态，2013 年 6 月更是陷入"钱荒"，市场一度跌至 1849 点。当新版"国九条"在上证综指 2000 点关口附近发布时，市场反应迅速。相较于 2004 年"国九条"发布后市场约半年的震荡期，此次仅用了两个月左右，市场便开始启动。

2015 年 7 月，伴随着央行的降准降息，券商股率先启动，犹如"春江水暖鸭先知"，拉开了那轮轰轰烈烈大牛市的序幕。在不到一年的时间里，指数涨幅将近三倍。

2014 版的"国九条"中有诸多亮点举措，围绕注册制、多层次资本市场、投资者保护、退市制度、互联网金融等方面展开。其中，互联网金融成为该轮牛市的核心主线，许多相关公司的股价涨幅达 10 倍至 20 倍以上。2014 版"国九条"的发布，标志着中国资本市场在中小投资者保护方面有了纲领性文件。

值得一提的是注册制，它在 2014 年"国九条"中被重点提及。注册制的推行对投资产生了深远影响。

第一，投资难度显著加大。相比于核准制，注册制下的上市难度显著降低，随着 A 股股票数量迅速突破 5000 家，投资者在众多股票中筛选优质标的的难度大幅提升。

第二，为慢牛行情奠定基础。以美国为例，1933 年美国国会通过《证券法》确立了股票发行注册制的基本框架。自 1933 年实行注册制后，美股经历了短暂的"疯牛"行情，随后迎来长达百年的"慢牛"行情，注册制在其中功不可没。

第三，股票定价更加合理。股票数量增多，以往"炒小、炒新、炒差"的现象难以为继，优质企业将享受估值溢价。

第四，基金投资、ETF（Exchange-Traded Fund，交易型开放式指数基金）指数投资等将大行其道，资产配置也愈发重要。以 2024 年为例，主动型基金规模有所降低，而 ETF 指数基金规模却在不断提升，便是注册制影响投资的体现。

2024 年"国九条"的使命与机遇

2024 年 4 月 12 日，国务院重磅发布了《关于加强监管防范风险推动资本市场高质量发展的若干意见》这一具有里程碑意义的文件。在继 2004 年、2014 年之后，"国九条"再次闪耀登场。此次"国九条"同样精心划分为九个部分。

它紧紧围绕强监管、防风险、促高质量发展这一鲜明主线，将完善资本市场基础性制度作为重中之重，为资本市场的稳健前行铺就了坚实的基石。

回首 2004 年，彼时中国资本市场正处于发展的关键节点，国务院出台的"国九条"开启了股权分置改革的大幕，平衡了流通股股东与非流通股股东的权益，为资本市场的发展注入了新的活力。2014年的"国九条"则紧跟时代步伐，贯彻落实党的十八届三中全会提出"使市场在资源配置中起决定性作用"的决策部署，重点强调建设多层次资本市场，全方位覆盖场内场外、公募私募、股权债权、现货和衍生品市场等，推动了资本市场的进一步繁荣。

从这两次的经验来看，我们完全有理由相信，2024年的"国九条"将如同前两次一样，对资本市场的未来发展发挥至关重要的引领作用，成为资本市场发展历程中的又一座重要里程碑。

这份纲领性文件的意义可谓重大而深远，如同一把精准的手术刀，对资本市场的各个环节进行了细致入微的雕琢。

在上市环节，它毫不含糊地严把上市门槛，提高主板、创业板的上市标准，完善科创板的科创属性评价标准，从源头上确保上市公司的质量。同时，加大对在审企业及相关中介机构的现场检查覆盖面，建立审核、回溯、问责、追责机制，让那些企图蒙混过关的企业和中介机构无处遁形。

在退市方面，更是力度空前，深化退市制度改革，加快形成应退尽退、及时出清的常态化退市格局。它不仅进一步严格了强制退市标准，建立健全了不同板块差异化的退市标准体系，还科学设置了重大违法退市适用范围，收紧了财务类退市指标，完善了市值标准等交易类退市指标，让那些经营不善、违法违规的企业及时退出市场，从而优化资本市场的生态环境。

更为重要的是，它致力于提升上市公司的内在价值，督促上市公司完善内控体系，切实发挥独立董事的监督作用，强化履职保障约束。同时，对多年未分红或分红比例偏低的公司进行限制，加大对分红优质公司的激励力度，多措并举推动提高股息率，增强分红稳定性、持续性和可预期性，引导上市公司聚焦主业，综合运用并购重组、股权激励等方式提高发展质量，让上市公司真正成为投资者值得信赖的投资标的。

长期以来，A 股市场存在着一定的"重融资"现象，投资者的投资积极性也受到了一定的抑制。而此次 2024 年"国九条"的出台，带来了根本性的转变，从"重融资"转向"以投资者为中心"，将投资者的利益放在首位，旨在让投资者能够获得实实在在的投资回报。

它通过一系列具体措施，如构建资本市场防假打假综合惩防体系，严肃整治财务造假、资金占用等重点领域违法违规行为，加大对证券期货违法犯罪的联合打击力度等，切实保护投资者特别是中小投资者的合法权益，让投资者在资本市场中能够更加安心、放心地进行投资。

2024 版"国九条"字里行间充分肯定了资本市场的投资性和财富管理属性，为投资者指明了方向。从 2004 年的股权分置改革到 2014 年的多层次资本市场建设，再到如今 2024 年的强监管、防风险、促高质量发展，每一次"国九条"的出台都在资本市场的发展进程中留下了浓墨重彩的一笔，成为资本市场最重要的纲领性文件之一。

通过对国九条的深入解读，我们能够更好地把握资本市场的脉搏，洞察市场的运行规律，在投资的道路上找准方向，精准出击。

第 14 讲
打开天窗说"量化"

什么是量化投资？简而言之，它是利用计算机技术精确探寻市场与资产的运行规律，把投资策略转化为模型，再借助程序自动完成投资与交易的流程。这好比搭建了一套自动化的投资生产线，从数据收集、分析，到做出决策并执行，各个环节都由计算机程序依据预设规则高效运转。

为了更好地理解，我们看一个例子。在一个以秋季枫叶美景闻名的山区，有一家位置优越的民宿。民宿老板经过多年经营发现，每年秋季枫叶变红前两周左右，预订房间的游客数量就开始呈现明显上升的趋势。根据这一规律，民宿老板在经营上做出调整。例如，提前与当地食材供应商签订协议，在赏枫季前大量储备本地特色食材，像秋季时令山菌、蜂蜜等。在旺季来临前一个月，招聘并培训一批临时服务人员，包括客房清洁人员和餐厅服务员。利用周边丰富的自然资源与当地向导合作，策划枫叶主题的徒步旅行路线，以此吸引更多游客，增加民宿的附加值。

量化投资就如同这位老板的经营策略，只不过它是通过计算机程序，在金融市场中找寻类似的规律，并据此进行投资决策。

再比如，许多投资者经长期观察发现，底部放量且技术指标出现金叉（以移动平均线为例，短期均线上穿长期均线，即形成金叉）的股票似乎表现更佳。基于此，量化投资团队可以开发一套模型，让计算机在两市众多公司中自动筛选出那些出现底部放量且技术指标出现金叉的股票。假设筛选出 800 家公司，接着进一步剔除亏损的、市盈率过高的股票，最终剩下 500 家。随后，通过程序设定，让计算机系统在第二天开盘时自动买入这 500 家公司的股票。

这就是一个典型的量化投资技巧，它将投资者的经验和判断转化为具体的模型和程序，实现了投资自动化。这种方式不仅突破了人为决策的局限，还能在短时间内处理海量数据，捕捉到人类难以察觉的投资机会。

量化投资的基本原理

量化投资并非凭空产生，其核心原理建立在对历史数据的深度挖掘与分析之上。通过收集市场上各类金融资产的价格、成交量、基本面等海量数据，运用数学和统计学方法构建模型，探寻其中潜在的规律与模式。

例如，通过分析股票价格与成交量之间的关系，或者公司财务指标与股价走势的关联，来预测未来资产价格的变动趋势。这就如同考古学家通过研究历史遗迹中的细微线索来还原过去的真实面貌，只不过量化投资者面对的是金融市场的众多数据，试图从中挖掘出未来价格变化的投资密码。

量化投资依赖一系列复杂的算法和模型。其中，回归分析是常用的方法之一，它能帮助量化投资者确定不同变量之间的数学关系。以股票投资为例，通过回归分析找出某只股票价格与宏观经济指标

（如 GDP 增长率、通货膨胀率等）之间的函数关系，从而依据宏观经济数据的变化来预测股票价格的走势。

此外，机器学习算法在量化投资中也发挥着关键作用。以神经网络算法为例，它能够模拟人类大脑的神经元结构，通过对大量历史数据的学习，自动识别数据中的复杂模式与规律。例如，在处理股票市场数据时，神经网络可以同时考量多个因素，如公司财务报表、行业趋势、市场情绪等，进而对股票的未来表现进行预测。它就像一个拥有超强学习能力的"最强大脑"，在海量数据中穿梭，挖掘出隐藏其中的线索，为投资决策提供有力支撑。

还有遗传算法，它借鉴了生物进化中的遗传、变异和自然选择原理。在量化投资中，遗传算法可用于优化投资组合，通过模拟生物的进化过程，不断调整投资组合中各类资产的权重，以寻找最优的投资组合配置，从而使投资组合在风险和收益之间达到最佳平衡。我们可以将投资组合看作一个生物种群，各种资产权重就是种群中个体的基因，遗传算法通过不断的"遗传变异"和"自然选择"，让投资组合这个"种群"不断进化，适应市场环境的变化，最终找到最优的"生存策略"。

最后，再说一个有意思的话题。有投资者发牢骚说，对付量化机构，看来只有"拔电源"，不让这些电脑工作。但是，这招似乎也不管用，因为量化机构普遍会采取多种措施来应对可能的断电风险，如配备不间断电源、备用发电机等。一些大型量化投资公司，在其办公场所往往都设有大型的柴油发电机系统，以应对长时间的停电情况。

量化投资的独特魅力

在当今复杂多变的金融市场中，量化投资正以其独特的魅力和显著的优势吸引着越来越多投资者的目光。它之所以备受关注，源于其客观性、高效性、分散性等诸多独特优势，这些特性使其在投资领域独树一帜。

量化投资最大的特点之一便是客观性。在传统的主观投资领域，投资者极易受到情绪的左右。恐惧与贪婪，这两种人类最原始的情绪，随时会扰乱投资人的心神。在市场一片繁荣、股价持续上涨时，贪婪的欲望就像被点燃的火焰，让投资者失去理智，盲目地追高买入，幻想着财富能够无限增长；而当市场风云突变，股价开始暴跌时，恐惧又如同汹涌的潮水，将投资者的信心彻底淹没，他们匆忙抛售手中的股票，试图逃离这场灾难。

然而，量化投资却截然不同，它依靠预先设定好的模型和算法进行投资决策，就像一个不知疲倦且不受情绪干扰的机器人，始终坚守着既定的规则。它不会因为市场的一时涨跌而慌乱，也不会被贪婪和恐惧所左右，严格按照程序执行，精准地避免了人为情绪对投资决策的负面影响。

这就好比在一场激烈的战斗中，主观投资者容易被战场上的硝烟和喊杀声扰乱心智，做出冲动的决策，就像迷失方向的士兵，四处乱撞。经常会有人懊恼地跟我说，本来盈利后，开心地挂出了卖单，结果不小心挂成了买单，反而成了高位接盘。

量化投资则像一位训练有素的机器人战士，只听从指令，不受外界干扰，冷静地执行作战计划，凭借着精准的判断和稳定的操作，在战场上稳步推进。

量化投资的高效性同样令人惊叹。普通投资者由于精力有限，在浩瀚的股海之中，往往只能关注和持有少量股票。一般也就是三五家，最多二三十家，这就像在广阔的森林中，只采摘了寥寥几颗果实。当然，我确实也见过持仓近百家公司的投资者，这种情况属于极端个例，用流行语说，可以称为"股票海王"了。或许，这么做唯一的好处就是"抓涨停"的概率会比别人大一些，可除了这一点，从长远和整体的投资效果来看，对投资几乎毫无帮助，反而可能因为过度分散而难以集中精力管理，导致顾此失彼。

然而，量化投资借助计算机的强大运算能力，就如同拥有了一双可以俯瞰整个市场的鹰眼，能够同时跟踪和持有大量股票，如 500 家甚至 1000 家。而且，量化投资还能根据市场每天的实时变化对持仓进行调整。这种高效的投资方式使得量化投资能够在瞬息万变的市场中迅速捕捉机会，及时调整投资组合，以极快的速度应对市场变化。想象一下，在一场投资的赛跑中，普通投资者只能一步一个脚印地缓慢前行，每一步都小心翼翼，生怕出错；而量化投资则像拥有超能力的闪电侠，能够在瞬间跨越漫长的赛道，凭借其敏锐的洞察力和快速的反应能力抓住稍纵即逝的机会，将普通投资者远远地甩在身后。

量化投资的分散性也是其重要的优势。通过构建大规模的投资组合，量化投资将资金分散到众多不同的资产上，就像把鸡蛋放在多个不同的篮子里，降低了单一资产波动对整体投资组合的影响。量化投资通过股票、债券、商品等不同资产的搭配，精心设计出多元化的投资组合，以满足不同风险偏好的投资者需求。保守型投资者可以选择债券占比较高的组合，在稳健中追求一定的收益；而激进型投资者则可以加大股票的配置，追求更高的回报。量化投资就像一位经验丰富的大厨，根据不同顾客的口味需求，巧妙地调配出各种美味的投资"菜肴"。

量化投资融合了传统价值投资、传统技术分析、数学统计原理、大数据及人工智能等多种元素，形成了一套独特且强大的投资方法，逐渐在投资领域占据重要地位。它就像一座宏伟的建筑，传统的投资理念是基石，为整个投资体系奠定了坚实的基础；数学和统计学是支柱，支撑起这座建筑的框架，使其稳固可靠；大数据和人工智能则是装饰，为其增添了现代科技的魅力，让它能够与时俱进，适应不断变化的市场环境，共同构建起一个高效、稳定的投资体系。

量化投资的"火锅盛宴"

量化投资包含多种策略，为了便于投资者理解，我们以火锅店为例，分析一下量化投资的主流策略。这些策略满足了不同投资者的需求，为投资者在金融市场中提供了多样化的选择。

指数增强策略：追求卓越，服务升级

有一家火锅店，为了在竞争激烈的市场中脱颖而出，不断提升服务品质。顾客一进门，就提供擦鞋、擦车、美甲、唱生日歌等一系列贴心服务，让顾客感受到宾至如归的待遇。说到这里，估计很多人对这家火锅店的名字就脱口而出了。

　　这就好比量化投资中的指数增强策略，通过不断优化选股方法、交易手段等各个环节，力求在各个方面都做到尽善尽美，以超越市场指数表现。通过这种方式，无论市场环境如何，都努力比指数表现得更好，为投资者获取超越市场平均水平的收益，即阿尔法收益。而指数本身的涨跌带来的收益，就是贝塔收益。

　　指数增强策略就像是一家不断追求卓越、通过提升服务质量吸引更多顾客（获取更多收益）的火锅店。这种策略适合那些希望在跟随市场大势的同时获得额外超额收益的投资者，就像食客在享受火锅的同时还能体验到独特的增值服务。

复合策略：灵活多变，四季经营

　　再看另一家小型火锅店，他们根据季节变化灵活调整经营策略。冬天，火锅生意火爆，他们全力经营火锅；夏天，考虑到吃火锅的人可能减少，就转而经营小龙虾、烧烤等夏季热门美食。这种根据不同情况灵活切换经营策略的方式，类似于量化投资中的复合策略。

　　在复合策略中，投资者将多种不同的投资策略组合在一起，如指数增强策略、CTA策略、中性策略等。就像这家火锅店在不同季节推出不同菜品以满足顾客需求一样，复合策略通过不同策略的搭配在不同市场环境下发挥各自的优势，从而实现风险分散和收益最大化。

　　投资者可以根据自己的风险偏好选择不同风险等级的复合策略，如同顾客可以根据自己的口味选择不同的菜品组合。例如，在经济繁荣、股市上涨时，增加股票相关的指数增强策略权重；在经济不稳定、市场波动大时，加大中性策略的比例，以平衡风险。这种策略为投资者提供了一种全方位、动态调整的投资方案，以适应不同的市场气候。

中性策略：风险平衡多元经营

有一家类似盒马生鲜模式的火锅店，它不仅在店内提供火锅餐饮服务，还在超市区域售卖虾丸、鱼丸、蟹棒等火锅食材。这样，即使火锅餐饮业务受到市场波动的影响，如竞争对手增多导致顾客减少，其售卖火锅食材的业务也可能通过其他渠道销售，从而对冲火锅业务的不景气。这就是量化投资中的中性策略，通过同时进行多头和空头操作，实现风险对冲，追求相对稳健的收益。

在股票投资中，中性策略会在买入看好股票（多头）的同时，卖空认为可能下跌的股票（空头），无论市场涨跌，都努力保持投资组合的稳定收益，就像这家火锅店通过多元经营保持稳定的经营状况一样。

例如，当市场整体上涨时，多头股票的收益可能会被空头股票的损失部分抵消，但如果对股票的选择和判断准确，则多头收益仍可能超过空头损失，实现盈利；当市场下跌时，空头股票的盈利可以弥补多头股票的亏损，维持投资组合的相对稳定。这种策略适合那些风险偏好较低、追求稳健收益的投资者，就像食客希望在享受美食的同时，也能确保餐饮体验的稳定性。

量化CTA策略：专注周边，特色经营

行业内有一些店，不直接经营火锅业务，但专注于生产火锅周

边产品，如虾丸、鱼丸、蟹棒、鱼卷、鱼豆腐、火锅饺等。无论火锅行业整体景气与否，火锅店都需要采购这些食材，所以它的业务相对稳定。

量化 CTA 策略与之类似，它主要活跃在期货市场，既可以做多也可以做空，与股票市场相关性较低，通过对期货市场价格波动的把握获取收益。即使股票市场表现不佳，量化 CTA 策略也有可能在期货市场找到盈利机会，为投资组合提供多元化收益。

例如，当股票市场受宏观经济因素影响大幅下跌时，CTA 策略可以通过准确判断期货市场中商品价格的走势（如在大宗商品价格上涨时做多，或在价格下跌时做空）来实现投资组合的盈利。这种策略为投资者提供了一种与股票市场相对独立的投资渠道，分散了投资风险，就像为食客提供了除火锅之外的美食选择，丰富了投资的"菜单"。

量化投资的实践与挑战

中国 A 股市场散户占比较高，存在很多不合理定价，为量化指数增强产品（下面简称为"指增产品"）提供了超越指数的机会。而在美国，机构投资者占比高，市场定价相对更有效，战胜指数难度较大。投资者可以根据自己对市场的判断和风险承受能力选择不同标的指数的指增产品。如果看好大盘蓝筹股的表现，则可选择沪深300 指增产品；若认为中小盘股票更具潜力，则可关注中证 500 指增产品或中证 1000 指增产品。

此外，还有一种空气指增产品，它不对标具体指数，而是在全市场选股，为投资者提供了另一种选择。空气指增产品策略更加灵活，能够充分挖掘全市场的投资机会，但也对量化投资机构的投研能力和模型精度要求更高。投资者在选择空气指增产品时，需要关注机构的历史业绩、投资策略的稳定性以及风险控制能力等因素。

复合策略产品因其灵活性和多样性适合不同风险偏好的投资者，投资者可以根据自己的风险承受能力选择高风险、中风险或低风险的复合策略。例如，高风险偏好投资者可选择包含更多高收益、高风险策略的组合，如增加指数增强策略和量化 CTA 策略的权重，追求更高的收益；低风险偏好投资者则可侧重于稳健型策略的组合，如加大债券策略和量化中性策略的比例，以保障资产的相对稳定。

虽然 CTA 策略具有独特的盈利机会，但由于其专业性较强，普通投资者可能不太容易理解。CTA 策略主要涉及期货市场的交易，期货市场具有高杠杆、双向交易等特点，与股票市场有较大差异。例如，期货交易的杠杆机制可以放大收益，但同时也会成倍放大风险。如果投资者对期货市场的运行规律、交易规则以及相关品种的基本面缺乏深入了解，贸然参与 CTA 策略投资，则可能会造成较大的损失。

如果投资者打算参与量化投资，首先应关注头部和腰部量化机构的产品，这些机构在研发实力、人才激励等方面具有优势，能为投资者提供更可靠的投资策略。头部量化机构通常拥有先进的技术设备、庞大的研发团队和丰富的市场经验，能够投入大量资源进行策略研发和优化。腰部量化机构则可能在某些细分领域具有独特的优势，如专注于特定行业或特定市场的量化投资，能够为投资者提供更具针对性的投资方案。

　　其次，要了解量化投资的特点，特别是量化多头策略在面对抱团行情和暴跌行情时可能存在的劣势，提前做好风险应对准备。例如，在抱团行情下，市场资金集中流向少数股票，量化多头由于持股分散，无法充分享受抱团股票的上涨收益；在暴跌行情中，量化多头满仓持股的特点可能导致其无法及时止损，从而造成较大损失。投资者可以通过设置合理的止损止盈点、调整投资组合的仓位等方式来应对这些风险。

　　然后，投资者不应盲目排斥量化投资，而应积极学习其思维方式，借助量化投资工具，如参与量化基金产品，或利用券商提供的量化投研端口进行量化选股和下单等。量化投资思维强调数据驱动、模型化决策和风险控制，投资者学习这种思维方式，可以提升自己的投资决策能力。通过参与量化基金产品，投资者可以借助专业机构的力量分享量化投资的收益；利用券商的量化投研端口，投资者可以根据自己的需求，运用量化工具筛选出符合条件的股票进行投资，逐渐培养自己的量化投资技能。

　　最后，需要说明的是，国内量化投资领域存在一些"不公平"现象。在技术与信息层面，量化投资机构凭借雄厚资金搭建起先进的计算机技术和复杂的算法模型，能够迅速获取、深度分析海量的市场信息。

　　相比之下，普通投资者在技术装备和信息渠道上都极为有限，很难与专业机构站在同一起跑线上竞争。与此同时，量化交易借助高频交易策略，能在毫秒甚至微秒级的时间内完成交易指令，而普通投资者下单后，需经过一系列复杂流程，成交速度远远不及量化交易，常常错失最佳价位。部分量化交易策略还存在趋同问题。当市场环境触发特定条件时，众多采用相似策略的量化机构会同时做出交易决策，引发交易共振，会在短期内加剧市场波动，干扰市场的正常运行秩序。

为应对这些问题，监管层已着手加强对量化投资的监管，如要求量化交易主体严格落实交易报告制度，详尽披露账户、资金、交易、软件等关键信息。同时，强化对量化交易的实时监控，密切关注异常交易行为，督促证券公司切实履行客户管理责任。对量化交易相关的技术系统、交易单元等方面，也出台了严格的管理规范，致力于营造公平、有序、健康的市场环境。

总之，量化投资作为投资领域的新兴力量，正逐渐改变着投资格局。鉴于量化投资的复杂性和专业性，监管也需要持续完善，更好地保护市场中大多数散户的利益，这是一项长期而艰巨的任务。

第 3 章

高手投资实战篇

投资经验最可贵。其他任何东西都无法真正替代你自己的亲身经历。每过一年，我对投资的看法就会有所不同。我所经历的每轮周期，都会教给我一些经验教训，让我能更好地应对下一轮周期。我觉得，投资是一个长期的事业，投资是一辈子的事，我们任何时候都没有理由停下来,故步自封,不思进取。

——霍华德·马克斯

在投资进阶之路上，老手阶段已经让你掌握了更深层的投资逻辑和实操技巧。然而，投资的世界永远充满未知数，从投资老手进阶为投资高手，是一段充满挑战与蜕变的旅程，也是投资生涯中至关重要的跃升。真正的投资高手不仅需要扎实的知识储备和丰富的经验，还需要在复杂多变的市场中保持清醒的头脑，灵活地运用投资策略。

从老手到高手，是一个从"知其然"到"知其所以然"的过程。在老手阶段，你已经能够运用行业分析、宏观经济解读等制定出相对科学的投资策略。但在高手阶段，还需要更进一步，将这些策略与自身的投资理念相结合。在这一阶段，你将面对更多复杂的场景。例如，如何在市场大幅波动时保持冷静，如何在资产配置中实现风险与收益的最优平衡，甚至如何在家庭财富管理中兼顾短期需求与长期目标。

高手阶段的投资，不仅是追求收益的最大化，更是对风险管理的把控。例如，当市场出现系统性风险时，如何通过资产配置和指数化投资来分散风险？当某只股票或资产出现套牢时，如何通过科学的解套策略减少损失？这些问题都需要在老手阶段的基础上，进一步深化对市场的理解，提升对风险的预判和应对能力。

此外，高手阶段的投资还需要具备更长远的眼光和更全局的思维，家庭财富管理则成为检验投资智慧的终极考场。这里没有标准答案，只有量身定制的解决方案：既要为子女教育基金锁定确定性，又要为养老规划保留成长性；既要在房产配置中考虑代际传承，又要在保险规划里防范"黑天鹅"。

如何根据家庭的生命周期、财务目标和风险承受能力制定出合理的资产配置方案呢？如何在保障家庭财务安全的同时实现财富的保值增值呢？这些问题都需要从更高的维度去思考和解决。

从老手到高手，不仅是投资技能的提升，更是投资心态的成熟。在高手阶段，投资者将更加注重投资的长期性和可持续性，不再被短期的市场波动所左右，而是专注于构建一个稳健多元化的投资组合，实现财富的长期增长。接下来，让我们一同进入高手阶段的探索之旅。

第 15 讲
高手的生存法则

投资中被"套住"甚至"套牢"，是每一位投资人都会面临的问题。当遭遇投资被套时，该如何应对？是像鸵鸟般逃避现实，把头埋进沙子里假装问题不存在，任由亏损持续扩大；还是积极探寻解套之法，在困境中寻找转机？

从业多年，我见过非常多的投资人，在某只个股的持股时间，长达数年之久，原因多半是被套住了，要跟公司"死磕到底"。他们往往怀着一种悲壮的执念，想着只要坚守就有希望，没准儿还会悲壮地表示，"公司若有解套日，家祭无忘告乃翁"。这种盲目坚守，在很多时候并非明智之举，而应冷静地分析，寻找更合理的应对策略。

投资最重要的是保住本金

投资圈有这样一句名言："投资中最重要的原则有三条：第一条，保住本金；第二条，保住本金；第三条，记住前两条。"这句看似简单重复的话，实则蕴含着投资的核心要义——本金安全至关重要。然而，在现实中，众多投资者往往只关注公司的上涨潜力，却很少有人思考下行风险。投资被套的原因多种多样，恰似一张张错综复杂的网，将投资者困于其中。事实上，投资的首要任务应该是控制风险、保住本金，其次才是追求收益。

投资被套的原因有很多。追高热点是投资者常犯的错误之一。在投资市场中，热点会引发股价大涨，吸引众多投资者趋之若鹜。例如，众多科技题材热度飙升，许多投资者受短期暴富心理的驱使，按捺不住地在高点追入。幻想着投入 50 万元，能迅速增值到 100 万元。有些热点只是短期的市场炒作，并非真正的长期趋势。一旦市场回调，这些高位题材股便如断了线的风筝，下跌惨烈，甚至会走出暴力拉升、连续暴跌的 A 字型走势。

听消息炒股也是导致投资被套的常见原因。许多投资者热衷于四处打听消息，仿佛这些消息是打开财富之门的钥匙。然而，市场中的消息真假难辨。当一家公司公布利好消息时，股价可能已经在前期的炒作中大幅上涨，此时利好出尽，投资者若盲目接盘，就如同在盛宴即将结束时才匆忙入场，只能成为他人的"接盘侠"。反之，当公司处于底部，利空消息传来导致股价暴跌时，一些投资者又会惊慌失措地割肉离场，错失了后续可能出现的反弹机会。

市场波动是投资中不可避免的常态，也会让投资被套。股市投资并非如银行定期存款般安稳，股票价格不会一直平稳上升。当投资者看好某只个股时，若股价回调，就需要结合成交量来分析。放量上涨、缩量下跌是常见的市场现象，但如果出现高位放量滞涨或高位放量下跌的情况，投资者应及时减仓离场。相反，若中长期均线向上，且股价缩量回调，则投资者无须过度慌张。长期投资的收益并非如人们想象中那样稳步前行，每年固定获得 10%~15%的收益。实际上，投资的过程充满了波折，股价会在上涨与回调中不断起伏，甚至可能出现大幅回撤，充满了不确定性。

操作不当也会让投资者陷入困境。这就好比在驾驶汽车时，刹车与油门傻傻分不清楚。在投资中，一些投资者连基本的 K 线、均线等都不了解，便贸然进入股市。投资不能被情绪左右，应保持清醒的头脑和清晰的思路。因此，在交易前制订详细的计划至关重要。投资者最好提前明确要买入的公司代码、金额、仓位，以及买卖的时机和信号。例如，当出现金叉、放量、底背离等信号时买入，若未出现则耐心等待。若不幸被套，应制定补仓、止损和减仓的策略，避免因盘中股票拉升而头脑发热，盲目追高，导致被套在当天盘面的最高点。

当然，股票本身存在问题也是投资被套的原因之一。许多投资者在选股时，往往会忽视公司的基本面和技术面。一些公司业绩不佳，股价破位且缺乏强支撑，同时资金大量流出，高管大股东在高位减持，而投资者却仍然买入。这就如同建造大厦时选择了摇摇欲坠的地基，投资被套的事情自然会发生。

从个股解套到资金解套

投资者在不幸陷入投资被套的困境时，需要实现思维的转变，从追求个股解套转向追求资金解套。这一转变，是迈向解套成功的关键一步。

在实际投资中，大部分投资者往往执着于个股解套。例如，某人以每股 10 元的成本买入价值 50 万元的某公司股票，随后股价下跌 50%，市值缩水至 25 万元。此时，许多投资者认为只有等待股价涨回 10 元，才能实现解套，因此选择坚守，甚至不断加仓补仓。然而，这种做法忽略了一个重要问题：若所选公司本身存在问题，继续坚守可能会陷入更深的困境，一旦公司退市，投资者可能血本无归。

在股票市场中，上涨与下跌存在着不对等性。例如，若股票下跌 20%，要回本则需要上涨 25%；若下跌 30%，要回本则需上涨约 43%；若下跌 50%，则要上涨 100% 才能回本。可见，股票下跌后回本的难度极大。因此，投资应先避免被套，万一被套住，则应该转变思维，追求资金解套。

具体而言，投资者可以采用以底换底和拆分盈利目标的方法。例如，当股票市值从 50 万元腰斩至 25 万元时，投资者不应傻傻等待股票涨回原价，而是可以寻找其他处于底部但潜力更高的公司进行投资。通过连续找到 7 家这样的公司，每家公司股票实现 10% 左右的收益，就有可能使资金从 25 万元回到 50 万元，这便是投资复利的原理。这种思维转变，能够帮助投资者跳出个股的局限，以更灵活的方式实现资金的增值和解套。

　　关于投资复利，简单介绍一下"72 法则"。"72 法则"是与复利相关的一个非常实用的小技巧，主要用于快速估算在给定的年利率下，一笔投资通过复利增长，大约需要多长时间能翻倍。如果你的投资年利率是 6%，按照"72 法则"计算，72/6=12，那么这笔投资大约经过 12 年就会翻倍。若年利率为 8%，则 72/8=9，大约 9 年投资就能翻倍。利用"72"法则，能迅速看出在不同利率水平下资产翻倍的时间差异，帮助投资者选择更有利的投资方式。它只是一个近似的估算方法，当利率较高或者对计算精度要求较高时，"72 法则"的计算结果与实际值可能会有一定偏差。

　　当然，这种方法难度也不小，但是相对于死守一家公司，期望它能涨一倍，这种方法的难度还是降低了不少。在实现思维转变后，投资者还需掌握具体的解套策略，针对不同的被套情况采取相应的措施。

　　例如，要规避一些误区。盲目换股便是解套的一大误区。一些投资者在底部时忍受不了股价的下跌，选择割肉换股。然而，若换股不当，如割掉底部股票去追高买入高位股票，那么一旦高位股票补跌，投资者将遭受双重损失，犹如两面挨耳光。因此，换股应遵循以底部换底部的原则，确保新买入的股票具有更好的潜力和安全性。

　　急于补仓也是不可取的。有些投资者在股票刚一下跌时就匆忙补仓，股价继续下跌则继续补仓，最终将所有仓位都投入同一只股票，使其成为重仓股。若股票持续下跌，则投资者将面临巨大的风险。补仓应谨慎进行，避免过度集中仓位。追涨杀跌更是解套的大忌。投资者因情绪波动，时而冲动清仓，时而盲目追高，这种情绪化的操作往往导致资金不断缩水。在投资中，投资者应保持冷静，避免被情绪所左右。

当投资者在顶部被套时，需遵循"边打边撤"的原则。若在高位追入股票后被套，不要急于补仓。可等待高位出现两连阴或三连阴后，盘中急跌时再考虑买入，避免在股价刚下跌时就盲目补仓，导致成本过高。在实际操作中，可将股价走势想象成一个下降的轨道线。在轨道线的下轨处，可视情况作为补仓点；而在轨道线的上轨处，则可作为卖出点。通过不断低买高卖，逐步摊低成本，当达到预期的成本降低目标后，再进行清仓处理。在整个过程中，务必严守操作纪律，避免因情绪波动而破坏既定策略。

对于底部被套的情况，投资者需结合股票的具体走势来判断补仓时机。若股票从高位下跌 40%~50%，甚至更多，在底部长时间震荡盘整，且股价不再创新低，则表明股票可能已筑底成功，此时可考虑补仓。常见的支撑位，如价格支撑、均线、趋势线等位置，都可作为补仓的参考点。在确认底部后，随着支撑线低点不断抬高，投资者可逐步加仓，快速降低成本。

总之，投资被套并不可怕，关键在于投资者要深刻理解被套的原因，实现从个股解套到资金解套的思维转变，并精准把握解套策略，避免陷入解套误区。

身边的投资"拐点大师"

在投资的竞技场上，高手与普通投资者的区别，不仅在于对市场的认知，更在于一套独特的生存法则。这套法则涵盖了情绪管理、投资策略选择及风险把控等多个关键领域，帮助高手在复杂多变的市场中脱颖而出。

投资如逆水行舟，情绪则是那难以捉摸的风向。投资者极易被情绪所左右，而高手与普通投资者的显著区别之一，就在于对情绪的掌控能力。美国橡树资本创始人霍华德·马克斯在《周期》一书中有一段话：

"市场的波动性就像钟摆一样，总是在繁荣和萧条之间来回摆动。在高峰期，市场往往会出现过度的乐观，资产价格高估，投资者对风险的容忍度增加；而在低谷期，悲观情绪则会导致资产价格低估，市场对风险的敏感度增加。投资者的心理和行为也呈现出钟摆运动，不停在恐惧和贪婪、兴奋和悲观间摆动，很少停留在中间。"

当市场处于低点时，恐惧、绝望、悲观和沮丧的情绪弥漫，投资者往往对机会视而不见；而当市场处于高点时，即便经济数据乏力，市场"万点论"却甚嚣尘上，投资者情绪爆棚，盲目乐观。此时，市场参与者看到的机会与风险截然不同，这便是情绪对投资决策的巨大影响。

我身边就有这样一个典型的例子。我的一位高中同学，多年未曾联系。2011 年，我开始在央视财经频道担任财经评论员，他在电视上看到我，认为我投资造诣深厚，于是开始向我咨询股票相关事宜。2015 年 6 月，他打听到我的联系方式后，发信息给我，说想投资股市，希望我能给些建议。发信息的那天，正值 A 股那波行情的最高点，即 5178 点，随后便是一轮暴跌。

后来到 2020 年 3 月 6 日，春节刚过，面对疫情和外围市场表现欠佳，他却看到中国股市火爆，又来询问个股投资机会。而这一天，

恰好是鼠年上半年的最高点，随后市场再度开启下跌模式。2021 年
1 月 26 日，春节前夕，他再次发来微信询问买基金是否合适，很明
显是想买新能源或者白酒基金，而这一天正是鼠年下半年的最高点。

他堪称绝佳的拐点大师，总是在市场高点时头脑发热，而平时
市场涨跌时却不为所动。倘若你身边也有这样的人，一定要"重视"，
因为他可能是一个绝佳的反向指标，在市场高点时为你指明方向。
这充分说明，被情绪左右的投资决策往往是失败的根源，而高手则
能在情绪的漩涡中保持冷静，做出理性的判断。

我曾经把同学的"光辉事迹"在我的自媒体短视频里简单提了一
次，结果他很快就成了"红人"，经常有人在我的自媒体短视频下方
留言，询问该同学是否给我发信息了。

洞悉市场风格，把握投资节奏

投资高手深知市场风格轮动的规律，如同敏锐的猎手了解猎物
的习性。市场中存在着多种投资主题，如赛道股、题材股、高股息
股和周期股等。当经济数据走强时，周期股和地产股往往会迎来机
会。当 PMI（采购经理指数）在 50%以上且越高越好时，表明经济触
底回升，此时应多关注周期股。当数据较弱但货币政策相对宽松时，
题材股和小票科技股值得关注。当利率下行时，债券和高股息股将
凸显优势。在不同的投资环境下要关注不同的行业，这便是市场风
格轮动的奥秘。

除了风格轮动，投资还存在着类似四季更迭的节奏。在投资的
春天，市场刚刚拐头，价值投资者凭借敏锐的嗅觉开始慢慢入场加

仓，而技术派和趋势派则在观望等待技术面走好。随着经济数据转好，市场中短期均线向上，价值投资者继续持有，趋势投资者也开始大量入场，成交量暴增，市场一片繁荣，进入投资的夏天。到了秋天，市场上涨，价值投资者开始逢高卖出，而均线继续上冲，趋势投资者仍在买入，双方开始出现分歧。当资本市场过热，经济数据跟不上时，市场开始下跌，价值投资者和趋势投资者纷纷撤出，进入投资的冬天，等待新一轮的轮回。投资高手能够精准地判断市场所处的季节，选择适合的投资策略，在不同的市场阶段都能有所收获。

此外，高手还善于运用杠铃策略。这一策略由纳西姆·塔勒布（Nassim Nicholas Taleb，风险工程学教授）在《随机漫步的傻瓜》中率先提出（我们在接下来的第 4 章中还会对纳西姆·塔勒布进行详细介绍）。投资中的杠铃策略，一边是高风险高回报的科技股、题材股，另一边是低风险低回报的高股息、红利股。通过适时调整这两边的组合平衡来保持组合的稳定性，从而获取超额回报。在市场波动时，这种策略能够有效分散风险，抓住不同类型的投资机会。

高手的生存法则还包括构建稳健的投资体系，严守风险底线。灵活做好股债搭配，便是其中的关键一环。当股市投资性价比高时，适当提高股市的投资比例；当股市投资性价比低时，增加债券的投资比例。若难以判断股市和债市的投资性价比，则可采用经典的股六债四配比，即 100 万资金中，60 万投资股票，40 万投资债券。这种股债搭配，就如同角斗士一手持利剑，一手持盾牌，攻守兼备，在市场变化中进退自如。

另外，投资成功率并非越高越好。别说普通人，投资大师们也不是百战百胜的，甚至都不能"百战七八十胜"。彼得·林奇在《彼得·林奇的成功投资》一书中写道："在我的投资生涯中，30%的股票赚钱，60%的股票表现平庸，10%的股票可能亏不少钱，但少数赢家的收益足以覆盖所有损失。"从伯克希尔哈撒韦（Berkshire Hathaway）公司的年报来看，在1965—2023年间，巴菲特跑赢标普500指数的胜率大约为60%。诺贝尔经济学奖得主丹尼尔·卡尼曼在《思考，快与慢》中曾经指出，专业投资者的决策准确率虽然只有50%~60%，但可以通过风险控制实现正收益。

高手的成功并非依赖于极高的成功率，而是每笔投资都极为谨慎，让利润充分奔跑，同时深入了解所投资的公司。只要设置好止损位，让利润增长，成功率在50%以上并逼近60%，就离成功不远了。同时，要密切关注支撑位，如短线看5日线，中线看20日线，这些均线可以理解成投资的短期和中期支撑，能为投资决策提供重要参考。

在投资的世界里，高手通过掌控情绪、洞悉市场风格、构建稳健的投资体系和严守风险底线，形成了一套行之有效的生存法则。这些法则不是一蹴而就的，而是在长期的实践中不断总结和完善的。投资者若能学习并运用这些法则，就能在投资的道路上稳步前行。

第 16 讲
指数化投资是必由之路

2008年，巴菲特与对冲基金公司的泰德·西德斯（Ted Seides）进行了一场著名的指数投资赌局。西德斯认为，通过主动管理的对冲基金能在十年内跑赢标普 500 指数基金；巴菲特则坚信，像标普 500 指数基金这样的被动投资产品，其长期表现会超过主动管理的对冲基金。

赌局中，巴菲特选择低成本的标普 500 指数基金，西德斯挑选 5 只专业基金经理管理的对冲基金组成投资组合。最终，在 2008—2017 年这十年间，标普 500 指数基金年化收益率达 8.5%，而 5 只对冲基金组合年化收益率均未超过它。这场赌局有力地证明了指数化投资在长期投资中的优势，凸显了低成本、分散化投资的价值。

指数化投资的基础认知

指数化投资是一种以特定市场指数，如沪深 300 指数、标普 500 指数等作为投资品种的投资策略。投资者通过构建与目标指数成分股相同或相似比例的投资组合，使得投资组合的表现与目标指数基本一致，进而获取与市场整体相近的收益。举个例子，如果沪深 300 指数由 300 家各行业的代表性企业构成，那么投资者按照该指数成分股的构成和权重，买入这 300 家企业的股票，就完成了一个简单的指数化投资组合构建。

指数化投资具有显著优势，首先是降低交易成本。由于不需要频繁地进行选股和择时交易，交易成本和管理费用得以减少。以主动选股的基金为例，基金经理频繁买卖股票会产生较高的手续费等成本，而指数化投资按指数成分股构建组合，交易次数少，成本自然降低。其次是分散风险，通过分散投资多只股票，降低了个股风险，能较好地反映市场整体表现。例如，投资沪深 300 指数基金，就相当于同时投资了 300 家不同行业的企业，不会因某一家企业经营不善而遭受重大损失。

然而，指数化投资也存在一定局限。一方面是收益局限，无法通过主动选股获取超越市场平均水平的超额收益。例如，在某一阶段科技股表现特别好，但指数化投资是按照指数成分股投资，不会因为看好科技股就加大对科技股的投资比例，所以难以获取科技股爆发带来的超额收益。另一方面是市场风险，当市场整体下跌时，投资组合也会随之下跌。如 2020 年年初新冠疫情暴发初期，股市整体暴跌，不管是投资指数基金还是主动型基金，大多都难以幸免。

常见的指数投资工具丰富多样。指数基金依据指数的成分股构成和权重构建投资组合，力求取得与该指数大致相同的收益率。其中，普通指数基金完全复制指数。例如，某公募沪深 300ETF 联接基金，就力求完全按照沪深 300 指数的成分股和权重进行投资。增强型指数基金则在跟踪指数的基础上，通过一定的主动管理策略（如优化成分股权重、因子选股等）争取获得超越指数的收益。例如，某公募沪深 300 增强基金在跟踪沪深 300 指数的同时，通过量化模型等主动管理手段试图跑赢沪深 300 指数。

交易型开放式指数基金（ETF）兼具股票和指数基金的特点，既可以在证券交易所交易（交易价格实时波动），又可以紧密跟踪特定指数，交易成本较低，流动性强。以上证 50ETF 为例，它跟踪上证50 指数，投资者可以像买卖股票一样在证券市场上交易。

指数型 ETF 联接基金主要投资于对应的 ETF 基金,通过投资 ETF间接实现对指数的跟踪，为无法在证券交易所直接买卖 ETF 的投资者提供参与指数化投资的渠道。投资者可通过银行、基金公司等场外渠道进行申购和赎回，如某公募 300ETF 联接基金，场外投资者就可以通过银行等渠道购买。

指数基金的分类方式主要有两种。按交易场所划分，可分为场内基金和场外基金。场内基金（如 ETF、LOF 等）在证券交易所交易，交易方式与股票类似，投资者可以在证券交易时间内按照实时价格买卖场内基金，交易手续费相对较低；场外基金则通过银行、券商、三方基金销售公司、基金公司等渠道交易，投资者可以在这些渠道进行申购和赎回，不过交易价格按照当天收盘后的净值计算，且手续费可能相对较高。

按投资范围划分，可以分为宽基指数基金、行业指数基金和风格指数基金。宽基指数基金，其投资范围广泛，涵盖多个行业，能分散风险。例如，中证 500 指数基金包含 500 家企业，覆盖众多行业，风险相对分散。行业指数基金专注于某一特定行业，如科技、医疗等，精准投资特定领域。风格指数基金聚焦于股票的某种风格，如红利、大/小盘、价值/成长等。如红利指数基金主要投资于高股息的股票，而成长型风格指数基金则倾向于投资具有高增长潜力的股票。

此外，还有指数期货和指数期权。指数期货是以指数作为标的物的标准化期货合约。投资者可通过买卖指数期货合约对指数的未来走势进行投机或套期保值。例如，如果投资者预期沪深 300 指数未来会上涨，就可以买入沪深 300 指数期货合约；如果担心手中持有的股票组合会因市场下跌而受损，就可以卖出沪深 300 指数期货合约进行套期保值。需要注意的是，指数期货具有杠杆性，其风险相对较高，若判断失误，则损失也会被放大。

指数期权赋予期权买方在特定时间内以特定价格买卖对应指数的权利，投资者可利用指数期权进行风险管理、投机或套利。例如，当投资者持有股票组合并担心市场下跌时，可以买入看跌期权，若市场真的下跌，则看跌期权的收益可以弥补股票组合的损失；若投资者预期市场会大幅波动，则可以通过期权组合进行套利。

指数化投资与主动型投资的差异

指数化投资秉持被动投资策略，通过复制特定市场指数的表现来获取与市场平均水平相近的收益，其投资目标是紧密跟踪目标指数的表现，力求实现与指数一致的收益，同时尽量降低跟踪误差。

而主动型投资采用积极的投资策略，通过专业的研究和分析，挖掘被市场低估或高估的投资机会，从而实现超越市场平均水平的超额收益，投资目标是通过主动选股、择时等手段来实现超越市场基准的超额收益。

指数化投资策略包括完全复制，即指数基金按照目标指数的成分股构成和权重完全复制指数的投资组合；还有增强型策略，在跟踪指数的基础上，通过一定的主动管理策略，如优化成分股权重、因子选股等，获得超越指数的收益。

主动型投资策略则有自上而下和自下而上两种策略，我们在第1章中介绍过。行业主题策略是通过深入研究和分析相关行业或板块，选择行业内具有竞争优势的公司进行投资。例如，看好新能源汽车行业的发展，就会在该行业中挑选电池、整车制造等细分领域的优质企业。

在费用与成本方面，指数化投资具有明显优势。其管理费用相对较低，一般在 0.5% 左右甚至更低。由于不需要大量的研究团队去挑选股票，所以管理费用较低；由于投资组合相对稳定，交易次数少，交易成本也较低，所以整体费用处在一个较低的水平。

主动型投资的管理费用相对较高，一般在 1.5% 左右。由于主动型投资需要专业的研究团队进行市场分析和个股研究，管理成本高，所以管理费用也高。为了把握投资机会，基金经理会频繁买卖股票，这就导致交易成本增加，交易成本较高。因此，整体费用水平较高。

指数化投资有多种风险，首先是市场风险，由于紧密跟踪市场指数，所以当市场整体下跌时，投资组合也会随之下跌。其次是跟踪误差风险，投资过程中可能会出现跟踪误差，导致投资组合的表现与目标指数不一致，如基金的管理费用、交易成本等因素，都可能造成跟踪误差。主动型投资同样面临市场风险，当市场整体下跌时，投资组合也会受到影响。最后是选股风险，该风险大小取决于基金经理的选股能力，选股失误可能导致投资组合表现不佳。如果基金经理选错了股票，如选中了业绩下滑的企业，就会影响投资组合的收益。择时风险也不容忽视，这依赖于基金经理的择时能力，择时失误可能导致投资组合在市场高位买入或在市场低位卖出。如在市场已经处于高位时，基金经理大量买入股票，随后市场下跌，就会造成损失。

在收益方面，主动型投资的目标是实现超越市场平均水平的超额收益，但实际表现取决于基金经理的投资能力。优秀的基金经理可能通过精准的选股和择时获得超额收益，不过收益波动较大，可能在某些时期表现优异，而在某些时期表现不佳。例如，在某一阶段，基金经理抓住了热门行业的投资机会，收益大幅增长；但在另一阶段，由于市场风格切换，投资组合表现不佳。

指数化投资适合长期投资的目标，如养老、子女教育等，因为长期来看市场整体是向上的。指数化投资能分享经济增长的红利，也适合用于构建多元化的投资组合。通过配置不同的指数基金，可以分散风险，实现资产的合理配置。对于投资者类型而言，风险偏好较低的投资者可以通过分散投资降低风险，获得相对稳定的收益；缺少时间或专业知识的投资者，不需要花费大量时间研究市场和个股，通过指数化投资就能实现稳健的收益。

主动型投资适用于短期投资，通过主动选股和择时交易实现短期收益。例如，在市场短期波动较大时抓住机会进行波段操作；在市场存在明显投资机会时，如某一行业出现重大政策利好，主动型投资可以及时布局该行业的优质企业，获取超额收益。适合的投资者类型包括风险偏好较高的投资者，他们通过主动型投资追求超额收益，愿意承担较高的风险；具备专业知识和时间充裕的投资者，有能力、有时间对市场和个股进行深入研究，通过主动型投资实现投资目标。

综上所述，指数化投资和主动型投资各有优劣。投资者在选择投资策略时，可以根据自身的投资目标、风险承受能力和投资能力来综合考量。指数化投资适合长期投资，适合风险偏好较低、缺少时间或专业知识的投资者；主动型投资适合短期投资，适合风险偏好较高、具备专业知识和时间充裕的投资者。只有选择了适合自己的投资策略，才能在投资市场中更好地实现资产的保值与增值。

指数化投资策略

指数基金挑选方法

投资者在挑选指数基金时有多个关键因素需要综合考量，这些因素对基金的表现以及投资者的长期收益有着重要的影响，主要涵盖基金规模与流动性、超额收益与跟踪误差，以及费用高低这三个方面。

规模与流动性

基金规模是衡量指数基金的稳定性与抗风险能力的重要指标。通常，规模在 10 亿～50 亿元之间的基金规模较为适中，在应对市场波动时更具优势。在市场低迷时期，规模过小的基金由于资金流出以及管理费等固定成本的存在，其运作成本可能超过收益，进而面临被清盘的风险。例如，某些小型指数基金，在市场持续下行阶段，运营压力会不断增大，基金公司可能就会考虑清盘。而规模过大的基金则可能面临管理难题，在调整投资组合时不仅需要耗费更长时间，交易成本也会更高。如一些超大型指数基金，在调整成分股权重时，由于买卖金额巨大，会对市场价格产生冲击，进而增加交易成本。

投资者还需要关注基金规模的动态变化。如果基金规模持续增长，则表明市场对该基金的认可度较高，其流动性和稳定性可能也会更好。相反，若基金规模持续萎缩，投资者就需要警惕其中潜在的风险。例如，某指数基金因投资策略调整得当，吸引了大量投资者申购，规模不断扩大，它在市场中的影响力和稳定性也随之增强；而另一只基金因业绩不佳，投资者纷纷赎回，规模持续缩小，其后续发展就存在更多不确定性。

流动性指的是基金在市场上的交易活跃程度，也就是投资者能否在需要时以合理的价格快速买入或卖出基金份额。流动性良好的基金方便投资者及时买卖，不会因为市场买卖价差过大而影响交易成本。对于交易型开放式指数基金（ETF）而言，流动性尤为重要，因为 ETF 的交易方式类似于股票，投资者需要在二级市场进行买卖。例如，某 ETF 在市场上交易活跃，投资者在买卖时能够迅速成交，且买卖价差极小，这就体现了该 ETF 良好的流动性。

衡量流动性的重要指标之一是基金的日均成交额。一般日均成交额较高的基金的流动性较好。此外，投资者还可以关注基金的买卖价差，价差越小，流动性越好。例如，一只规模适中的 ETF，如果其日均成交额达到数亿元，且买卖价差仅为几个基点，那么这只基金的流动性就较为出色。

超额收益与跟踪误差

跟踪误差指的是指数基金的实际收益率与目标指数收益率之间的差异。较小的跟踪误差意味着基金能够紧密跟踪指数，较好地反映指数的表现，这直接关系到投资者能否获得与指数一致的收益。

跟踪误差产生的原因是多样的，包括基金的管理费用、交易成本、成分股调整的时滞等。例如，如果基金在调整投资组合时未能及时跟上指数成分股的变化，就可能导致跟踪误差的产生。此外，基金的现金比例也会对跟踪误差产生影响，因为现金部分不会产生与指数相同的收益。投资者可以通过查看基金的历史跟踪误差数据来评估其跟踪效果，一般年化跟踪误差在 0.5% 以内的指数基金的跟踪效果较好。

超额收益是指基金的实际收益率超过目标指数收益率的部分。稳定的超额收益体现了基金的管理水平，表明基金经理在跟踪指数的基础上通过一定的主动管理策略（如优化成分股权重、参与新股申购等）实现了超越指数的收益。超额收益的产生可能与基金的增强型策略有关。例如，增强型指数基金在跟踪指数的基础上对成分股进行优化调整，或者参与新股申购等，从而获取超额收益。

此外，基金的交易时机和成本控制也会影响超额收益。投资者可以通过查看基金的超额收益数据来评估其管理水平。如果一只增强型指数基金在过去三年内，每年都能实现 3% 以上的超额收益，那么说明其管理能力较强。

费用高低

管理费用是基金公司为管理基金资产而收取的费用，通常以基金资产净值的一定比例计算，是指数基金的主要成本之一，它直接影响投资者的长期收益。管理费用的高低与基金的规模、管理难度等因素相关。对于规模较大的基金，由于管理成本相对较低，管理费用也会相对较低。例如，一只规模较大的宽基指数基金的管理费用在 0.5% 左右，而一只规模较小的行业指数基金的管理费用在 0.8% 左右。投资者在选择指数基金时，应该优先选择管理费用较低的基金，因为管理费用越低，投资者的实际收益就越高。假设两只基金的跟踪误差与超额收益相似，但一只基金的管理费用为 0.5%，另一只为 0.8%，那么在长期投资中，选择管理费用为 0.5%的基金将获得更高的收益。

交易费用是指基金在买卖证券时产生的费用，包括佣金、印花税等，它也是指数基金的重要成本之一。在基金换手率较高时，交易费用的影响更为明显。交易费用的高低与基金的交易频率、交易金额等因素有关。一般，换手率较低的指数基金，其交易费用也较低。例如，一只完全复制指数的基金，其换手率较低，交易费用也相对较低；而一只增强型指数基金，由于需要进行一定的主动交易，其交易费用可能相对较高。投资者可以通过查看基金的交易费用数据来评估其交易成本，如果 只基金的年化交易费用在 0.1%以内，则说明其交易成本较低。

除管理费用和交易费用外，指数基金还可能涉及其他费用，如托管费、销售服务费等。这些费用虽然相对较小，但也会对投资者的收益产生一定影响。其他费用的高低与基金的运作模式和销售渠道等因素有关。例如，通过银行渠道销售的基金，可能会收取一定的销售服务费，而通过互联网平台销售的基金，可能不收取销售服务费。投资者在选择指数基金时应该综合考虑所有费用，选择总费用较低的基金。如果某两只基金的管理费用和交易费用相似，其中一只基金收取了较高的销售服务费，那么在长期投资中，选择不收取销售服务费的基金将获得更高的收益。

指数化投资方法

初阶版——定投

定时、定额、定投是指投资者在固定时间（如每月或每季度），投入市场固定金额的资金。这种方式具有简单易行的优势，投资者不需要对市场进行复杂的判断，只需按照设定的时间和金额进行投资。同时，通过在不同的市场点位投入资金，能有效地分散风险，降低单一市场点位买入的风险，适合长期投资目标，如养老、子女教育等。

例如，投资者小李希望长期投资沪深 300 指数基金，计划通过定投的方式积累财富。小李选择每月 15 日投入 1000 元进行定投。2024 年 1 月 15 日，沪深 300 指数为 3280 点，小李投入 1000 元；2月 19 日，指数上涨至 3403 点，小李投入 1000 元；3 月 15 日，指数继续上涨至 3570 点，小李继续投入 1000 元；4 月 12 日，指数回调至 3475 点，小李再次投入 1000 元。通过这种方式，小李在市场波动中实现了成本的平摊，有效降低了市场波动的影响，实现了较为稳定的长期收益。

定指数点位定投是指投资者根据指数的点位进行投资。例如，当沪深 300 指数跌破某一特定点位（如 3000 点）时，增加投资金额；当指数上涨到较高点位（如 4500 点）时，减少投资金额。假设投资者小王对市场有一定的判断能力，希望通过定指数点位定投的方式优化投资收益。小王选择沪深 300 指数作为投资标的，并设定了以下点位规则：当沪深 300 指数跌破 3500 点时，每月投入 2000 元；在 3500～4000 点之间时，每月投入 1000 元；超过 4000 点时，每月投入 500 元。通过设定不同的指数点位进行定投，小王能够根据市场情况灵活调整投资金额。在市场下跌时增加投资金额，能够以较低的成本积累更多份额；在市场上涨时减少投资金额，避免高位追涨，从而提升长期收益。

进阶版——资产配置

随着指数化投资工具的不断丰富，投资者可以选择涵盖各类资产的指数型工具，如股票指数基金、债券指数基金、商品指数基金等。这些工具为投资者提供了多样化的投资选择，能满足不同风险偏好和投资目标的需求。

资产配置策略的核心是，根据投资者的风险偏好和投资目标将资金分配到不同的资产类别中，以达到分散风险、提高收益的目的。例如，投资者可以根据自身的风险承受能力将资金分配到股票、债券、商品等不同资产类别中，构建一个多元化的投资组合。

通过这种方式，投资者可以在不同市场环境中实现较为稳定的收益。例如，一位风险偏好适中的投资者，将资金的 50%配置到股票指数基金中，30%配置到债券指数基金中，20%配置到商品指数基金中，如黄金 ETF。在股市上涨时，股票指数基金带来收益增长；在股市下跌时，债券指数基金和黄金 ETF 能起到一定的避险作用，从而使整个投资组合在不同市场环境下都能保持相对稳定的收益。

指数化投资实战应用

我们可以利用丰富的指数工具进行资产配置，其中 ETF 是非常重要的指数化投资工具。在实际操作过程中，我们能够借助不同的 ETF 来构建大类资产轮动策略。根据投资者风险偏好的不同，大类资产轮动策略可以分为稳健型、平衡型和进取型三种，分别满足不同投资者的需求。下面将以 ETF 作为投资标的，简单介绍宏观量化策略。

宏观量化策略是一种基于宏观经济数据（如 GDP、通胀率、利率、汇率等）及市场数据（如股票价格、成交量、波动率等）的量化投资方法。它通过构建量化模型来预测市场趋势和资产价格的变化。这种策略广泛应用于多资产投资组合，涵盖股票、债券、商品等多种资产类别。通过量化分析，该策略能够动态调整资产配置，以适应不同的经济环境。

该策略投资包含的股票类型不同，如市场宽基（如沪深 300、标普 500）、行业（如科技、医疗、金融）及风格（如价值、成长、大盘、小盘）等，涵盖了不同久期利率债（如国债、政策性金融债）、城投债、公司债等，也涉及黄金、原油、豆粕、有色金属等商品品种。

大类资产配置是宏观量化策略的核心，它通过对宏观经济和市场数据的分析动态调整不同资产类别的权重，以此实现风险与收益的平衡。

宏观量化策略依据经济增长和通胀水平的变化将经济周期划分为衰退、复苏、过热、滞胀四个阶段，并根据每个阶段的特点配置相应的资产。例如，在经济衰退阶段，债券的表现往往较好；而在经济复苏阶段，股票的表现则更为出色。通过分析货币政策和信用环境的变化，判断市场流动性状况，进而调整资产配置。例如，当货币政策宽松、信用环境良好时，可以增加股票和债券的配置比例；当货币政策收紧、信用环境恶化时，则减少股票和债券的配置比例，增加现金或防御性资产的配置。

宏观量化策略综合考虑多个宏观经济和市场因子，如经济增长、通胀、利率、汇率、市场情绪等，构建量化模型，预测资产收益和风险，进而进行资产配置。

股票子策略是在大类资产配置的基础上，进一步优化股票资产的配置，通过选择合适的股票或股票组合来提升投资收益。具体策略如下：根据市场环境和经济周期的变化选择不同风格的股票进行投资。例如，在经济复苏阶段，成长股通常表现较好；在经济衰退阶段，价值股表现较好。通过分析宏观经济数据和市场数据，判断当前市场环境适合哪种风格的股票，之后相应调整投资组合。分析不同行业的周期性和市场表现，选择具有投资价值的行业进行投资。例如，科技行业在经济复苏阶段表现较好，而消费行业在经济衰退阶段表现较好。通过跟踪行业指数、分析行业基本面和市场趋势，选择合适的行业进行投资，并根据市场变化调整行业配置。

债券子策略是在大类资产配置的基础上进一步优化债券资产的配置，通过选择合适的债券或债券组合来提高投资收益。具体策略为：根据宏观经济形势和利率走势调整债券组合的久期。例如，当预期利率下降时，增加长期债券的配置比例，提高投资组合的久期；当预期利率上升时，减少长期债券的配置比例，降低投资组合的久期。该策略通过分析宏观经济数据和利率走势判断市场利率的变化趋势，并相应调整债券组合的久期。

商品子策略是在大类资产配置的基础上进一步优化商品资产的配置，通过选择合适的商品或商品组合来提高投资收益。具体策略如下：黄金具有避险属性，其价格通常与市场风险偏好呈反向关系。该策略通过分析宏观经济数据、市场风险偏好和地缘政治因素等，判断黄金的投资机会。例如，在经济不稳定、市场风险偏好下降或地缘政治紧张时，增加黄金的配置比例；在经济稳定、市场风险偏好上升时，减少黄金的配置比例。

在实践中，我们可以挑选一些具有代表性的 ETF，如沪深 300ETF、纳斯达克 ETF、恒生 ETF、0~3 年国开债 ETF、有色金属 ETF、黄金 ETF 等，这些 ETF 代表了股票、债券、商品和黄金四大类资产。我们可以通过前面提到的大类资产配置策略与各资产子策略来决定不同的资产搭配比例。

如果投资者平时是一个喜欢定投债券型基金（简称债基）的人，只想要稳健的低波动的收益，则相对比较适合大类资产轮动稳健型策略；如果投资者平时是一个喜欢定投债基，同时还买点股票型基金（简称股基）的人，希望在债基的收益基础上增加一点收益弹性，则相对比较适合大类资产轮动平衡型策略；如果平时买一点债基的同时，还会更多地买股票，谋求比债基更高的收益，则相对适合大类资产轮动进取型策略。

在投资中，我们常常会遭遇一种难以言喻的痛苦：当你满怀期待地买入一些股票，或者构建了 ETF 或基金的组合，却发现其与自身风险偏好背道而驰。这种错位，就像穿着不合脚的鞋子奔跑，每一步都充满了不适。

通过大类资产轮动策略构建的ETF组合可以最大程度地为不同投资者指明方向。对于那些秉持稳健理念的投资者，它会构建稳健组合，如同为谨慎的旅行者备好坚固的行囊；而对于积极进取的投资者，它又能打造进取型组合，就像为勇敢的探险家提供锐利的武器。通过这一策略，投资者手中的投资组合与自身风险偏好实现了完美的契合，它让投资不再是一场充满未知与不安的冒险，而是一场有规划、有把握的征程。

随着技术的不断进步，高频数据（如日内交易数据、高频宏观经济指标）的应用会越来越广泛。高频数据能够提供更及时的市场动态信息，帮助量化模型更快速地捕捉市场变化，进而提高策略的反应速度和决策精度。

大数据技术将与人工智能（AI）和机器学习（ML）进一步深度融合。通过深度学习算法，模型能够自动识别复杂的市场模式和非线性关系，从而更准确地预测市场趋势和资产价格的变化。例如，利用神经网络分析海量的市场数据，可以发现传统的统计方法难以捕捉的规律。

除传统的金融市场数据外，宏观量化策略将更多地整合非传统数据源，如社交媒体数据、卫星数据、物联网数据等。这些数据可以提供宏观经济和市场的多维度信息，帮助投资者更全面地理解市场动态。

未来的宏观量化策略将更加注重多种策略的融合。例如，将美林时钟、货币信用周期、库存周期等传统策略与基于大数据和人工智能的量化模型相结合，形成更全面、更灵活的资产配置策略。这种融合可以提高策略的适应性和稳健性，降低单一策略的风险。

随着全球化的加速，宏观量化策略将更加注重全球市场的一体化投资。通过分析全球宏观经济数据和市场动态，投资者可以构建跨市场的投资组合，实现全球范围内的资产配置。例如，利用全球宏观经济数据预测不同国家和地区的市场趋势，调整投资组合的地域分布。

未来的宏观量化策略将更加灵活地调整跨资产类别的配置。通过对不同资产类别的动态分析，投资者可以在股票、债券、商品、外汇等多种资产之间进行灵活切换，以应对不同的市场环境。例如，利用量化模型预测不同资产类别的相对表现，动态调整投资组合的资产配置比例。

随着宏观量化策略的复杂性增加，投资者教育将变得更加重要。投资者需要了解量化策略的基本原理、优势和局限，以便更好地选择适合自己的投资策略。金融机构和监管机构将加大对投资者教育的投入，提高投资者的金融素养。随着投资者对量化投资了解的加深，市场对宏观量化策略的接受度将逐步提升。越来越多的投资者将认识到量化策略的优势，愿意将部分资金配置到量化投资产品中。这将为宏观量化策略的发展提供更广阔的市场空间。

未来的宏观量化策略将更加注重个性化投资服务。通过大数据和人工智能技术，投资者可以根据自身的风险偏好、投资目标和财务状况获得个性化的投资建议和策略。例如，利用机器学习算法为投资者量身定制投资组合，提高投资的精准度和满意度。宏观量化策略在未来将面临诸多机遇和挑战。数据驱动的决策深化、策略的多样化与精细化、全球化与跨资产配置、监管与合规的挑战与机遇，以及投资者教育与市场接受度的提升，都将是未来宏观量化策略发展的关键方向。投资者和金融机构需要紧跟技术发展，不断提升自身的量化投资能力，同时注重合规性和风险管理，以实现稳健的投资收益。

第 17 讲
不同资金量的投资之道

在投资中，我们总能看到截然不同的景象：散户们攥着十几万元积蓄，紧盯着屏幕中的红绿 K 线，中年白领对着百万元账户研究基金组合，而银行 VIP 室里的私行客户讨论的却是家族信托的架构设计。这些场景恰似投资世界的横切面，揭示着一条铁律：当资金量突破特定的门槛，财富管理就会进入完全不同的维度。

百万元以下的资金如同登山者初探山脚，灵活性和成长性是核心。这个阶段的投资者就像装备轻便的徒步客，股票、ETF 这类标准化工具恰似轻量化的登山杖，借力资本市场的坡道实现快速攀升。但若将这套装备直接套用在百万级资金上，就像让攀登珠峰的队伍背着帐篷睡袋去冲击山顶——一次重仓失误就可能让财富积累功亏一篑。

当资金突破七位数时，资产配置就变成了精密的登山工程。这时需要搭建跨资产类别的补给营地，债券是御寒的睡袋，主观和量化多头产品成为穿越冰川的冰镐，债券产品、中性产品等则像 GPS

定位系统般控制风险。这不是简单的分散投资，就像登山队在海拔6000 米处建立的前进营地，既为突击顶峰保存实力，又为应对极端天气预留退路。

而千万级、亿级财富管理更像在空气稀薄的死亡地带搭建生命支持系统。投资的内涵更为丰富，税务筹划与财富传承成为重中之重，不仅要确保财富持续增长，还要考虑如何合法合规地减少税务负担，以及将财富顺利传递给下一代，让家族财富的火种得以延续。可以说，投资之路，因资金量的不同而各具挑战与机遇。

百万资金：投资策略的分水岭

在中国资本市场，100 万元是一个具有特殊意义的数字。根据中国证券投资基金业协会 2022 年的调研数据，个人投资者中的账户规模突破百万元的群体仅占 12.4%，但这部分投资者持有的资产总量却超过了市场总规模的 33.6%。这种分布特征揭示了不同资金量级在投资策略选择上的本质差异。

对于百万元以下的投资者而言，策略重心往往聚焦于单一资产（如股票）的精耕细作。以 2023 年沪深交易所数据为例，50 万元以下的账户日均交易频率高达 2.3 次，这种高频操作模式本质上是试图通过交易频率快速让资产增值。当然，频繁操作也是很多散户亏损的重要原因之一。然而，当资金量突破百万元门槛时，投资逻辑将发生根本性转变——从"交易驱动"转向"配置驱动"。百万级投资者的日均交易频率骤降至 0.8 次。

　　这种转变的底层逻辑在于资金规模对风险承载能力的影响。10万元本金亏损 50%仅损失 5 万元，而百万元资金同样幅度的亏损将达 50 万元，这已超过二三线城市普通家庭的年均收入。这可能也解释了为什么很多人出现投资亏损，却一直舍不得止损。因为内心总有一个声音："如果割肉止损，这几十万元就彻底没了，一年的工资就没了。"

　　100 万元以下资金量的投资者往往处于投资的起步或积累阶段。这一阶段，投资者面临的首要问题是如何在有限的资金下实现收益增长，同时有效控制风险。此时，投资决策更聚焦于股票投资的具体细节，如选股、仓位控制及买卖点判断等。投资如同一场与市场的博弈，而行业选择则是这场博弈的关键一步。在众多行业中，科技股、消费股、周期股和高股息股是常见的投资方向，它们各自有着独特的投资逻辑和发展规律。

　　科技股的投资价值与行业渗透率、政策导向、估值水平及重大事件紧密相连。消费股则与日常生活息息相关。投资者须密切关注物价走势、消费者信心指数等指标。近年来，诸如"谷子经济""首发经济""银发经济"等主题不断涌现，为消费股注入新的活力。周期股的投资则更像是一场对宏观经济的"精准预判"。投资者须紧盯价格指数、政策动态等关键因素。高股息股在市场中扮演着"避风港"的角色。（相关行业逻辑在前面已经介绍过，这里不再详细展开。）

　　仓位控制是投资中的一门艺术，对于 100 万元以下资金量的投资者尤为重要。合理的仓位管理可以帮助投资者在市场波动中有效地控制风险，实现收益最大化。当市场趋势向下，5 日线、10 日线、20 日线等中短期均线纷纷下行，赚钱效应缺失时，投资者最好轻仓参与市场。例如，在 100 万元资金中最多拿出 20 万元进行尝试，其余 80 万元可配置债券、货币基金等低风险产品，以确保资金的安全性。当市场出现结构性行情时，可将仓位提升至半仓；当市场赚钱效应良好时，可进一步将仓位提高到七成甚至更高。

在确定了投资行业和仓位后，买卖点的判断成为影响投资收益的关键因素。技术指标在寻找买卖点方面具有重要作用。但需要注意的是，技术指标并非用于选股，而是辅助投资者精准地把握买卖时机。

真正的投资高手如同竞技场上的角斗士，既需要锋利的长矛（股票）用以进攻，又需要坚固的盾牌（债券）用以防御，更离不开灵活的身法（仓位）用以应对瞬息万变的战场。

对于工具选择，进攻性的武器不单只有股票，还有指数 ETF、行业 ETF 等。防守性的武器不仅是仓位控制，还有货币基金、债券基金、国债逆回购、黄金 ETF 等。例如，钱先生在 2021 年年初将 100 万元全部投入新能源主题基金，两年过后，账户有可能缩水 50%。其核心失误在于行业配置过度集中、未建立股债平衡机制等。如果将持仓调整为 "50%行业 ETF 或者指数 ETF（或公募基金）+20%债券基金+20%股票+10%黄金 ETF"，并设置季度调仓，投资体验会好很多。在这样的配置下，股票、债券和商品的比例大概是 7：2：1，后面我们还会介绍这个比例的由来。

百万元以上资金：开启配置之门

当资金规模突破百万元关口时，投资者的思维模式需要经历一场革命。这个量级的财富管理已不再是简单的买卖决策，而是一场精密的风险控制与机会捕捉的博弈。站在这个分水岭上，我们看到的不仅是数字的增长，更是投资哲学的转变。

在投资中，百万元级资金犹如一艘配备了先进导航系统的帆船。它既不必像小舢板那样随波逐流，也不必如万吨巨轮般笨拙转向。

全球化的配置视野是重要突破。"聪明"的资金懂得在东西方市场间搭建"平衡木"。例如，某位投资者将资金的 40%锚定 A 股指数基金，30%通过合格境内机构投资者（Qualified Domestic Institutional Investor，下文简称 QDII）通道投向纳斯达克的科技先锋，20%配置港股高股息资产，余下 10%持有黄金 ETF。这种地理分散和资产分散，不仅是对冲风险的艺术，更是捕捉全球产业红利的智慧。

工具的升级换代则是从量变到质变的催化剂。私募证券基金的门槛通常设在百万元，这个数字不仅是准入线，更是专业策略的起跑线。2022 年，上证综指跌幅超过 15%。据华泰证券统计，2022 年量化私募市场股票中性策略产品的收益率为 1.70%。朝阳永续数据显示，百亿元私募股票市场中性策略私募产品前 20 强的平均收益率为 8.7%。量化中性策略基金的底层逻辑是，同时做多数百只优质个股与做空股指期货。这种多空对冲的操作，将收益来源从单一的市场涨跌拓展至波动率套利、基差交易等多元维度。资金规模的提升打开了策略创新的工具箱。

做好资产配置是百万元级投资者的必修课。如桥水基金创始人瑞·达利欧（Raymond Thomas Dalio）所言，"成功的投资关键是要打造良好的投资组合，投资的圣杯就是要能够找到 10~15 个良好的、互不相关的投资或回报流，创建自己的投资组合。"

假设你要开一家小店赚钱，把所有钱都用来卖一种热门玩具，若玩具突然不流行了，生意就会受到重创。但如果按照瑞·达利欧所说，把资金分散到不同的项目中，就像开一家综合小店。用一部分资金卖热门玩具，一部分资金卖文具，一部分资金卖零食，还有一部分资金卖小饰品。当玩具不流行时，可能文具或零食销量好，因为这些业务之间互不相关，受市场变化影响不同。就如同投资中找到 10~15 个互不相关的投资或回报流，其中一个表现不好时，其他的可能表现好，降低整体风险，增加了盈利的稳定性。

实战是最好的教科书。几年前，在详细分析了租售比等指标及房价整体趋势后，一位朋友在我的建议下，出售了北京房产获得 800多万元资金。我帮他构建了攻守兼备的配置体系：资金的 50% 配置于指数基金（包括 300 指数增强产品、1000 指数增强产品等）、港股、美股 ETF，资金的 35% 布局中性、套利和债券等产品，资金的 10% 配置黄金等商品 ETF，剩余资金作为现金管理工具随时待命。为了满足他天天炒股赚快钱的愿望，我很"无奈"地给他股票账户预留了 20万元。几年下来，资金整体年化回报稳稳超过 13%。反观楼价，距离他卖房的高点已经下跌了 25% 以上。他的股票账户更惨，在不断地追涨杀跌后，亏损超过 30%。

站在百万级的甲板上远眺，投资的真谛也会逐渐清晰：投资不再是惊心动魄的涨停和跌停的冒险，而是细水长流的价值守护。正所谓"流水不争先，争的是滔滔不绝"。当资金规模完成量变的积累时，真正的质变发生在投资者的认知维度——从追求暴利的短线投资，进化成为驾驭风险的高手。这种蜕变，或许才是打开财富之门的钥匙。

千万元以上资金：配置进阶版

当资金规模跨越千万元甚至亿元门槛时，投资行为便升华为一场关乎家族命运的财富布局。这个量级的财富管理早已不是简单的资产增值，而是要在代际传承、全球波动的惊涛骇浪中守护财富。

在投资中，500万元资产和3000万元资产的投资者，如果风险偏好相差无几，则两人的资产配置比例可以相互借鉴。但如果资产越过亿元门槛，成为超高净值投资人，则会进入配置的更高端阶段。

全球化配置是亿元级别资金的宿命。例如，某科技新贵将亿元资产解构为五个地理模块：资产的40%配置大中华区核心资产（A股指数产品+港股科技股和高股息公司），25%布局北美科技巨头（通过合格境内机构投资者QDII通道），15%锚定日本和欧洲资产（通过合格境内机构投资者QDII通道），10%配置东南亚成长红利（如越南消费ETF），余下10%作为全球流动性储备（美元货币基金+黄金）。这种"全球配置"在2022年的美元强势周期中展现出惊人的韧性——当单一市场投资者承受汇率重创时，其组合会展示出惊人的抗跌性。

另类投资的深度渗透也会成为配置的选择之一。另类投资是一类区别于传统投资（如股票、债券、现金等）的投资方式，涵盖范围广泛，包括私募股权、风险投资、房地产、大宗商品、艺术品收藏、基础设施投资等。

这些资产通常具有独特的风险收益特征，与传统资产的相关性较低，能为投资组合提供多元化的配置选择，帮助投资者分散风险，追求更高回报。超高净值投资人会参与风险投资基金，由基金管理团队筛选项目并进行投资。这类投资风险较高，但潜在回报也十分可观，一旦所投企业成功上市或被收购，投资人即可获得巨额收益。一些超高净值人群热衷于投资艺术品、古董、珠宝等。他们凭借专业的鉴赏知识和对市场趋势的判断进行收藏投资。这类投资不仅具有财富增值的潜力，还能带来精神享受。而且在经济不稳定时期，艺术品等资产还可能成为资金的避险港湾。

对于超高净值投资人而言，税务架构的复杂程度也堪比跨国企业财团。超高净值投资人通常会采用多样化的手段来构建税务架构，以实现税务优化和财富的有效传承。

超高净值投资人会密切关注国内外的税收政策，充分利用各类税收优惠。例如，一些国家和地区为鼓励特定行业的发展，会给予企业所得税减免、税收抵免等优惠；对个人投资者的长期资本利得给予较低的税率。部分经济特区或特定区域也有税收优惠政策，如中国香港、新加坡等地，对符合条件的投资收益有税收减免，投资人可通过在这些地区设立投资实体，享受优惠。

家族信托是常见的税务架构工具。通过设立家族信托，投资人将资产转移至信托名下，信托作为独立的法律实体持有和管理资产。一方面，信托可以实现资产的隔离保护，避免因个人债务、婚姻变动等因素影响资产安全；另一方面，信托的收益分配可以根据委托人的意愿灵活安排，合理规划税务。例如，在一些国家，信托的收益分配可以递延纳税，或者通过合理设计信托架构来降低整体税负。

对于全球资产配置的超高净值投资人，税务居民身份的规划至关重要。不同国家和地区的税收政策差异较大，通过合理规划税务居民身份，可以选择较低税负的国家或地区作为税务居民所在地。例如，一些投资人会选择在税收政策较为优惠的国家或地区居住，以享受当地的税收待遇。在规划税务居民身份时，要综合考虑居住时间、经济利益中心等因素，确保符合相关国家和地区的法律规定。

同时，人寿保险在税务架构中也有重要的作用。一方面，人寿保险的理赔金在很多国家和地区通常具有免税属性，可作为财富传承的工具，确保资产顺利传递给下一代。另一方面，一些具有现金价值的人寿保险产品，在持有期间的收益增长可以递延纳税，且在进行保单贷款时，贷款所得通常也无须纳税，为投资人提供了灵活的资金运用和税务筹划空间。

超高净值投资人通常会提前进行遗产税规划，降低遗产传承过程中的税务负担。除利用人寿保险、家族信托等工具外，还可以通过赠与、设立慈善基金会等方式进行规划。在赠与方面，一些国家和地区对赠与行为有一定的免税额度，投资人可以在生前合理利用这些额度，将资产赠与子女或其他受益人。设立慈善基金会，不仅可以实现公益目的，还可以在一定程度上降低遗产税负担。

在千万元级甚至亿元级投资人看来，投资应该是资源控制权的游戏，是风险定价的艺术。真正的财富高手已经不再执着于K线的起伏，而是致力于构建自洽的投资生态系统——在这个系统里，每笔投资都是生态位的精心布局。

从业多年，在财富管理领域中，我结识了非常多身家非凡的超高净值客户，其可投资资产往往达五千万元乃至亿元以上。其中不少人来自实业领域，在实体经营中积累了丰厚财富后涉足投资领域。然而，隔行如隔山，他们虽然在实业中成绩斐然，在投资方面却可能尚未形成相对精准且成熟的认知体系，对投资市场的复杂性、风险的多样性及资产配置的精妙之处缺乏足够的理解。如果贸然进行投资，那么在实体行业中辛辛苦苦赚的钱，可能很快就会在资本市场里亏得惨不忍睹。

作为投资者，务必要以积极主动的姿态不遗余力地提升自身的投资认知，通过不断学习投资知识、深入研究市场动态、汲取过往的投资经验教训构建起科学合理的投资理念。

不同资金量级的配置思考

对于不同资金量级的投资者，其投资行为截然不同——有人用十几万元本金在 K 线图中寻找牛股时，有人正在做多元化的资产配置。这或许正是投资的魅力：它永远为认知升级者保留着通往更高维度的门票。

在不同的时代，核心资产的形态不断更迭。在农耕时代，土地是财富的根基，人们日出而作、日落而息，土地的肥沃程度和面积的大小直接决定了财富的多寡。到了工业时代，股权成为财富密码，持有优质公司股权的人，搭上了工业革命的快车，实现了财富的快速积累。而如今，数字时代呼啸而来，为财富管理带来了全新的想象空间。

然而，无论资产形态如何变化，投资成功的关键始终在于投资者的认知。投资者有 100 种方法快速赚钱，市场也有 100 种方法让投资者把钱全部"还给市场"。对于资金量较小、仅持有万元本金的投资者而言，股票市场的 K 线图就像是一座蕴藏着无数宝藏的矿山。他们通过研究 K 线的走势分析各种技术指标，试图从中找到股价涨跌的规律，从而捕捉投资机会。这就需要扎实的技术分析能力和对市场情绪的敏锐感知。例如，通过观察 K 线的形态判断是多头趋势还是空头趋势，结合成交量的变化确认市场的热度和资金的流向。在这个过程中，投资者逐渐积累经验，提升自己对市场的认知。

对于那些拥有雄厚的资金实力，资产量级达到百万元、千万元甚至亿元级别的高净值投资人，投资远远不止股票、ETF 那么简单，往往会采用分散投资的策略，将资金分布在不同的资产类别、不同的行业和地区，从而降低单一资产波动对整体投资组合的影响。

在投资的世界里还有一些重要的理念值得铭记。首先是风险控制。无论资金量大小，都要对风险有清晰的认识，合理分配资金，避免过度投资。其次是长期投资。投资不是一场短跑，而是一场马拉松。市场短期的波动难以预测，但从长期来看，优质资产往往能够实现价值的增长。最后是持续学习。投资市场不断变化，新的资产形态、投资工具和技术层出不穷。只有保持学习的热情和好奇心，不断提升自己的认知水平，才能在投资的道路上走得更远。

投资的魅力就在于，它为每一个人提供了改变命运的机会。无论你身处何种资金量级，只要不断提升认知，掌握正确的投资理念和方法，就有可能在财富的赛道上实现跨越。

第 18 讲
投资模型和资产配置

投资是一场充满挑战与机遇的征程，看似处处藏着财富密码，实则布满荆棘。市场瞬息万变，经济数据起伏不定。一会儿 GDP 增速超预期，燃起投资者的希望；一会儿又因通胀数据飙升，让大家忧心忡忡。行业竞争残酷无情，新兴企业如雨后春笋般崛起，不断冲击着传统企业的市场份额，每一个因素都可能对投资收益产生重大影响。如何在投资领域中实现财富的稳健增长，是每一位投资者都在探寻的答案。

下面我们将深入探讨资本市场的投资奥秘。市场上的投资模型是众多投资专家和学者经过多年研究和实践总结出来的智慧结晶，我们将借助一些经典的投资模型抓住不同时期的投资机遇。如现代投资组合理论模型，它能帮助你合理分散投资，把资金巧妙地分配到不同的资产中，降低非系统性风险，不至于把所有鸡蛋放在一个篮子里，一朝打翻全盘皆输。还有经济周期投资模型，好似一个精准的投资时钟，让你根据经济的不同阶段，如复苏、繁荣、衰退、滞胀，灵活调整资产配置。接下来，我会"手把手"地辅助你进行资产配置，助你在投资的道路上走得更平稳，少些颠簸，多些收获。

资产配置的意义

在投资的起始阶段，寻找到契合自身情况的投资标的或投资组合是极为关键的一步，这犹如为一场长途跋涉的旅程精心挑选合适的交通工具。恰当的投资选择能让投资者在财富增长的道路上稳步前行，而错误的抉择则可能导致路途坎坷。

以乘坐高铁的经历来类比投资，从北京到上海的 1318 公里高铁行程，设置了二等座（600 多元）、一等座（1000 多元）、商务座（2000 多元）三种不同等级的座位，乘客可收获截然不同的乘坐体验。这种基于服务差异而制定的定价机制，恰似资本市场为风险偏好各异的投资者构建的"座舱选择系统"。

依据中国铁路 12306 平台的数据，京沪高铁商务座的上座率常年稳定在 85% 以上。在始发地和目的地完全一致的情况下，部分乘客甘愿多支付 1400 元的"溢价"购买商务座。他们所购买的实则是多重权益：有更宽敞的物理空间，更宽大的座椅宽度；还有专属的安检通道，能节省十几分钟的宝贵时间；更能享受安静的环境，免受泡面气味和推车叫卖的干扰。这就如同在投资中，不同风险偏好的投资者会根据自身对风险和收益的权衡选择不同的投资产品或组合。

神经科学研究为投资决策提供了独特的视角。功能磁共振成像（Functional Magnetic Resonance Imaging，fMRI）实验表明，当投资者面对账户回撤时，大脑杏仁核（恐惧中枢）的激活强度与仓位集中度呈正相关。这意味着，仓位越集中，投资者在面对损失时，感受到的恐惧和焦虑就越强烈。通过合理的资产配置，可以在一定程度上降低投资组合的回撤风险，减少单一资产的风险暴露，将神经系统的应激反应控制在可承受的范围内。在现实中，因炒股而心力交瘁的投资者不在少数，其中一个重要原因便是重仓套牢后，心理压力巨大，导致寝食难安。

　　假设有两个投资产品，它们的年化收益率均为 20%，第一个产品在一年中的最大回撤可达 20%，而第二个产品的最大回撤仅为 5%。从表面上看，两者收益相同，但深入分析投资体验和实际操作，就会发现第二个产品明显更具优势。当第一个产品出现 20% 的回撤时，许多投资者可能因无法承受损失带来的心理压力而匆忙选择抛售，从而错失后续的上涨行情。而第二个产品由于回撤较小，投资者更有可能坚定地持有，实现最终的收益目标。

　　资产配置的重要意义就在于提升投资体验。它虽不能直接保证提高投资收益，但却能让投资者在持有投资产品的过程中更加从容淡定，从而有效降低因市场波动而产生的焦虑情绪。

　　常有人向我询问，什么样的资产配置才是最好的配置？在我看来，最好的配置方案是能够让投资者安心睡觉的配置。毕竟，投资并非一场短跑冲刺，而是一场漫长的马拉松，只有稳健的资产组合才能让人在市场的起起落落间保持平和的心态。那么，如何进行科学合理的配置呢？这就不可避免地要提及资产配置模型，它如同投资旅程中的导航仪，为投资者指引方向，帮助投资者在复杂多变的资本市场中找到适合自己的投资路径。

投资模型：构建投资组合的关键

当明确了资产配置的重要性之后，我们需要深入了解一些常见的投资模型，这些模型犹如搭建投资大厦的框架，支撑着我们的投资组合。在投资中，经典的投资模型就如同世代相传的导航罗盘，既凝结着前人的智慧结晶，又需要在现代金融生态中校准方向。

股债模型：基础的风险对冲尝试

在众多投资模型中，股债模型是最为经典的一种，其中"股六债四"模型广为人知。在投资世界的启蒙时代，股债平衡模型如同原始人手中的石斧，用最简单的工具劈开风险管理的混沌世界。所谓"股六债四"模型，指的是将 60% 的资金投入股票，追求资金快速增长；将 40% 的资金配置债券，获取相对稳定的收益。这种看似机械的划分背后，暗合着投资人对确定性与不确定性的永恒博弈。其原理是利用股票和债券的不同表现进行风险对冲，当股票市场表现不佳时，期望债券市场的良好表现能够弥补损失；反之，当股票市场繁荣时，即使债券表现一般，整体组合也能因股票的上涨而获益。

然而，这一模型并非完美无缺。以 2018 年沪深 300 指数全年下跌 25.3% 的极端行情为例，按传统股债模型配置的投资者会遭遇双重打击：股票部分 60 万元可能缩水至 45 万元（假设跌幅为 25%，实际上大多数股票的跌幅远超指数），即便债券部分 40 万元获得 8% 的收益增至 43.2 万元，组合总资产仍然蒸发 11.8%。这暴露出模型的时代局限性：在某些情况下，债券虽然有盈利，但是根本不足以弥补股市的亏损。

不过模型的生命力在于进化，模型并不是刻板地一成不变的。先锋领航（Vanguard）2023 年研究显示，在模型中引入动态平衡机制——当股票跌幅超 20% 时，将债券仓位中的 20% 转换为股票——可使 2018 年组合损失收窄至 7.3%。这启示我们：经典模型不是刻板的教条，而是需要动态迭代优化。

长期以来，中国社保基金也是采取股债搭配的方式进行投资的。早期，社保基金对投资范围有严格限制，投向银行存款和国债的比例不得低于 50%；投向证券基金、股票的比例不得高于 40%；投向企业债、金融债的比例不得高于 10%。据 2025 年 1 月 23 日国新办新闻发布会，财政部副部长廖岷表示，目前全国社保基金的股债投资比例大体为四六开，社保基金成立 20 多年来投资 A 股的平均年化收益率达到 11.6%。

风险平价理论：各资产风险均衡

传统的股债模型往往依据资金占比来分配投资，看似简单明了，实则隐藏着巨大的风险失衡问题。以一个常见的 100 万元投资组合为例，假设股票的年化波动率为 20%，债券为 5%，在传统的"股六债四"模型下，通过计算可以发现，股票贡献了高达 89% 的风险敞口，而债券仅占 11%。这就好比一艘船，大部分重量都集中在一侧，稳定性极差。当遭遇类似 2018 年那样的大熊市时，面对股市暴跌，债市那微薄的盈利在股市的巨大亏损面前，犹如杯水车薪，根本无法起到有效的抵消作用。

在投资中，2008 年金融危机如同一颗重磅炸弹，打破了传统股债模型构建的安稳假象，让众多笃信该模型的投资者遭受重创。然而，就在一片哀鸿遍野之际，桥水基金（Bridgewater）的全天候策略却如同黑暗中的一道曙光，逆市崛起，成功开创了风险管理的崭新时代。

在阐述这个策略之前，先简单回顾一下历史。1982年，墨西哥出现了巨大的债务违约，一场全球债务风暴即将开启。美国持有大量其他国家的债券，似乎难逃一劫。瑞·达利欧多次在公开场合表示，一次大萧条是无法避免的，他的桥水基金重仓持有黄金和美国国债的空头仓位。新任美联储主席保罗·沃尔克（Paul Volcker）一上台就面临一个高通胀的烂摊子，他明确表示要将通货膨胀作为其任内最重要的指标。瑞·达利欧坚信，保罗·沃尔克一定不敢释放流动性。流动性不断地收紧，将导致一次空前的经济衰退。那时候的瑞·达利欧相信一件事情——投资就是更好地预测未来。他只需要坐在那里，等着苹果熟了掉下来就行。

这个时候，瑞·达利欧做出了巨大的误判。保罗·沃尔克竟然开始不断释放流动性。流动性的开关从两年前的收紧变成了放松，因为保罗·沃尔克发现大萧条最本质的原因可能是流动性释放得过晚。于是股市出现了反弹。然而，此时的瑞·达利欧仍然认为美国股市仅仅是一次熊市的反抽。却没有意识到，一场美国历史上最长的牛市就此开启。

伴随着美股牛市的开启，却是瑞·达利欧业绩的滑铁卢。这一次失败也让瑞·达利欧反思，大部分人做投资似乎都是靠天、靠运气吃饭。那么，有什么投资策略不需要靠天吃饭，永远都能给投资者带来稳定的收益呢？他在多年后终于完成了思想的"破局"，开创了桥水基金的全天候基金产品。

全天候基金产品采用全天候策略，其核心的投资思想就是，假定自己不知道未来是什么经济周期，也不知道将来什么资产会表现出色，通过分散化买入各种类别的金融资产，希望在各种经济环境下都能带来稳定的收益。

全天候策略的核心在于不依赖传统的资产配置权重，而是基于风险贡献来构建投资组合。传统的投资组合通常根据资产的预期收益和风险来确定各类资产的比例。例如，股票可能占比较高，债券等占比相对较低。但桥水基金的全天候策略认为，不同资产对组合风险的贡献程度才是更关键的因素。

这里补充说明一下全天候策略和风险平价策略之间的关系。全天候基金在 1996 年就成立了，而风险平价策略是磐安基金（Panagora）的钱恩平（Edward Qian）博士在 2005 年提出的，该策略是先有实践后有理论总结。钱恩平博士认为，风险平价策略就是构建多资产组合，通过使每个风险因子对组合整体的风险贡献权重相等来达到真正意义上的分散风险。这样的总结非常符合全天候策略的本质特征，从理论层面阐释了资产配置中分散风险的底层逻辑。正因如此，后期人们常常将瑞·达利欧的全天候策略纳入风险平价策略的范畴进行讨论和研究。

在桥水基金的全天候策略中，各类资产的配置比例会根据市场情况等因素有所调整，在托尼·罗宾斯(Tony Robbins)的著作《金钱：掌控游戏》（Money: Master the Game）里面，瑞·达利欧在接受作者采访时给出了一组全天候策略资产配置比例的经验数值。

股票：约 30%。通常会分散投资于全球不同市场、不同行业的股票，以获取经济增长带来的收益。例如，这些股票会包括美国、欧洲、亚洲等主要股票市场的大盘蓝筹股、中小盘成长股等，通过广泛分散降低单一股票或市场的风险。

长期债券：约 40%。一般涵盖不同期限的国债，如 10 年期、30 年期等。国债具有较为稳定的收益和相对较低的风险，在经济不稳定或市场波动较大时能起到一定的避险和稳定组合的作用。

中期债券：约 15%。中期债券的期限一般在 3~10 年，其收益和风险特征介于长期国债和短期债券之间，在投资组合中起到平衡风险和收益的作用，可以进一步优化资产配置的稳定性。

黄金和大宗商品：各约 7.5%。大宗商品与其他资产的相关性较低，在通货膨胀或经济结构变化等情况下，能够提供一定的对冲作用，保护投资组合的价值。黄金则带有明显的避险属性，在通胀上行和世界动荡时表现出色。它通过分析各类资产的风险特征，如股票的高波动性、债券的相对稳定性等，运用数学模型和算法调整资产配置比例，使每种资产对投资组合的整体风险贡献大致相等。这样，无论市场环境如何变化，各类资产对组合风险的影响都比较均衡，不会出现某一类资产因大幅波动而过度影响组合风险的情况。

但全天候策略并非包治百病的万能钥匙。市场的变化如同天气般难以预测，当牛市的春风吹起时，风险平价策略的局限性就会凸显出来。由于其股票投资比例相对较低，就像一辆动力不足的汽车，在牛市的赛道上难以全力冲刺。

以 2018 年为例，采取全天候策略的投资者在当年的熊市中或许没有受到太大打击。可到了 2018 年年底，市场风云突变，迎来大幅上涨。此时，如果组合中的股票比例依然维持在较低水平，投资者就只能眼睁睁地看着市场上涨，却无法充分参与其中，踏空随后的大涨行情，错失获取丰厚收益的绝佳机会。

风险预算策略：市场机会的动态调整

风险预算模型的形成是金融领域不断发展和众多学者、从业者共同探索的结果。许多金融学者在资产配置、风险管理等相关领域的研究为风险预算模型提供了理论基础。风险预算策略是一种相对灵活且积极的投资策略，它旨在应对风险平价策略在牛市环境下的局限性，通过动态调整投资组合的仓位，更好地把握市场机会。

风险平价策略虽然在平衡风险方面具有一定优势，但在牛市中，其股票投资比例相对较低，往往无法让投资者充分享受牛市带来的丰厚收益。而风险预算策略的出现就是为了弥补这一不足。该策略要求投资者对未来半年或一年的市场进行深入分析，判断股票、债券、商品等不同资产类别中哪一类更具投资机会，之后据此调整投资组合的仓位。例如，当投资者通过分析认为股票市场在未来一段时间内将迎来上涨行情，具有较大的盈利空间时，就会适当增加股票在投资组合中的比例；反之，如果认为债券市场更具潜力，可能会加大债券的投资。

以 2015 年上半年的 A 股市场为例，在牛市初期，一些具备敏锐市场洞察力的投资者通过对宏观经济数据、政策导向及市场情绪等多方面的分析，预测到股票市场将迎来一轮大幅上涨。于是，他们运用风险预算策略果断增加股票的投资比例，减少债券或其他资产的配置。在这轮牛市中，上证指数从 2014 年 7 月的 2000 点左右一路飙升至 2015 年 6 月的 5178 点，这些投资者通过合理运用风险预算策略，成功地抓住了牛市的红利，获得了丰厚的投资回报。

然而，实施风险预算策略并非易事，其前提是投资者需要对各类资产的未来走势进行合理的逻辑推演。这要求投资者具备多方面的能力和素质。

首先，丰富的市场经验至关重要。市场经验能够帮助投资者更好地理解市场的运行规律，熟悉不同市场环境下各类资产的表现特点，从而在面对复杂的市场情况时能够快速做出判断。

其次，深入的研究分析能力不可或缺。投资者需要对宏观经济数据、行业发展趋势、公司基本面等进行深入研究，挖掘出资产价格变动的潜在因素。

最后，对宏观经济环境的敏锐洞察力也是必备的。宏观经济环境的变化，如经济增长、通货膨胀、货币政策调整等，都会对各类资产的价格产生深远影响。只有敏锐地捕捉到这些变化，才能提前调整投资组合，实现风险可控下的收益最大化。

风险预算模型是风险预算策略的核心工具，它基于风险价值（VaR，Value at Risk）的概念，衡量在一定的置信水平下投资组合可能面临的最大损失。风险预算模型通过设定不同资产的风险预算（允许每类资产在一定时期内承担的最大风险损失）来确定投资组合的最优配置。

尽管风险预算策略具有灵活性和潜在的高收益性，但准确预测市场走势并非易事。市场受到众多因素的影响，包括宏观经济政策的调整、地缘政治事件、突发事件等，这些因素相互交织，使得市场走势充满了不确定性。即使是经验丰富的投资者和专业的投资机构，也难以做到对市场走势的精准预测。因此，风险预算策略的实施难度较大，需要投资者在实践中不断积累经验，提高分析判断能力，同时结合其他投资策略来降低投资风险。

均值-方差模型：追求最优性价比组合

在投资领域的漫长发展历程中，1952 年是一个具有里程碑意义的年份。这一年，哈里·马科维茨（Harry Markowitz）提出的均值-方差模型，彻底改变了投资组合管理的格局，将投资组合优化带入了一个全新的时代。

马科维茨的均值-方差模型，核心在于揭示了投资组合的风险与收益之间的量化关系，而其中"有效边界"的概念更是很好地揭示了风险与收益的终极关系。要理解这个模型，我们可以想象一个二维坐标系，纵轴代表投资组合的预期收益，它象征着投资者渴望获取的回报；横轴则代表投资组合的波动，也就是风险，它如同登山过程中遇到的各种艰难险阻，波动越大，风险越高。

在这个坐标系中，将不同资产或者众多投资组合一一描绘，会形成无数个点。每个点都代表着资产或者投资组合的风险与收益情况。有些点可能代表着高风险、高收益的组合，有些点则可能代表着低风险、低收益的组合，还有些处于两者之间。

均值-方差模型的神奇之处就在于，它能够绘制出一条独特的曲线，这条曲线上的投资组合具有相对较高的性价比，这条曲线就是"有效边界"。处于有效边界上的投资组合在同等风险水平下能够获得最高的预期收益，或者在同等预期收益水平下承担的风险最小。可以说，有效边界为投资者提供了一个理想的投资组合选择范围，指引着他们在风险与收益之间找到最佳衡点。

均值-方差模型的基本原理是基于对投资组合的预期收益和风险的量化计算。预期收益通过资产的预期回报率以及它们在组合中的权重来计算，反映了投资者对投资组合未来收益的期望。而风险则通过资产回报率的方差和协方差来衡量，方差衡量了单一资产回报率的波动程度，协方差则反映了不同资产之间回报率的相关性。通过这些计算，投资者可以清晰地了解每个投资组合的风险收益特征。

为了更形象地理解，我们以股票、债券和商品这三类常见资产为例。股票通常具有较高的预期收益，但风险也相对较大；债券收益相对稳定，风险较低；商品的收益和风险特征则因品种而异。

投资者运用均值-方差模型不断对这三类资产的投资比例进行演算和调整。例如，开始时投资组合中股票占比较高，随着市场情况的变化和模型的计算结果，适当降低股票的比例，增加债券或商品的比例，再计算新组合的风险和收益，观察其在坐标系中的位置变化。通过反复地调整和计算，投资者力求使投资组合落在有效边界上，实现投资组合的优化。

然而，在实际应用中，均值-方差模型也面临一些挑战。市场情况复杂多变，资产的预期回报率会随着时间和市场环境的变化而波动。准确预测这些参数的变化难度较大，这可能导致模型的计算结果与实际情况存在偏差。此外，交易成本、税收等因素在模型中难以精确考量，也会影响投资组合的实际表现。尽管如此，均值-方差模型依然为投资者提供了一个重要的理论框架和分析工具,帮助投资者在投资决策过程中更加科学地权衡风险与收益,为构建合理的投资组合提供有力的指导。

实践中资产配置的步骤

在投资的广阔领域中,资产配置是实现财富稳健增长的关键一环。当我们对经典的投资模型有了一定的了解后,便可以着手进入实际的资产配置流程。这一过程主要包括以下几个重要步骤。

明确风险偏好:投资的起点

在进行资产配置时,明确自身的风险偏好是至关重要的第一步,它是整个投资规划的基石。然而,在实际情况中,许多投资者对自己的风险偏好存在着严重的误判。在牛市末期,市场一片繁荣,资产价格不断攀升,许多投资者受到市场乐观情绪的影响,纷纷加大风险投资,成为激进的进取型投资人;而当熊市末期来临时,市场一片低迷,资产价格大幅下跌,投资者又往往变得极度保守,对风险避之不及。这种在不同市场环境下风险偏好的大幅波动,容易导致投资决策的失误。

在金融实践中,通常采用问卷的方式来确定投资者的风险偏好。例如,高净值投资人在购买私募产品之前,必须完成一套详细的问卷。这一过程在金融领域被称为"了解你的客户"(KYC, Know Your Customer)。问卷内容广泛且细致,涵盖了投资者的财务状况(包括收入水平、资产规模、负债情况等)、投资目标(如短期获利、长期财富增值、资产传承等）、投资经验（如投资年限、参与过的投资品种等）以及最重要的风险承受能力，包括对投资损失的心理承受程度、能够承受的最大损失比例等多个方面。

通过投资者对问卷的回答，专业机构能够运用科学的方法准确判断其风险偏好，进而确定其属于进取型、稳健型还是平衡型投资者。这一步骤的重要性不言而喻，它就如同在航海时确定航向，只有明确了方向，后续的投资行动才会有正确的指引。如果方向错误，即使投资策略再精妙也难以达到预期的目标。

确定资产配置比例：构建投资组合

经过大量复杂的演算以及对海量历史数据的深入分析，再结合经典的均值-方差模型进行验证（通俗的理解是，检验哪种组合可以大致落在最优曲线上），我们可以得出针对不同风险偏好投资者的资产配置比例。

对于进取型投资者而言，将股票、债券、商品按照 7:2:1 的比例进行配置较为合适。假设一位进取型投资者拥有 100 万元资产，那么按照这个比例，他会将 70 万元投资于股票，20 万元投资于债券，10 万元投资于黄金等大宗商品。这种配置方式旨在追求较高的收益，因为股票市场通常具有较高的回报率潜力。同时，配置一定比例的债券和商品，可以在一定程度上分散风险，为进取型投资者带来相对较高的性价比和较好的持有体验。

稳健型投资者更注重资产的稳定性，其资产配置比例为 2 : 7 : 1，即 20 万元投资股票，70 万元投资债券，10 万元投资商品。这种配置通过大幅增加债券投资比例，有效降低了投资组合的整体风险，适合那些风险承受能力较低的投资者。债券的稳定收益可以为投资组合提供较为可靠的现金流，在市场波动时起到稳定器的作用。

平衡型投资者则追求收益与风险的平衡，资产配置比例为5:4:1。这种配置在保证一定收益的同时，将风险控制在一个较为合理的范围内，使投资者在获取资产增值时不会承受过大的风险压力。

需要注意的是，上述这些比例可以作为投资组合的战略中枢，但并非一成不变。市场情况瞬息万变，为了适应市场的动态变化，这些比例会根据市场的最新情况进行微调。例如，当投资者看不清商品的投资逻辑时，可以将商品的比例加到股票或者债券比例上。再比如，对于稳健型投资者，股票、债券和商品的战略比例是2：7：1，若结合当前的市场行情，发现股票市场有一定的上涨潜力，就可以适当地下调债券比例，上浮股票比例，将战术比例调整为3：6：1，以更好地把握市场机会。

细化投资标的：填充投资组合

在确定了资产配置比例后，接下来就要进一步细化具体资产的选择，即明确买什么股票，买什么债券，买什么商品。

在股票投资方面，需要综合考虑市场情况和投资者的风险偏好。市场情况包括整体市场的估值水平、行业发展趋势等。如果市场处于上升阶段，则成长型股票可能更具潜力，因为这类股票通常代表着具有高增长潜力的公司；而在市场震荡或下行阶段，价值型股票可能更为稳健，其价格相对被低估，具有较高的投资价值。同时，还要判断是选择大盘股还是小盘股。大盘股通常市值较大，业绩相对稳定，但增长速度可能较慢；小盘股则具有较高的成长性，但风险也相对较高。

在债券投资方面，要根据市场利率的走势、经济形势等因素来判断选择长债或短债等不同期限的债券产品。当预期市场利率下降时，长期债券价格往往会上涨，此时投资长债可以获得较好的收益；反之，当预期市场利率上升时，短债则更为合适，因为短债的价格受利率波动的影响较小，且能更快地适应新的利率环境。

在商品投资方面，要对黄金、原油等商品的投资进行规划。黄金通常被视为避险资产，在经济不稳定或市场动荡时，其价格往往会上涨；原油则与全球经济形势密切相关，当经济增长强劲时，原油需求增加，价格可能上升。投资者需要根据宏观经济形势和市场预期来合理配置商品资产。

定期评估与调整：保持投资组合的活力

为了确保投资组合始终符合市场变化和投资者的需求，定期评估与调整是必不可少的环节。

每隔1~3个月，投资者需要进行一次业绩归因分析。这就像是给投资组合做一次"体检"，回顾过去一段时间投资组合的业绩表现，详细分析收益或损失的原因。是因为某类资产表现出色带来了收益，还是因为市场环境变化导致了损失？通过总结这些经验教训，投资者可以更好地了解投资组合的优缺点，为后续的调整提供依据。

每隔3个月或半年，还需要对投资组合进行动态平衡。市场变化会导致各类资产的价格波动，从而使投资组合的资产比例偏离初始设定的战略中枢。例如，股票市场上涨可能会导致股票在投资组合中的比例上升，此时就需要适当卖出一部分股票，买入其他资产，使各类资产的投资比例恢复到战略中枢水平。这一过程就像定期对汽车进行保养和调试，确保投资组合始终保持最佳的运行状态，能够在不同的市场环境中稳定地实现投资目标。

资产配置是一个系统性、动态性的过程，需要投资者在明确风险偏好的基础上科学地确定资产配置比例，精心选择投资标的，并定期进行评估与调整。只有这样，才能在复杂多变的投资市场中实现财富的稳健增长。

如何在投资中找到"长坡湿雪"

巴菲特曾说："人生就像滚雪球，最重要的是发现湿雪和长长的山坡。"这句名言形象地揭示了成功的关键在于找到有利条件并持续积累。在投资领域，这句话同样有着深刻的启示意义。财富的积累恰似滚雪球的过程，而降低预期和做好资产配置就是我们在投资道路上找到的"湿雪"和"长长的山坡"。

降低预期，并非降低对财富增长的追求，而是在投资过程中保持理性和冷静。许多投资者在进入市场时往往怀揣着过高的期望，渴望在短时间内实现财富的大幅增值。然而，市场的波动是复杂且难以预测的，过高的预期容易让人在面对市场的起伏时产生焦虑和冲动，做出错误的投资决策。当我们降低预期，以更平和的心态去看待投资收益时，就能够更加从容地应对市场的变化，避免因盲目跟风或过度交易而遭受损失。

做好资产配置是实现财富稳健增长的核心策略。通过合理地将资产分散投资于不同的领域，如股票、债券、基金、房地产等，我们可以有效降低单一资产波动对整体财富的影响。例如，在经济繁荣时期，股票市场可能表现出色，为投资组合带来丰厚的回报；而在经济下行阶段，债券等固定收益类资产则能起到稳定器的作用，减少投资组合的损失。这种多元化的配置方式，就像为我们的财富穿上了一层"防护服"，让我们在资本市场的风雨中能够更好地抵御风险。

在后续的内容中，我们将继续深入探讨资产配置的相关知识。不仅会进一步剖析不同资产的特点和投资技巧，还会将视野延伸到家庭财富管理领域。家庭财富管理涉及家庭成员的不同需求和财务状况，需要综合考虑教育、养老、医疗等多方面的规划。我们将帮助大家构建更加完善的财富管理体系，让投资更加科学、合理。

投资是一场长期的修行，在这条充满挑战的道路上，市场环境不断变化，新的投资理念和工具也层出不穷。希望大家能够保持学习的热情和好奇心，不断提升自己的投资知识和技能，将所学的理论知识应用到实际投资中。通过持续的学习和实践不断总结经验教训，优化投资策略，最终实现自己的财富目标，在投资的道路上收获属于自己的成功。

第 19 讲
守卫好家庭"钱袋子"

在经济环境复杂多变的当下，守护家庭财富成为每个家庭至关重要的课题。经济浪潮时而汹涌澎湃，时而暗流涌动，稍有不慎，家庭财富便可能面临缩水的风险。

这不仅关系到家庭当下的生活品质，能否轻松购置心仪的物件、享受舒适的生活，更影响着未来的发展与稳定，关乎子女教育、养老规划等重要的人生阶段。

接下来，我们将从收入支出平衡、投资认知升级、破解返贫密码等维度深入探讨守护家庭钱袋子的有效策略。收入支出平衡是家庭财富稳固的基石，只有合理规划收支，避免入不敷出，才能让财富稳步积累。投资认知升级则如同为家庭财富的增长插上翅膀，只有摒弃盲目跟风，深入学习价值投资理念，识别优质投资标的，才能在资本市场里收获丰厚的回报。而破解返贫密码，是应对突发风险的关键，投资者要通过合理配置保险、构建多元化资产组合等方式为家庭财富筑牢坚实的防线，以确保在风雨来临时家庭经济依然能够平稳运行。

实现收入与支出的动态平衡

在家庭财富管理中，提升赚钱效率是实现财富增长的重要基石。我们不应仅仅关注赚钱的数量，更要将目光聚焦于赚钱的效率。赚钱的方式大致可分为几个不同维度：通过付出自己的时间获取报酬，这就是常见的打工模式；运用自己的资金进行投资以获取收益，即借助资本的力量；利用他人的时间创造价值，即成为雇主；借助他人的资金进行投资，也就是使用杠杆。

每个人都应审视自己目前处于哪个维度，并思考如何向更高的维度迈进，以提升赚钱效率。例如，一位普通上班族可以通过学习投资理财知识逐步将部分工资转化为资本，尝试获取投资收益，实现从单纯依靠时间赚钱向利用资本赚钱的转变。当然，在现实生活中也可能出现辛辛苦苦炒股一年，却赔上一年工资的无奈场景。

除了提升赚钱的效率，合理控制支出同样关键，其中"消费降级"的理念值得我们深入探讨。消费降级并非在经济陷入困境时才采取的无奈之举，实际上，在经济螺旋式上升的过程中，我们需要根据经济周期的变化，在特定年份主动进行消费调整。经济发展通常遵循萧条、复苏、繁荣、衰退的循环规律，当经济从繁荣走向衰退时，适当降低消费层级是明智的选择。

例如，在繁荣期，人们可能热衷于购买高端奢侈品；但进入衰退期，就可以选择性价比更高的替代产品。当然，消费降级绝非意味着生活质量的下降，而是追求一种"有品质的简朴，有节俭的丰盛"。以购买服装为例，在消费降级时可以选择简约而不失品质的基本款，通过巧妙搭配同样能展现出个人风格，同时又能节省开支。

在日常生活中，我们面临着各种各样的支出，这些支出涵盖了生活的方方面面，好像没有花不出去的钱。高频支出包括吃饭、交通、水电、护肤品等支出，用于提升生活品质的支出有购买衣服、外出就餐、购置黄金首饰等支出，还有房租、保险费、物业费等低频大额支出，以及诸如生育和养育孩子、购房换房、装修、买车换车等长期大额支出。面对如此繁多的支出项目，如何才能有效地把钱存下来呢？

首先，在工资到账后，应预先规划并预留必要的开支。例如，若每月必要支出为 1 万元，那么就将剩余的工资转到专门的固定银行卡中，除非遇到特殊情况，坚决不动用这笔资金。

其次，坚持记账也是行之有效的方法。通过详细记录每天的餐饮、交通等必要开销，我们能够清晰地了解每一笔钱的去向。

最后，"10/50 存钱法则"也颇具成效。储蓄并非仅仅是把钱存放在银行，而是一种对未来自己的支付。假设每月工资为 2 万元，每月强制储蓄10%，即 2000 元；对于意外收入，如奖金、加薪等，将其中的50%存下来。长此以往，这些小额储蓄将积少成多，为家庭财富的积累打下坚实的基础。

现代家庭的财富积累已超越简单的劳动时间交换模式，呈现出逐级进阶的路径。这种结构性变革本质上是数字经济时代对传统收入范式的颠覆与重构。当家庭流动资产突破 50 万元门槛时，资本增值维度开始显现复利的威力。以 300 万元资产配置为例，保守型组合可通过大额存单、债券基金、货币基金等实现每年 3%左右的收益；平衡型组合配置指数基金、债券基金等，预计可实现每年 6%左右的收益（拉长时间）；进取型组合投资通过提高股票资产的比重，同时搭配债券基金、CTA 策略等产品，预计可实现每年 10%以上的收益（拉长时间）。当然，进取型组合的波动也是最大的。

当所配置的资产达到 500 万元时，被动收入已能覆盖二三线城市的家庭全年 15 万元的平均消费支出，这验证了资本增值的维度具备指数级财富加速度的特征。当一个家庭构建了多维度收入矩阵，同时控制不合理的支出时，家庭财富就会像雪球一样，慢慢滚动起来。

升级投资认知，避免盲目自信

在财富积累的长路上，最为隐蔽且危险的陷阱，并非市场的起伏波动，而是人们对自身能力的过度高估。这种高估，如同在迷雾中自我膨胀，将时代赋予的红利错认为是个人能力的卓越体现，把行业发展的浪潮误当作自身的过硬本领。直到行业发展的潮水退去，才惊觉自己在财富的沙滩上"裸泳"，一切不过是虚幻的泡沫。

曾经，教培行业的精英、互联网大厂的高管及房地产销售冠军，他们无疑都是各自黄金时代的天之骄子，拿着百万年薪，住着千万豪宅，享受着成功的荣耀。然而，当行业风向陡然转变，曾经的辉煌瞬间崩塌。他们就像乘坐电梯上升的乘客，在电梯正常运行时，能够轻松地抵达高处，享受成功的快感。很多人的成功源于走上了"电梯"，而不是自己有多么努力。一旦电梯停运，便只能徒留一身虚幻的骄傲，在现实面前显得非常无力。

在过去的二十年里，中国经济犹如一列高速行驶的列车，途经无数风口。以一位房地产销售总监的经历为例，在 2015 至 2018 年间，他凭借房地产市场的繁荣，年均收入超过 300 万元。他坚信这是自己"谈判能力强""客户资源广"的结果。但在"房住不炒"的政策落地后，房企"爆雷"潮席卷行业，市场形势急转直下。此时，即便他使出浑身解数，同样的销售技巧却再也无法签下订单。直到这一刻他或许才明白，当年客户抢着付定金的热情，并非主要源于他的口才，而是房价至少年涨10%的预期在背后推波助澜。这也再次印证了投资界的铁律：牛市里，仿佛人人都能成为股神，可只有在熊市，才能真正检验出一个人的投资能力。

2015 年 5 月，在一场大型投资沙龙结束后，一位投资者得意洋洋地向我询问当年的收益率。从他的神态举止中，我清晰地察觉到，他并非真心想听我的收益情况，而是急于展示自己的成果。果不其然，他随后兴奋地告诉我，他不仅重仓，还融资买入了一家中字头公司的股票，年内收益已达 4 倍。他信心满满，自然也将我"保住胜利果实"的提醒抛诸脑后。

然而，仅仅一个多月后，悲剧便上演了。市场出现超级大调整，他所有的盈利很快化为乌有，全部还给了市场。后来，营业部总经理向我吐槽，这位投资者竟要与营业部打官司，理由是他发现自己似乎不满足融资融券的开通条件，于是怪罪营业部违规为他开通了融资融券业务。

真正的投资认知的觉醒，始于对三个本质问题的深度追问：财富究竟是源于劳动时间的变现，还是资本增值的复利效应？在行业大势面前，个人能力究竟占据多大的权重？当黑天鹅事件降临时，我们的财富护城河又能否抵御冲击？

财富安全的保障，并非依靠追逐风口的盲目冲动，而是依赖于构建能够穿透经济周期的认知体系。当教培巨头转型直播带货、房企探索长租公寓、互联网大厂裁员优化时，清醒的投资者看到的并非仅仅是危机，而是认知进化的倒逼机制。这是一个促使我们重新审视自我、提升认知的契机。

在投资的道路上，认知升级是一场永无止境的马拉松，最终的赢家永远是那些对市场怀有敬畏之心、对自我保持清醒认知的"乐观主义者"。明白自己的认知局限，清楚自己不知道什么，往往比单纯知道某些知识更为重要。在财富的棋局中，留够安全边际的防守策略，往往比激进的进攻更能让我们走得长远，实现财富的稳健增长。

时刻警惕风险，避免一夜返贫

家庭财富管理，宛如驾驭一艘航行于浩瀚经济海洋中的巨轮，方向的把控固然重要，但对潜藏风险的警惕，更是关乎这艘巨轮能否平稳续航的关键。一旦疏忽，就如同当年号称"永不沉没"的泰坦尼克号，哪怕只有一次严重失误，也可能导致满盘皆输的惨痛结局。在宏观经济周期频繁波动与产业结构加速转型的双重压力之下，几次不当的决策便极有可能让看似坚如磐石的家庭财富瞬间沉入深渊。

在投资领域中，致使家庭财富一夜返贫的风险，常常源自投资者认知层面的偏差。以商铺投资神话的破灭为例，其教训极为深刻。2018 年，杭州的一位投资者怀揣着财富增值的美好愿景，以 1200 万元的高价购入了一处临街商铺，彼时预期的年租金收益率可达8%。然而，市场环境风云变幻，随着社区团购与直播电商等新兴商业模式的强势崛起，传统的实体商业遭受了巨大冲击。该商铺的空置期从原本的三个月迅速延长至十个月，最终投资者无奈之下，只能以 700 万元的低价忍痛抛售，累计亏损超过 500 万元。这一案例深刻揭示了实体商业底层逻辑的巨大变迁——曾经被视为商业核心价值的地段，如今正逐步被新兴的流量算法所重构，那句曾经广为流传的"一铺旺三代",可能成了过去式。

而在股票投资领域,认知陷阱所带来的杀伤力更为惊人。回溯到 2015 年牛市期间,我身边的一位投资者在沪指 4800 点的高位大胆融资 300 万元,重仓创业板股票,杠杆比例高达 1：3。他满心期待着财富能够随着牛市的浪潮一路向上,却未曾料到风险正悄然逼近。当股灾突然降临时,其持仓个股连续跌停,资产迅速缩水。最终,在被强制平仓后,他不仅血本无归,还倒欠券商 80 万元。这场悲剧的根源在于投资者的双重误判:一方面高估了自己精准把握市场时机的能力,另一方面则严重低估了市场剧烈波动所蕴含的巨大破坏力。历史数据清晰地显示,A 股个人投资者在牛市中的亏损概率反而比熊市要高得多。这一现象恰似赌场精心设计的陷阱——在一片狂欢的氛围之中,投资者的理性防线最容易被摧毁。

为了有效地防范家庭财富返贫的风险,构建一套完善的家庭资产风险防御体系势在必行。这一体系可从三个关键维度着手构建。

第一,筑牢流动性防火墙。建议家庭储备相当于 6~12 个月支出的现金类资产,并合理配置货币基金、国债逆回购等高流动性工具,以确保在突发情况下家庭资金链的稳定。

第二,严守债务安全边际。房贷月供应控制在家庭月收入的 40% 以内,而经营贷等高风险债务则需与核心资产进行有效隔离,避免因债务问题引发家庭财富的系统性风险。

第三,建立认知升级机制,定期开展压力测试,模拟失业、疾病、市场暴跌等极端场景下家庭的现金流状况,提前做好应对预案,不断提升家庭财富管理的风险意识与应对能力。

在当下，数字经济正以前所未有的速度重构商业逻辑，老龄化的加剧也使得社会保障压力日益增大，家庭财富安全早已不再是简单的算术题，而是演变成了一项复杂的系统工程。当我们在追逐每一个看似诱人的投资风口时，务必谨记巴菲特的那句警示："只有当潮水退去时，才知道谁在裸泳。"家庭财富管理的终极智慧或许就蕴含在这句古老的中国古训之中："不谋全局者，不足谋一域。"唯有从全局的高度出发，全面考量家庭财富管理中的各种风险与机遇，才能在复杂多变的经济环境中守护好家庭财富的安全，实现财富的稳健增长。

做好财富规划，方能稳健增长

不同的家庭财富规划会呈现出千差万别的财富曲线，深刻影响着家庭的经济命运和生活质量。

在现实生活中，一种常见的财富曲线是钟型形态。无数年轻人怀揣着梦想步入社会，大学毕业后便开启了职场生涯，工资成为维持生活运转的主要经济来源。在40岁左右这个人生的黄金阶段，他们积累了丰富的工作经验，职业发展达到巅峰，收入也随之达到最大值。然而，人生的道路并非一帆风顺，后续可能会遭遇种种变故。或许是行业的变革导致失业，又或许是到了退休的年纪告别职场。无论何种原因，收入都会逐渐减少，甚至完全停止。

倘若这样的家庭没有提前进行合理的投资规划，家庭支出仅仅依赖工资和退休金，就很容易陷入坐吃山空的困境。他们可能在面对突发的生活开销时捉襟见肘，在规划子女教育、赡养老人等重大事项时感到力不从心，生活质量也会随之大幅下降。

与之形成鲜明反差的是那些善于规划、合理投资的家庭，他们的财富曲线呈现出充满希望的喇叭形。这类家庭深知财富增值的奥秘，不仅拥有稳定的工资收入作为财富的基石，而且高度重视通过合理的投资渠道实现财富的稳健增长。

举一个简单的例子，假设一个家庭拥有 100 万元本金，以 7% 的年化收益率进行投资。在复利的神奇作用下，10 年后，这笔资金将神奇地翻倍，达到 200 万元。而当时间跨度拉长到 30 年，100 万元有望像滚雪球一样增长至七八百万元。这一数据背后彰显的是复利的强大力量。

复利的本质是将每一期的利息加入本金再计算下一期的利息，如此循环往复，利滚利的效果随着时间的积累愈发显著。然而，要实现这样的复利增长，关键在于保持投资的稳定性和持续性。这就要求我们摒弃那些冒险、赌博式的投资方式。例如，过度加杠杆，在投资中过度借贷，一旦市场出现波动就可能面临巨大的偿债压力，甚至血本无归。再如，盲目投资股票，不了解股票背后公司的基本面，仅凭运气或他人建议进行投资，往往容易遭受损失。尽管 7% 的年化收益在短期内看似并不起眼，甚至可能被一些追求高回报的投资者所轻视，但正是这种看似平淡的收益率在长期的积累过程中能够为家庭财富带来稳健且可观的增长。

为了切实守护好家庭财富，我们还可以采用一系列行之有效的具体策略，不妨将其形象地称为"保命九件套"。

首先，在工作之余，积极开拓正现金流渠道是至关重要的。每个人都拥有自己独特的兴趣和能力，我们可以充分挖掘这些优势，寻找适合自己的增收方式。例如，擅长写作的人可以利用业余时间进行自媒体创作；对投资理财有一定研究的人可以学习专业知识，合理配置资产；拥有手工技艺的人可以在电商平台开设店铺。这些副业不仅能够增加家庭收入，还能为生活增添乐趣和成就感。

其次，养成良好的消费习惯是财富积累的重要一环。我们要学会减少非必要的日常开销，避免陷入盲目消费的陷阱。在购物时，不被商家的促销手段所迷惑，不盲目跟风购买一些华而不实的商品。同时，定期对家庭开销进行复盘，分析每一笔支出的必要性，找出可以节省的开支项目，将资金用在刀刃上。

在投资领域，保持理性和谨慎是避免财富损失的关键。对于那些看不懂的投资项目，无论他人如何鼓吹其高额回报，都要坚决保持警惕，千万不要盲目跟风投资。在创业加盟方面，更要慎之又慎。如果对某个行业和项目缺乏足够的了解，仅仅凭借一时的热情和冲动就贸然涉足，很可能将面临失败的风险，不仅投入的资金打了水漂，还可能背负债务。

再者，摒弃盲目攀比的心态对于家庭财富管理也至关重要。在现实生活中，我们常常会受到周围环境的影响，如看到别人购买了大房子、豪车，或者为孩子提供了昂贵的教育资源，就盲目跟风。这种盲目攀比的行为不仅会给自己和家庭带来沉重的经济负担，还可能导致家庭关系紧张。

在家庭资产的管理中做好个人资产和公司资产的隔离是一项重要的风险防范措施。如果个人资产与公司资产混为一谈，一旦公司出现经营问题、债务纠纷等情况，个人资产就可能受到牵连，承担连带责任。例如，一些创业者在经营公司时，将个人的房产、存款等资产用于公司的担保或资金周转，当公司面临破产清算时，个人资产也会被用于偿还公司债务，导致家庭财富遭受重创。

在负债管理方面，合理的债务规划可以减轻家庭的经济压力。我们可以将不同金融机构的贷款利率做对比，用低利率贷款替换高利率贷款，降低利息支出。同时，要合理地控制债务规模，避免过度借贷，确保每月的还款金额在家庭可承受的范围内，避免因债务问题影响家庭的正常生活。

最后，家庭成员定期进行体检是守护家庭财富的重要防线。健康是家庭幸福的基石，一旦家庭成员患上重大疾病，不仅会给患者带来身体和精神上的痛苦，还可能导致家庭面临高额的医疗费用。这些费用可能会耗尽家庭的积蓄，甚至使家庭陷入债务危机。通过定期体检可以早期发现潜在的健康问题，及时进行治疗，降低治疗成本，保障家庭财富不会因病致贫。

守护家庭钱袋子是一项系统而复杂的工程，需要从多个维度入手，要不断提升赚钱和存钱的效率，通过学习和实践提高专业技能和投资理财能力，增加家庭收入。同时，要提高自身的认知水平，了解市场规律和投资风险，避免陷入各种投资陷阱。还要时刻警惕返贫风险，提前做好风险防范措施。只有这样才能在复杂多变的经济环境中确保家庭财富的安全与稳定增长。

第 20 讲
家庭财富中的资产分类

　　在家庭财富管理的复杂体系中，清晰地认识各类资产是开启财富增长大门的关键钥匙。合理的资产配置能够有效地分散风险，实现财富的稳健增值，为家庭的经济稳定和未来发展奠定坚实的基础。家庭财富管理绝非简单的资金堆砌，而是一门精密的艺术，每类资产都在其中扮演着独特的角色。

　　接下来，我们将深入剖析家庭财富中的资产分类，从常见资产的历史收益情况，到各大类资产的详细分类，再到投资过程中需要关注的关键要点，全面解锁家庭财富管理的奥秘。就拿股票资产来说，回顾历史，在经济繁荣时期，部分优质股票收益丰厚，堪称财富增长的"冲锋兵"，但同时也伴随着高风险。而债券资产，如同沉稳的"压舱石"，收益相对稳定，能在市场波动时提供一定的支撑。我们在投资时要关注宏观经济走势、行业发展前景等要点，进而精准地把握各类资产的投资时机，让家庭财富在合理配置中实现持续增长。

大类资产分类及逻辑

现金类与货币资产：流动性基石

　　现金类资产是家庭财富的流动性基石，它就像家庭财富这座大厦的"应急储备金",包括我们日常持有的现金以及具有高度流动性的货币资产。在日常生活中,现金类资产能随时满足家庭的紧急资金需求,无论是应对突发的疾病、意外的维修费用,还是抓住转瞬即逝的投资机会,它都能迅速发挥作用,确保家庭经济的正常运转。例如,当家庭成员突然生病需要紧急就医时,现金类资产可以立即派上用场,避免因资金短缺而延误治疗。

持有现金类资产需警惕通胀侵蚀。进阶配置可考虑短债 ETF(如跟踪 1~3 年国债指数的基金)或智能存款工具(如阶梯式定存),在保持 T+0 流动性的同时争取 2.5%~3% 的年化收益。

债券类:资产压舱石

债券类资产在家庭资产配置中扮演着"压舱石"的重要角色,它为家庭财富的稳定航行提供了坚实的保障。债券的收益相对稳定,风险较低,其稳定的特性能够抵御资本市场波动的风浪。当股票市场遭遇大幅下跌时,债券市场往往能够保持相对稳定,甚至出现上涨,从而平衡家庭资产组合的整体风险,为家庭财富保驾护航。

证券类:多元策略集合

证券类资产是一个多元化的投资领域,股票只是其中的一部分,证券类资产犹如一座丰富多彩的投资宝藏库。除了股票,还涵盖了宏观策略、管理期货 CTA 策略、复合策略、中性策略等众多不同类别的策略。

这意味着家庭在进行财富管理时可选择的投资方式极为丰富,能够根据自身的风险承受能力、投资目标和市场环境进行灵活配置。

例如，对于风险偏好较高的家庭，可以适当增加股票和部分高风险、高收益的私募策略投资；而对于风险偏好较低的家庭，则可以侧重于较为稳健的债券策略、中性策略等投资。

在证券类资产中股票投资备受关注，但它的波动性较大。而基金投资，看似简单，实则暗藏玄机。目前，市场上股票数量超过五千家，公募加私募的基金数量更是多达上万家，令人眼花缭乱。

私募投资也并非一帆风顺，其不透明的特性使得投资风险相对较高。私募包含多种策略，如股票策略、中性策略、债券策略、FOF（Fund of Funds，基金中的基金）组合基金、宏观策略等。虽然在熊市中，部分策略如债券策略、CTA策略、股票中性策略、复合策略等能够实现净值上涨，但投资者往往对这些策略缺乏深入了解，容易追逐过去表现好的网红产品。因此，无论是股票、公募还是私募投资，都必须深入了解其底层资产，根据自身情况进行合理的搭配。

保险类：家庭财富护盾

保险类资产是家庭财富的重要保障，它就像为家庭财富穿上了一层坚固的"防护服"。其中，保险遵循"双十定律"，即保险总额度不少于家庭年收入的十倍，家庭年总保费支出约占家庭收入的10%。保险能够有效地解决人生中的潜在风险，保护家庭资产免受重大损失。例如，重疾险可以在家庭成员患上重大疾病时提供经济支持，减轻家庭的医疗负担；意外险可以在遭遇意外事故时给予相应的赔偿，保障家庭的经济稳定。

海外资产：机遇与风险并存

海外资产投资是家庭财富管理的一个拓展方向，它为家庭提供了参与全球经济发展的机会，但同时也伴随着较高的风险。投资海外资产，如 QDII 产品、海外货币、汇率产品或基金等，需要特别注意投资渠道的正规性和产品管理人的可靠性。由于海外市场存在汇率波动、文化差异、政策变化等多种不确定因素，所以投资风险较大。例如，汇率的大幅波动可能导致投资收益大幅缩水，甚至出现亏损；对海外产品管理人缺乏了解，可能会陷入投资陷阱，导致资金难以收回。因此，投资者在投资海外资产时务必谨慎选择，确保投资安全。

另类资产：变现难题与投资门槛

另类资产包括股权、商铺、矿业、艺术品等，这些资产通常具有独特的投资价值，但也存在明显的局限性。它们的最大特点是变现难度较大，如同被锁在保险柜里的宝藏，难以轻易取出。以公司股权为例，当投资者想要转让股权时，如果没有合适的接盘人就很难实现交易；艺术品市场也常常出现有价无市的情况，即使市场价格较高，但在实际出售时却可能无人问津。对于资产量达到一亿元或几亿元的高净值家庭来说，另类资产可能是资产配置中不可或缺的一部分，能够进一步分散风险，实现资产的多元化。然而，对于资产量只有几百万元或上千万元的家庭来说，由于其变现困难和投资风险较高，建议谨慎投资，少碰为妙。

各类资产收益与风险特征

当我们站在财富管理的十字路口，各类资产犹如风格迥异的交通工具——有的如同疾驰的高铁带来财富的跃升，有的如同颠簸的越野车考验心理承受能力，还有的像平稳的渡轮默默守护着资产的安全。理解各类资产的收益与风险特征，就如同掌握不同车辆的驾驶手册，能让家庭财富的旅程充满乐趣。

伦敦金银市场协会是全球重要的现货黄金场外市场和全球现货黄金的定价中心，根据其官方数据，1977 年每盎司黄金的年度平均价格为 148 美元/盎司，到 2024 年，黄金最高价冲破了 2700 美元/盎司。不考虑通胀影响，1977—2024 年，黄金的年化收益率大概是 6.3%。

2025 年是巴菲特接管伯克希尔哈撒韦公司 60 周年，一个甲子的时间，巴菲特把自己和伯克希尔哈撒韦做成了一个传奇。2025 年 2 月，巴菲特再次发布新的致股东公开信。这封公开信透露出巴菲特对现金、股票等资产的清晰观点。

2024 年，伯克希尔哈撒韦每股市值的增幅为 25.5%，标普 500 指数的增幅为 25%。长期来看，1965—2024 年，伯克希尔哈撒韦每股市值的复合年增长率为 19.9%，明显超过标普 500 指数的 10.4%。1964—2024 年，伯克希尔哈撒韦的市值增长了 55 022 倍，而标普 500 指数仅增长了 390 倍。（数据引自 2025 年巴菲特致股东信）

巴菲特在信中明确表示，伯克希尔哈撒韦将永远把大部分资金投资于股票。他认为，优秀的企业和个人通常能找到应对货币不稳定的方法，纸币的价值可能会因财政愚蠢而蒸发。固定票息债券无法抵御失控的货币。

1965—2024 年，标普 500 指数复合年增长率为 10.4%，虽然远不及伯克希尔哈撒韦每股市值的复合年增长率，但也能体现复利的威力。投资中要拿到标普 500 指数 10.4% 的复利并不轻松，这要忍受相当大的波动——2000 年互联网泡沫破裂时指数腰斩，2008 年金融危机时暴跌将近 60%，这些时刻都在提醒我们：股票市场的高回报永远与高风险如影随形。当然，"年幼"的 A 股相对于"年迈"的美股，其波动性自然是有过之而无不及。

在资本市场"雨林"中，股票投资恰似寻找具有顽强生命力的稀有植株，既有茅台这样 20 多年上涨几百倍的参天巨木，也有无数退市公司化作朽木。2015 年暴风科技创造了 37 连板的神话，其股价从 7.14 元疯涨至 300 元以上仅用三个月（深交所记录），却在 2020 年暴跌到 0.28 元退市。这种过山车式的剧情不断警醒投资者：辨别真正具备持续生长能力的公司至关重要。

中国资本市场的基因图谱始自 1990 年 12 月 19 日上海证券大厦的那记历史性开市锣声。延中实业（现方正科技）、真空电子（现云赛智联）、飞乐音响等八家试点企业，开启了国内资本启蒙运动。30 多年后，"老八股"的命运成为观察企业进化论的绝佳窗口。

如今，方正科技（原延中实业）、云赛智联（原真空电子）、飞乐音响、豫园股份等公司仍活跃于 A 股市场，而退市的"浙江凤凰"和"爱使股份"，终因治理缺陷被时代淘汰。"老八股"的兴衰既是中国经济结构转型的缩影，也见证了资本市场从稚嫩走向成熟的历程。

这个过程也从侧面提示投资者，股票投资绝非易事，纵有"老八股"的光环，公司发展不好也会退市。

股票投资不简单，基金投资也并非易事。在进行基金研究时，需要综合考虑多方面因素，定量评价和定性评价缺一不可。定量评价包括对过往业绩、各种指标的分析，而定性评价则需要与基金管理人、基金经理进行深入交流，了解其投资理念是否能够知行合一。然而，许多投资者在选择基金时往往只关注过去半年表现最好的网红基金，盲目追高，结果往往在高点买入，导致投资体验不佳，这就像在错误的时间登上了一艘正在下沉的船。

房地产创造了不少财富神话，但 2021 年恒大债务危机掀开了行业转型的序幕，核心城市的优质房产与三四线滞销楼盘的分化宣告着"闭眼买房"时代的终结。信托产品大多依托于房地产，随着地产价格风光不再，信托产品刚兑被打破，投资者深刻地认识到：8%的预期收益背后，可能是本金的永久损失。

真正的投资智慧在于理解不同资产如同四季更替般的周期轮动。20 世纪 80 年代的债券牛市、90 年代的股票狂飙、2000 年后的房地产黄金时代、2010 年至今的科技股盛宴，每个十年都在演绎着不同的大类资产财富故事。而未来的赢家，必将是那些既能读懂资产语言，又能驾驭人性弱点的理性投资者。他们深知，没有永远上涨的资产，只有与时俱进的配置策略；没有绝对安全的避风港，只有动态平衡的风险管理。这或许就是穿越经济周期的投资心法。

大类资产配置与风险控制

被誉为"市场温度计"的巴菲特指标，其精妙之处在于将虚拟经济与实体经济置于同一维度。股市总市值与 GDP 的比值，本质上是将资本市场的定价锚定在国家经济总量之上。

以 2024 年年末数据观测，中国 A 股的总市值约 85 万亿元，加上港股和中概股，对应约 135 万亿元 GDP，国内的巴菲特指标在 90% 左右。反观美国股市 200% 的夸张比值，即便有科技巨头们作为支撑，这个数字依然让价值投资者保持警觉。

历史数据揭示规律：当该指标突破 150% 时，未来十年股市的年化收益率往往低于国债；而当其低于 100%，甚至 80% 时，股票资产的配置价值便会显现。不过，这个指标需要辩证地运用——在注册制改革深化、直接融资比重提升的背景下，中国股市市值/GDP 比值的合理区间正在系统性上移。

与巴菲特指标形成互补的是被称为"恐慌指数"的 VIX（Volatility Index）波动率指数。2020 年 3 月新冠疫情暴发时，VIX 指数飙升至 82.69 的历史峰值。此时若投资者能坚守风险控制纪律，将股票仓位保持"轻仓"水平，便可规避后续大幅的净值回撤。更具前瞻性的"美债收益率曲线倒挂"指标，在 2019 年 8 月首次发出预警，精准预言了 2020 年的经济衰退。这些指标共同编织成风险监测网络，帮助投资者在市场狂热时保持清醒，在恐慌弥漫时捕捉机遇。

风险控制的艺术在于构建多层次的防御体系。第一道防线是仓位管理。当组合波动率突破预设阈值时，应先启动动态再平衡机制：

2022 年，某家族办公室在纳斯达克指数跌破年线时将权益仓位从70%阶梯式下调至 45%，同时增配黄金 ETF 和抗通胀债券，最终使全年的回撤显著优于市场 25%的跌幅。

第二道防线是品种对冲，利用资产间的负相关性平抑波动。如股票与债券，在股市上扬时，债券或许平稳；在股市下跌时，债券却可能逆势上扬。只要合理搭配这类负相关资产，就能有效地缓解投资组合的大幅震荡。

第三道防线则是极端情景下的压力测试，模拟 2008 年式金融危机、2020 年"疫情黑天鹅"等极端场景，确保组合在 99%的压力情境下最大回撤不超过 30%。

对于可投资产超千万元的高净值家庭，可适当借鉴社保基金的"股四债六"配置，建立"核心加卫星"架构，如核心资产（60%）配置于国债、高等级信用债、中性产品等低波动品种，卫星资产（40%）分散至股票、指数基金、股权基金等高风险领域。在实践中，投资者也可以根据自身情况灵活调整比例。

不同生命周期需要差异化的配置密码。对于 30 岁单身新贵的配置，其股票资产权重较大，如同驾驶跑车追求速度与激情；40 岁三口之家的配置，讲究股票、债券等资产的相对均衡，宛如驾驶 SUV 兼顾速度与舒适性；60 岁退休家庭的配置，债券资产比例要大幅提升，开始演变为选择邮轮享受平稳旅程。接下来的认知旅程，我们将深入解密资产配置的具体方法论，从战略规划到战术执行，从工具选择到行为修正，一步步搭建起经得起时间考验的财富大厦。

第 21 讲
家庭资产的配置思路

　　在家庭财富管理中，深入了解家庭财富的现状与分布格局，是我们开启合理资产配置之旅的关键起点。家庭财富并非孤立存在，它与社会经济环境紧密相连，时代的浪潮在每个家庭的财富账本上都留下了独特的印记。

　　从宏观层面看，不同地区、不同阶层家庭财富的巨大差异反映了经济发展的不平衡与资源分配的不均。在一线城市，房产价格的高涨让许多家庭资产看似丰厚，可扣除房产后真正能灵活支配的可投资资产却可能捉襟见肘；而在一些经济欠发达地区，家庭财富总量本就有限，资产配置更是缺乏多样性。

　　从微观角度来看，每个家庭的收入来源、支出结构、人口结构等因素都不尽相同。只有深入剖析这些现状，明晰家庭财富的来龙去脉，我们才能精准地定位需求，为后续的资产配置筑牢根基，让每一分钱都能在合理的规划下发挥出最大价值。

中国家庭资产配置的结构性失衡

　　在当下的经济格局中，中国家庭资产配置长期存在结构性失衡现象，这是家庭财富管理的关键问题，它深刻反映了我国经济发展的阶段性特征。这一现象犹如一面镜子，映射出家庭财富积累的模式与经济发展脉络的交织关系，对家庭财富的稳健增长和国家经济的健康发展都有着深远影响。

根据《2023 年胡润财富报告》，截至 2023 年 1 月 1 日，中国家庭财富格局呈现出鲜明的层次。拥有 600 万元资产的"富裕家庭"已达 514 万户，然而其中拥有 600 万元可投资资产的"富裕家庭"仅为 185 万户；拥有千万元资产的"高净值家庭"达 208 万户，而拥有千万元可投资资产的"高净值家庭"为 110 万户；拥有亿元资产的"超高净值家庭"有 13.3 万户，其中拥有亿元可投资资产的"超高净值家庭"为 8.0 万户；拥有 3000 万美元的"国际超高净值家庭"是 8.8 万户，拥有 3000 万美元可投资资产的"国际超高净值家庭"为 5.5 万户。

这些数据精准地勾勒出不同财富层级家庭的分布轮廓，也为后续探讨资产配置结构提供了重要依据。在诸如北京、上海、广州、深圳等一线城市，房地产市场的繁荣使得房产价值动辄可达数百万元。从表面上看，这使得拥有一定资产的家庭数量显得颇为可观。但当我们深入剖析，扣除房产等固定资产后，真正拥有可投资资产的家庭数量便大幅缩水。

这揭示出我国居民财富结构中的一个显著特征——房产在家庭资产中占据着压倒性的权重。与发达国家相比，这种结构差异尤为明显。在发达国家，家庭资产配置更为多元化，金融资产、权益类资产等在家庭资产中占据较大比重，而中国家庭资产中房产的占比却一枝独秀，这成为中国家庭资产配置结构性失衡的核心表现。

中国家庭对房产的过度执着有着深刻的历史渊源和社会背景。

回溯 1998 年，住房商品化改革犹如一声号角，拉开了财富重建运动的大幕。自此，房产摇身一变，成为众多家庭实现阶层跨越的核心工具。在漫长的发展进程中，房产不仅承载着居住的基本功能，更逐渐演变为财富积累和增值的重要载体，为无数家庭带来了财富的增长与安全感。

然而，随着经济的发展和市场环境的变化，房产的财富储存功能和财富增值功能正逐渐减弱。曾经稳固的"砖头本位"资产配置模式正面临着前所未有的挑战。但挑战与机遇并存，中国家庭必然会完成从房地产"砖头本位"到以金融为主、多元配置的历史性跨越。在这个过程中，阵痛在所难免，市场波动、观念转变等都可能带来一时的不适。但那些率先建立起现代财富管理认知的家庭，将在经济转型的浪潮中抢占先机。

家庭财富管理视角：短期与长期的平衡之道

在家庭财富管理的复杂棋局中，短期与长期视角共同勾勒出家庭财富发展的全貌。只有精准地把握这两个视角的平衡之道，才能实现家庭财富的稳健增长与传承。

对很多家庭来说，结婚之前是浪漫的"花前月下"，是"琴棋书画诗酒花"，结婚之后，就是天天要花钱的"柴米油盐酱醋茶"。

从短期视角出发，一年的时间周期是我们审视家庭财富流动的重要窗口。每个月，家庭的支出就像涓涓细流，看似琐碎却又不容忽视。假设有这样一个小家庭，一月份，面临新年的采购、家庭聚会等活动，让支出达到 2 万元；二月份延续着节日余韵，各项开销依旧维持在 2 万元左右。而到了五月份，房屋装修的计划启动，这可不是一笔小数目，近 30 万元的支出如同巨石投入平静的湖面，激起不小的波澜，没准两口子还会因为装修问题发生争吵。八月，为了提升出行的便利性，家庭决定购置一辆新车，继装修之后，继续 30 万元的支出再次打破了原有的收支节奏。

保持家庭收入大于支出始终是财富积累的基石。以一个年收入 100 万元、年支出 50 万元的家庭为例，每年能积攒下 50 万元。这 50 万元不仅是数字的增长，而且是家庭财富雪球滚动的初始动力。它可能成为未来投资的本金，也可能是应对突发情况的应急资金。

在短期财富管理中，我们要像精明的管家一样对每一笔支出精打细算。制定详细的月度预算，将支出分为必要支出和可选支出。必要支出如房租、水电费、食品采购等，是维持家庭正常运转的基本开销；可选支出如娱乐消费、旅游等，则可以根据家庭的经济状况和阶段性目标进行灵活的调整。通过这样的精细把控，我们能在满足家庭日常需求的同时，确保财富的稳定积累。

把目光投向更长远的时间跨度，家庭财富的轨迹就像一幅徐徐展开的画卷，呈现出不同的形态。许多家庭在家庭成员退休后主要依靠退休金维持生活。退休金虽然能提供一定的经济保障，但增长空间有限，家庭财富也随之呈现出较为平稳的态势。这种平稳的财富轨迹虽然能带来生活的安稳，但也可能错失一些财富增值的机会。而那些善于规划、勇于投资的家庭则走出了一条截然不同的道路。他们早期投资优质资产，如股票、基金等，成为他们财富增长的关键动力。随着时间的推移，这些资产如同茁壮成长的树苗，逐渐长成参天大树，资产不断增值。例如，在 20 世纪 90 年代，一些家庭敏锐地捕捉到股票市场的潜力，大胆地投资。虽然期间经历了市场的起伏波动，但长期来看，他们的资产实现了数倍甚至数十倍的增长。还有一些家庭，早早布局一二线核心城市房产，伴随着地产的超级周期，财富又实现了指数级的跃迁。这些家庭不仅实现了自身财富的大幅增长，还为下一代积累了可观的财富，实现了财富的向下传承。

为了让家庭财富呈现出向上发展的喇叭形，我们需要具备长远的眼光和合理的投资策略。我们要学习金融知识，了解不同投资产品的特点和风险，根据家庭的风险承受能力和财务目标构建多元化的投资组合。除了股票、基金，还可以考虑债券、房地产、黄金等资产，通过分散投资降低风险，提高收益的稳定性。

短期视角让我们脚踏实地，关注家庭财富的日常收支，确保财富的稳定积累；长期视角则让我们仰望星空，以长远的眼光规划家庭财富的未来，实现财富的增值与传承。在家庭财富管理的道路上，我们要将短期与长期视角有机结合，找到平衡之道。

家庭资产配置实操指南

家庭资产配置是一个关乎家庭财富命运的关键布局，它如同精密的仪器，需要我们从认知的基石开始搭建，逐步推进到落地实操，每一个环节都紧密相连，共同决定着家庭财富的走向。

优化家庭资产配置，清晰地了解家庭资产负债表非常重要。这张表就像是家庭财务的"体检报告"，详细记录着家庭在特定时刻的财务状况。我们要明确每月的总支出，这涵盖了生活的方方面面，从日常的柴米油盐，到孩子的教育费用，再到各种娱乐消费。同时，精准地掌握资产总额，包括现金、金融资产（如股票、基金、债券等）、实物资产（如房产、车辆）。负债情况也不容忽视，无论是房贷、车贷，还是信用卡欠款，都需要——梳理清楚。

家庭资产负债表可以系统地分为三大类资产。流动性资产，如现金、货币基金等，就如同家庭财富的"应急储备金"，随时能应对突发的资金需求；投资性资产，如股票、基金、债券，是家庭财富增值的"动力引擎"；自用性资产，如房产、车辆，满足家庭的生活需求。

与之对应的负债端，要明确区分消费性负债（如信用卡透支）和投资性负债（如房贷）。一般来说，健康的家庭资产负债率，也就是总负债与总资产的比值，应控制在30%以下，这意味着家庭的债务负担相对较轻，财务状况较为稳健。流动性比率，即流动资产与月均支出的比值，建议维持在3~6倍区间，确保家庭在面对突发情况时有足够的资金维持3~6个月的生活开销。

收支储蓄表则是记录家庭财富流动的"日记账"。它如实地记录家庭的收入与支出情况，清晰地反映每月或每年的结余。在收入方面，可按照餐饮、日用品、人情往来、医疗、投资支出等项目进行分类整理。收入减去支出得到的结余是家庭财富积累的关键。通过这张表，我们能像侦探一样找出家庭入不敷出的原因。究竟是收入过低，还是支出过高？如果是收入问题，就需要思考如何提升收入，如通过学习新技能争取升职加薪，或者开展副业拓展收入来源。要是支出过高，就得审视各项支出，找出可以优化的部分，减少不必要的消费。

在收支储蓄表中，建立精细化分类体系至关重要。收入端要区分主动性收入（如薪资、经营所得）和被动性收入（如利息、分红）。支出端建议采用"三层次划分法"：固定支出，如房贷、保险，是每月必须支付的刚性费用；弹性支出，如教育、医疗，虽然金额可能有所波动，但也是生活的必要开支；选择性支出，如旅游、娱乐，这部分支出可以根据家庭的经济状况和当下的需求进行灵活调整。

以年收入 100 万元人民币的三口之家为例，建议储蓄率不低于30%，也就是说，年度结余应达到 30 万元人民币以上，这样才能为家庭财富的增长提供坚实的基础。

在明确家庭财务状况后，合理划分家庭资产是关键步骤。通常，家庭资产可以分为四笔钱：灵活的钱、保障的钱、进取的钱和稳健的钱。

灵活的钱用于应对吃穿住行等短期消费，它就像家庭财富的"润滑剂"，让日常生活顺畅地运转，必须具备高流动性，一般建议这部分钱占家庭可投资资产的 5%，或者 3~6 倍区间的月均开支。例如，一个三口之家有 100 万元可投资资产，那么 5 万元可作为灵活的钱，随时满足家庭的日常开销。这笔钱不应只局限于柴米油盐的规划，而应着眼于大笔开支，如购车、改善住房、房屋装修、子女留学、全家出国旅游这一类的大额资金使用需求（如果涉及留学、装修等大额需求，则这笔钱无疑要准备得更多）。

对于这部分资金，要提前规划，不应影响到家庭正常生活。也要避免在使用时才发现投资于股市等风险资产造成浮亏，只能临时取出，被迫将浮亏变成永久损失。

保障的钱以保险为主，是家庭财富的"保护伞"，用于应对疾病、意外、收入变化、养老等风险。根据发达国家的经验，合理的年保费支出一般占家庭总收入的5%~15%，建议取10%作为标准保费。这10%的保费投入看似不多，却能在关键时刻为家庭提供强大的经济保障，避免因意外或疾病导致家庭财富大幅缩水。

突如其来的大笔医疗支出，家庭主要劳动力丧失劳动能力，家庭成员患病需要一段时间的休养，都可能给家庭带来无法预估的利空。无论是家庭生活质量、子女成长，还是家庭财富保值、增值，都需借助保险等手段来有效对冲这一类风险。

进取的钱用于钱生钱，通过股票、基金等投资，分享经济增长和优质公司发展的红利，是家庭财富增长的"加速器"。它虽然伴随着一定的风险，但也可能带来较高的回报。

稳健的钱以债券基金等为主，追求稳健增值，年化收益率在3%~5%即可，是家庭财富的"稳定器"。它能在市场波动时为家庭财富提供稳定的支撑，让家庭财富在稳健中实现增值。

从比例的角度确定了5%的"灵活的钱"和10%的"保障的钱"，剩下的85%的可投资产即为"稳健的钱"和"进取的钱"。这两笔钱应该如何分配呢？

这时候可以采取两个步骤。

第一步，先确定风险偏好，这是核心环节。风险偏好分为稳健型、进取型和平衡型。稳健型投资者追求资产的安全性，更倾向于低风险、低收益的投资产品；进取型投资者敢于冒险，追求高风险、高收益的投资机会；平衡型投资者则在风险和收益之间寻求平衡。通过问卷打分等方式了解了风险偏好后，便可按照相应的资产配置比例进行资产分配。

第二步，确定不同风险偏好下的投资比例。这一步可以根据前面讲到的资产配置理论，借鉴均值-方差等模型。为便于理解，我们假设投资者只投资股票和债券两类资产。稳健型投资者的股票与债券的投资比例为2:8，平衡型投资者的股票与债券的投资比例为5:5，进取型投资者的股票与债券的投资比例为8:2。

为了更直观地理解家庭资产配置的过程，我们来看李先生和王女士的家庭配置案例。

李先生40岁，王女士38岁，双方父母均健在，父母年龄均在65岁到70岁之间，还有一个12岁的儿子，家庭可投资金额为1000万元（为了计算方便，适当取一个较大数值）。假设通过KYC问卷得知，李先生属于平衡型投资者。

首先，确定"灵活的钱"和"保障的钱"的比例。将1000万元的5%即50万元作为"灵活的钱"，可安排10万元现金和40万元理财，以满足家庭流动性需求；将1000万元的10%即100万元用于保险配置，由相关保险专家根据家庭成员情况规划重疾、年金、终身寿等保险种类和金额。

其次，剩余的850万元按照5：5的比例分配给股票类资产和债券类资产，即股票类资产425万，债券类资产425万，然后，寻找相应的债券组合、公募、私募基金或者相关个股即可。并且，每三个月或半年对投资组合进行回顾和调仓，根据市场变化和家庭情况调整资产配置，确保资产配置始终符合家庭的风险偏好和财富目标。

当然，对于四笔钱的划分比例，以上提供的只是基准比例，实践中完全可以根据投资者的实际情况进行调整。在现实投资的过程中，如果采取类似的家庭资产配置，那么无论是面对股市大幅调整，还是家人突发重疾等意外事件，李先生都会从容应对。

家庭资产配置是一个复杂而又关键的问题，它紧密关联着家庭财富的保值、增值以及家庭生活的稳定。在现实生活中，不少家庭在资产配置方面存在诸多误区。例如，有些家庭的房产占总资产比例过高，一旦房地产市场波动，家庭资产便面临大幅缩水的风险；还有些家庭过度集中投资于单一理财产品，缺乏分散投资的意识，或是完全忽视保险配置，一旦遭遇重大变故，家庭经济就可能陷入困境。

通过了解家庭财富现状、剖析资产配置问题、运用科学的配置方法，我们能够为家庭财富的增长构建起坚实的保障。只有不断地学习和实践，我们才能在家庭资产配置的道路上越走越稳，为家庭的幸福生活提供坚实的经济基础。

第4章

大师投资心法篇

人生就像滚雪球，重要的是发现够湿的雪和一面够长的山坡。如果你找到正确的雪地，雪球自然会滚起来，我就是如此。所谓滚雪球，我并不仅仅指赚钱，在认识世界、结交朋友的时候同样如此。

——沃伦·巴菲特

在撰写本书时，我怀揣着诚惶诚恐之心。从新手的懵懂青涩，到老手的经验沉淀，再到高手的融会贯通，前三章是我在市场摸爬滚打后的个人感悟与总结，虽倾注心血，却也深知稚嫩与局限。

而当进入大师章节，我深感自身渺小。我有幸能在书中引用二十多位投资大师的理论，他们在市场的惊涛骇浪中屹立不倒，以非凡的智慧启迪后来者。将我的浅见与大师们的思想同置于一本书，是我莫大的荣幸，更多的是对大师们的崇高敬意。其实这里有我的一点儿私心，期望借与大师们同书的机会，让自己对市场的粗浅理解能被更多人看见。若这本书能为你带来一丝价值，那也绝对是因为我站在大师的肩膀上，将这份知识的馈赠传递给你。

在投资的道路上，从新手到老手，再到高手，你已经经历了无数次的市场洗礼，逐渐掌握了市场的节奏和规律。你已经能够在市场中游刃有余，甚至在某些时刻，你觉得自己已经触摸到了投资的"天花板"。然而，真正的投资大师之路，才刚刚开始。

如果一个人掌握了复杂的投资技巧，能在市场的波涛中找准方向，在不同的投资品类间游刃有余，那么我们可以称其为投资高手。但投资境界，远不止于此。那些在投资界被尊称为大师的人，他们的卓越之处并非仅仅在于技巧，更在于对投资本质的深刻洞察。

在高手阶段，你已经能够熟练运用各种投资工具和策略，能够在市场的波动中保持冷静，能够在复杂的市场中找到自己的节奏。然而，大师的境界，不仅仅是技术的提升，更是对市场本质的深刻理解。大师不再局限于某一种投资策略，甚至创造出属于自己的投资哲学。他们能够从更高的维度看待市场，理解市场的本质规律。

接下来，让我们一同走进投资大师的世界，探寻他们传承千年的东方智慧，感受投资哲学的范式革命，通过行为科学的显微镜洞察人性，见证决策模型的升级迭代。我们将通过回顾经典的投资战役，从失败案例中汲取教训，在投资心智的修炼场中，领悟大师们驾驭市场的独特心法。相信在这趟认知旅程中，我们将获得全新的投资感悟，离投资的最高境界更近一步。

第 22 讲
东方智慧的投资传承

当我们把目光聚焦于古代东方的投资智慧时，会发现它们与现代投资大师的理念竟如此契合。这绝非偶然，可能是投资大师们对投资本质深刻洞察后的殊途同归。

从范蠡顺应天时的逆向投资，到霍华德·马克斯（Howard Marks）精准把握周期的逆向操作；从白圭反其道而行之的商业智慧，到巴菲特面对市场恐慌情绪时的理性抉择；从沈万三构建多资产组合分散风险，到瑞·达利欧（Ray Dalio）在资产配置中寻求稳定。这些跨越千年的智慧共鸣，不仅展现了投资真谛的永恒性，更预示着我们即将开启的这场投资探索之旅，将收获古老智慧与现代理念的交融。

范蠡："文财神"的战略预判

范蠡（lǐ），这位春秋时期楚国的奇人，堪称中国早期商业理论的开拓者，楚学的重要奠基者之一，后世更是尊他为"商圣"。

他出身平凡，家境贫寒，却怀揣着非凡的才华与抱负，自幼饱读诗书，对政治、经济、军事等领域均有深入的见解。在那个等级森严的时代，范蠡与楚宛令文种相遇，二人一见如故，惺惺相惜。然而，楚国黑暗的政治环境让他们深感失望，非贵族不得入仕的规则如同枷锁，束缚着他们的理想。于是，他们毅然决然地投奔越国，决心在这片土地上施展自己的才华，辅佐越王勾践成就霸业。

在越国，范蠡展现出了卓越的政治和军事才能。他协助勾践制定了一系列韬光养晦的策略，鼓励农业生产，加强军事训练，同时积极开展外交活动，孤立吴国。勾践卧薪尝胆，历经多年的隐忍与努力，终于在范蠡的帮助下实现了复国大业，一举击败吴国，成为春秋时期的一代霸主。

然而，范蠡深知伴君如伴虎，"飞鸟尽，良弓藏；狡兔死，走狗烹"的道理在历史长河中屡见不鲜。功成名就后的他没有贪恋权势，而是急流勇退，果断辞去官职，转身投身商海。而文种不听范蠡劝告，最终被越王赐死。每次想到范蠡的急流勇退，我就不禁联想到在牛市高点全身而退的那些人。这些"逃顶"的人，除了一些人运气好，估计总有一些人是受到了范蠡的启发。

范蠡贩马的故事，严格求证的话，《史记》等正史并无记载，但在民间传说和商业文化中常被引用。范蠡在帮助越王勾践复国后，弃官从商。他听闻吴越一带需要大量马匹，而北方的马匹不仅膘肥体壮，还价格便宜，若能将北方的马匹运到吴越贩卖，必能大赚一笔。然而，贩马路途遥远，不仅要跨越山川河流，还得提防强盗劫匪，运输成本极高，风险巨大。范蠡一直思索着如何解决这个难题。

偶然间，他听说有一个叫姜子盾的巨商，经常往来于北方和吴越，因长期经营，早已用钱财买通了沿途的强盗，所以他的货物运输畅通无阻。范蠡计上心来，他张贴出一张榜文，称自己组建了一支马队，可免费帮人向吴越运送货物。姜子盾一看，这不正是自己求之不得的吗？毕竟运送货物需要耗费不少人力物力，而如今有人免费帮忙，自然欣然应允。

就这样，范蠡的马队跟着姜子盾的商队，一路顺利地抵达了吴越。到了目的地，范蠡的马匹很快就被抢购一空，他不仅没在运输上花费一分钱，还成功赚到了丰厚的利润。这次贩马经历，充分展现了范蠡的商业智慧。他没有盲目地去应对运输路上的艰难险阻，而是巧妙地借助他人之力，解决了困扰自己的难题。这种灵活应变、善于借助外部资源的能力，也成为他日后在商海成功的关键因素。

范蠡的投资智慧，核心在于"旱则资舟，水则资车"（引自《史记·货殖列传》）。在春秋时期，农业生产严重依赖自然气候，交通出行也受限于自然条件。干旱时，河道干涸，船只闲置，需求大幅下降，价格随之暴跌。然而范蠡却能透过这种短期的市场低迷，看到未来的需求反转。他明白，气候变化具有周期性，干旱之后必有雨季，一旦雨季来临，河流湖泊便会水位上涨，水上交通将变得繁忙，船只的需求会急剧回升，价格也会大幅上扬。

当范蠡在旱季大量收购船只时，路过的农人们都以为范蠡疯了。但范蠡深谙"岁在金，穰；水，毁；木，饥；火，旱"的农业周期规律，他知道大旱之后必有大涝，此刻的无用之物正是未来的稀缺资源。同样，在洪涝时期，道路被淹，车辆通行困难，市场上的车辆供过于求，价格下跌。范蠡趁机购入车辆，耐心等待旱季到来，届时再将车辆投放市场，获取丰厚的利润。

范蠡在齐国的商业实践也堪称典范。齐国地处海滨，土地肥沃，气候适宜，非常适合发展农业和畜牧业。范蠡初到齐国，便敏锐地察觉到了这一商机，于是果断投入大量资金，开垦荒地，引进优良的农牧品种，采用先进的养殖和种植技术，大力发展农牧业。随着农牧业的蓬勃发展，市场上的粮食和牲畜供应日益充足，价格逐渐下跌。范蠡凭借对市场周期的精准把握，迅速调整投资方向，转而投身手工业和商业领域。他利用齐国便利的交通条件，将当地的特产，如精美的丝绸、古朴的陶器等运往其他地区销售。同时，他深入了解各地的市场需求，从外地引进稀缺商品，以满足齐国市场的多样化需求。

通过这种灵活多变的投资策略，范蠡的生意越做越大，资产迅速积累。令人钦佩的是，范蠡三次成为巨富，又三次散尽家财，救济百姓。他的这种乐善好施的行为，不仅赢得了百姓的爱戴，也为他的商业信誉增添了耀眼的光彩，使他在商业活动中获得了更广泛的支持和信任。在民间传说和文化传统中，范蠡也被尊为"文财神"，这一称号绝非偶然，这是对他卓越的商业智慧与非凡的财富成就的高度认可。

这种对市场周期的精准把握，与美国现代投资大师霍华德·马克斯的"周期逆向投资"理念不谋而合。霍华德·马克斯在投资领域强调，要善于识别市场周期的不同阶段，敢于在市场悲观、众人恐慌抛售时积极买入，在市场乐观、投资者盲目追涨时谨慎卖出。

在 2008 年全球金融危机时，市场陷入极度恐慌，众多投资者被恐惧情绪所左右，纷纷抛售股票、债券等资产。霍华德·马克斯却凭借其对市场周期的深刻理解，冷静分析市场形势，大胆买入被严重低估的股票、债券等资产。他坚信，市场的恐慌情绪只是暂时的，随着经济的逐步复苏，这些资产的价值必将回升。果不其然，随着市场的逐渐复苏，这些资产的价值大幅回升，为他的投资组合带来了丰厚的回报。

而范蠡在两千多年前，就已经在商业实践中践行着类似的理念，在市场的低谷与高峰间游刃有余。他不受市场短期波动的影响，坚持逆向投资，以长远的眼光看待市场变化，为现代投资者树立了榜样。

白圭："商人祖师爷"的经营要诀

白圭，战国时期洛邑（今洛阳市）人，名丹，字圭，是先秦时期赫赫有名的经济谋略家和"理财专家"。洛阳，作为当时的商业中心，汇聚了各地的商人和商品，商业氛围浓厚，为白圭提供了广阔的商业舞台。白圭曾任魏惠王的相国，在任期间，他积极推行经济改革，制定合理的税收政策，鼓励商业发展，促进了魏国的经济繁荣。然而，白圭的志向并不仅限于政治领域，他对商业也有着浓厚的兴趣和独特的见解。后来，他毅然辞去官职，全身心投入商业活动，凭借卓越的商业才能和独特的投资策略，成为一代商业巨擘。

《史记·货殖列传》记载的"人弃我取，人取我与"八字箴言，道破了白圭的投资理念。白圭的这一投资理念，核心在于拥有逆向思维，能够在市场的混乱与波动中捕捉到商机。这位被司马迁称为"治生之祖"的商人（治生即谋取生计，后人据此常将白圭尊为商人祖师爷），在公元前四世纪就建立了完整的商业方法论体系。白圭的

"商祖"地位，源于他将经商系统化为"术"（策略）与"道"（原则），而非单纯逐利。

　　战国时期，社会动荡不安，市场供需关系变化频繁。当市场上的某种商品供过于求，价格低廉，众人纷纷抛售时，白圭却能敏锐地捕捉到其中隐藏的机会，大胆买入。他深知，市场的供需关系是动态变化的，当某种商品价格过低时，生产商会因为利润微薄而减少生产，市场供应逐渐减少。而随着时间的推移，需求可能会因为各种因素而增加，价格自然会回升。

　　相反，当市场上的某种商品供不应求，价格高涨，众人竞相追逐时，白圭则果断卖出。他明白，此时市场已经过热，价格可能已经远远超出了商品的实际价值，继续持有可能会面临巨大的风险。

　　在粮食市场上，白圭的策略体现得尤为明显。战国时期，农业生产受自然条件和战争影响较大，粮食产量波动频繁。在丰收的年份，粮食产量大幅增加，市场供过于求，价格下跌。此时白圭就大量收购粮食，一方面，他为农民解决了粮食销售的难题，稳定了农民的收入；另一方面，他囤积粮食，等待价格回升。

　　同时，由于农民手中有了更多的资金，因此对丝、漆等手工业品的需求会增加，白圭便趁机出售这些商品。而在粮食歉收的年份，粮食产量减少，市场供不应求，价格上涨，白圭则出售粮食，获取高额利润。通过这种巧妙的经营策略，他不仅满足了市场的需求，还为自己赚取了丰厚的利润。

　　这种逆向投资的策略，与巴菲特的"别人贪婪我恐惧，别人恐惧我贪婪"有着异曲同工之妙。巴菲特在投资中始终保持着冷静和理性，当市场陷入恐慌，股票价格大幅下跌时，他会深入研究公司的基本面，寻找那些被市场低估的优质资产；而当市场过热，股票价格虚高时，他会谨慎评估风险，避免盲目跟风。

例如，在 1999 年互联网泡沫时期，众多投资者被互联网行业的巨大潜力所吸引，疯狂追捧互联网股票，股价被炒到极高的水平。许多投资者只看到了互联网行业的美好前景，却忽视了股票价格与公司实际价值的背离。巴菲特却保持清醒，他没有被市场的狂热情绪所左右，而是耐心等待市场回归理性。他坚信，股票的价值最终取决于公司的盈利能力和基本面，而不是市场的短期炒作。当互联网泡沫破裂，许多股票价格暴跌时，他才开始寻找投资机会，买入那些具有长期竞争优势的公司的股票。

白圭在两千多年前，同样凭借着对市场的深刻理解和逆向思维，在商业领域取得了巨大的成功。他在市场的喧嚣与浮躁中保持冷静，不随波逐流，通过逆向投资，实现了财富的积累。

"欲长钱，取下谷"，短短六个字，也说明了白圭的商业智慧。下谷，即品质普通的谷物，虽价格不高，但它是民生刚需，受众极广。白圭明白，在商品交易中，销量至关重要。相比于名贵珍稀之物，普通谷物交易频次高、成交量大，采用薄利多销的策略，长期积累下来，利润相当可观。他着眼于大众需求，把经营的重心放在下谷上，以稳定的需求支撑起庞大的商业版图，实现财富的稳健增长。这一理念突破了追逐高利润单品的常规思维，为后世商人提供了以量取胜、深耕民生市场的商业思路。

《史记·货殖列传》记载，白圭"能薄饮食，忍嗜欲，节衣服，与用事僮仆同苦乐"。白圭虽富甲一方，却穿粗布衣、吃简餐，与雇工同甘共苦。他要求团队高效运作，认为"智不足与权变，勇不足以决断，仁不能以取予，强不能有所守，虽欲学吾术，终不告之"。

白圭创造了"智、勇、仁、强"四维能力模型："智"要求对经济周期有清醒的认知；"勇"强调在众人恐慌时要果断出手；"仁"体现在对合理利润空间的把控上；"强"则指坚守投资纪律。这种将人性管理与商业判断相结合的思想，让人不禁想到乔治·索罗斯的反身性理论。

白圭还非常重视商品的质量，他坚持只经营优质商品，认为只有提供高品质的商品，才能赢得客户的信任和口碑。在战国时期，市场上商品的质量参差不齐，以次充好的现象屡见不鲜。白圭深知，质量是商业的生命线，只有提供优质的商品，才能在激烈的市场竞争中立于不败之地。他在采购商品时会严格把关，亲自挑选质量上乘的产品。他与供应商建立了长期稳定的合作关系，确保商品的质量始终如一。

同时，他注重商业信誉，承诺的事情一定会做到，无论是对供应商还是对客户，都保持着诚信的态度。他按时支付货款，不拖欠供应商款项；对客户，他保证商品的质量和供应的及时性，不欺骗客户。这种对质量和信誉的坚守，让他在商业领域树立了良好的形象，吸引了众多客户和合作伙伴，为他的商业成功奠定了坚实的基础。许多客户慕名而来，愿意与他建立长期的合作关系，这使得他的商业网络不断扩大，生意蒸蒸日上。很多做直播带货却因为假冒伪劣产品而翻车的主播们，如果早点儿看到白圭的经商之道，就会少走很多弯路。

沈万三："江南财神"的配置之道

在商业长河中，范蠡与白圭尽显逆势而为的果敢与智慧。然而，沈万三的商业思维则更进一步，他突破了单纯的逆势操作模式，站在更宏观的视角布局商业版图。

沈万三，本名沈富，字仲荣，元末明初南浔人，是当时名震江南的首富。他出生在一个商人家庭，从小耳濡目染，对商业有着浓厚的兴趣和天赋。沈万三的致富之路充满了传奇色彩，这得益于他独特的商业眼光和敏锐的市场洞察力。他善于抓住机遇，积极拓展商业版图，涉足农业、手工业、商业、海外贸易等多个领域，构建了庞大的商业帝国。

在元末农民起义的烽火中，一艘载满龙泉青瓷的大船正悄然驶出太仓刘家港。掌舵的商人沈万三不会想到，他参与的这场海洋冒险，将成就中国商业史上首个跨国资本集团。《吴江县志》记载，其贸易网络北达高丽、日本，南至暹罗（今泰国），西通波斯（今伊朗）、阿拉伯，形成以丝绸、瓷器、香料为载体的海上资本循环。

沈万三的经营智慧，可以总结为"以末致财，用本守之"。"末"在古代多指商业，"本"则代表农业。意思是通过从事商业活动，利用市场交易、经营策略等手段获取财富，这是积累财富的途径。而积累财富后，要购置土地等农业资产，以农业根基稳固财富。

这种"以末致财"的商业模式，本质是通过跨区域套利来获取超额收益：将江南生丝以每担 80 两白银收购，运至波斯可售 300 两；购回的乳香在杭州转手便有五倍利润。现代学者考证，沈氏船队年贸易额折合成白银超百万两，相当于当时明朝全年财政收入的六分之一。沈万三对海外市场的开拓，不仅是简单的商品交换，更是对不同地域需求差异的精准把握。他深入了解各国的风土人情、消费偏好，从而有针对性地组织货源，确保贸易的高效与盈利。

沈万三的过人之处在于，他将海运利润持续转化为固定资产，形成集稻米生产、仓储、漕运于一体的产业链。这种"用本守之"的资产配置，体现出对财富稳定性的强烈追求。当现代投资人被桥水基金创始人瑞·达利欧的多资产搭配深深折服的时候，沈万三早在六百多年前就构建了包含土地、农田、当铺、贵金属等的多元化投资组合。他购置的土地不仅是财富的象征，更是稳定的收益来源，农田产出的粮食可供应市场，当铺在资金融通中发挥着重要作用，贵金属则作为避险资产，应对可能的经济动荡。

沈万三留下的最大遗产之一，是其对经济周期的深刻认知。他在张士诚（元朝末年割据江浙一带的武装首领）时期重仓盐业；在朱元璋北伐时转投粮草；天下初定则布局典当。沈万三对政策走向和市场趋势的预判，基于他对社会经济结构的深刻理解，以及对历史发展规律的敏锐洞察。他明白政策的出台往往会引发市场的连锁反应，从而提前布局，抢占先机。

当代资产管理人或许能从"沈氏集团"的资产负债表获得启发：其流动资产始终维持在总资产的 30%~40%，既能保证扩张的弹性，又能防范政策风险；在固定资产配置中，50%为生产性土地，30%为防御性房产，20%为战略资源（盐井、铁矿）。这种科学合理的资产配置比例，使得沈万三的商业帝国在面对各种经济波动时都能保持相对稳定。流动资产的充足保证了企业在市场机遇出现时能够迅速做出反应，而固定资产的合理布局则为企业提供了坚实的后盾。

当我第一次看到沈万三的资产配置比例时，其精妙与独到之处便引发了我强烈的震撼与深刻的思索。在专业视角下，它的合理性与前瞻性令人赞叹，堪称极具开创性的理念，着实惊为天人。

范蠡与白圭的经商轨迹，都是对人性的深刻洞察。范蠡深知世人皆有逐利之心，故而在物资匮乏时提前囤积；白圭把握人们在资产波动时的恐惧与贪婪，奉行"人弃我取，人取我与"。而沈万三的商业实践，则跳出了传统经商的局限，积极涉足海外贸易、土地经营、钱庄产业等多个领域。这种跨行业的布局，正是现代资产配置雏形的生动体现。他的商业帝国涵盖了多个行业，不同行业之间相互支撑、协同发展，降低了单一行业风险对整体财富的影响。

这些古代投资大师的智慧，与现代投资大师的理念相互呼应，跨越时空的界限，为我们提供了宝贵的启示。在当今复杂多变的投资市场中，我们可以借鉴他们的经验，学会顺应市场周期，把握投资时机。当市场处于低谷时，不要被恐惧所左右，要敢于寻找被低估的投资机会；当市场处于高峰时，不要被贪婪所蒙蔽，要及时调整投资组合，规避风险。

例如，在经济下行期，我们可以像沈万三在危机时购置核心资产一样，寻找那些具有长期增长潜力但暂时被市场低估的优质企业进行投资；在经济繁荣期，我们则要保持清醒，避免盲目跟风，及时调整资产配置，分散风险，学习范蠡的"急流勇退"。同时，我们也要学习沈万三对市场趋势的敏锐洞察力，关注政策变化、行业动态等因素，提前做好投资规划。

此外，我们也要不断学习和创新，结合现代投资理论和工具，将东方智慧与现代投资理念有机融合。现代投资理论和工具为我们提供了更加科学、精准的投资分析方法，而东方智慧则为我们提供了独特的思维方式和投资哲学。

第 23 讲
投资哲学的范式革命

当市场在恐慌与贪婪中轮回时，唯有哲学层面的认知突破才能穿越周期。投资哲学的进化史，本质上就是思想维度的不断"破局"，这堪称是一部人类投资认知边界的突破史。

在这部跌宕起伏的认知史诗中，本杰明·格雷厄姆用数学家的严谨为价值投资浇筑基石，巴菲特以企业家的眼光将其升级成护城河理论；菲利普·费雪用"闲聊法"教投资者分析公司，彼得·林奇则教会世人"从生活中发现投资机会"；瑞·达利欧用风险平价重构资产配置的底层逻辑；约翰·博格（John Bogle）如同手持天平的智者，用指数基金打破主动投资的霸权。

投资大师们的思想实验证明：在由人性编织的资本市场中，真正的范式革命永远始于对人类认知局限的突破，终于对市场本质的更深层理解。

从本杰明 · 格雷厄姆到巴菲特：价值投资的升维跃迁

在 20 世纪 20 年代的股市繁荣期，格雷厄姆的账户表现优异，然而在 1929 年的股市大崩盘中，市场情绪突变，尽管格雷厄姆在下跌的市场中大量购买便宜的股票，但这些股票在之后的市场下跌中变得更便宜。20 世纪 30 年代初，格雷厄姆认为最糟糕的时候已经过去，于是重仓杀入，并在部分投资上加了杠杆，然而事实告诉他，最糟糕的时候远未结束。

这个痛苦的经历让格雷厄姆认识到，价值投资并非万能的。在股市的大起大落中，即使是一个基本面扎实谨慎的价值投资者，也可能因为过于依赖价格低廉的资产而遭受损失。格雷厄姆的教训对他的学生巴菲特产生了深远的影响，巴菲特从他的老师那里学到了两个重要的经验教训：第一，不要使用高成本的杠杆；第二，要用动态的眼光去看待公司的估值，不仅关注公司资产的价格，更重视公司的内在价值。他认为，一个公司的价值应基于其未来现金流的折现值，而非简单的资产加总。

在经典著作《证券分析》中，记载着格雷厄姆用亏损经验写成的投资戒律："在投资中，安全边际是最重要的概念之一。"这本书被誉为投资者的"圣经"，为投资者提供了一套系统、科学的证券分析框架和投资策略。例如，它提出了内在价值的概念，强调通过对企业财务状况、经营前景等方面的深入分析来评估证券的内在价值，以判断其市场价格是否被低估或高估，从而做出合理的投资决策。该书对投资领域产生了深远的影响，奠定了价值投资的理论基础，培养和影响了包括巴菲特在内的一大批成功投资者。

格雷厄姆提出了净流动资产价值法，要求投资者以低于清算价值的价格买入股票。净流动资产价值等于公司流动资产减去所有负债（流动负债与非流动负债）。例如，一家公司的流动资产为每股100美元，而流动负债、长期债务、优先股等负债的总和为每股40美元，则净流动资产为每股60美元。该方法认为，如果股票的定价低于公司净流动资产价值的一定比例，就可能是一个有吸引力的投资机会。这是因为，即使公司的固定资产等其他资产价值为零，仅靠流动资产在偿还所有负债后，仍有剩余价值，这能为投资者提供一定的安全边际。格雷厄姆曾在其投资管理业务中广泛使用该方法。

林奇在《战胜华尔街》一书中提出"隐蔽资产重估"的理念：星巴克在1992年上市时，其门店租赁合同的长期价值未被计入资产负债表，这种隐蔽资产的发现，正是格雷厄姆思想的进化形态。

格雷厄姆提出了"捡烟蒂"策略，是价值投资领域的重要策略之一。该策略的核心思想是，以低价买入被市场严重低估的，甚至可能已被大多数投资者抛弃的股票或资产，等待市场重新认识其价值或资产本身的价值回归来获取收益。就像在大街上捡别人丢弃的但还能吸几口的烟蒂，以极低的成本获取一定价值。该策略的原理基础是，股票市场存在无效性，会出现股价低于其内在价值的情况。投资者通过深入分析，找到这些被低估的"烟蒂型公司"，利用市场的纠错机制，在未来市场恢复理性时卖出股票获利。由于对单个烟蒂股的确定性把握相对不高，因此格雷厄姆不建议重仓单只股票，而建议通过分散投资来平衡风险和收益。

　　巴菲特早期依靠烟蒂股投资取得成功，但后来在投资喜诗糖果、华盛顿邮报等公司后，他意识到捡烟蒂策略的问题。例如，最初看似便宜的价格，最终可能并不便宜，平庸的公司问题不断；初始买入价的折扣可能被公司的长期低回报侵蚀。于是巴菲特逐渐转向寻找优秀的公司，更关注企业质量、管理层能力及长期增长潜力，更关注企业的"护城河"。

　　巴菲特的护城河理论是其价值投资理念的重要组成部分。"护城河"是巴菲特用来形容企业竞争优势的一个概念，指的是企业在市场竞争中所拥有的、能够抵御竞争对手入侵的、保持自身长期盈利能力和市场地位的独特优势。具有宽阔"护城河"的企业，就像有坚固的城墙保护的城堡一样，能在较长时间内维持良好的经营状况和利润水平，为投资者带来稳定的回报。

　　投资者可以通过定性分析和定量分析的方法去寻找护城河。所谓定性分析，就是评估企业的品牌形象、产品口碑、行业地位等，判断其品牌优势是否强大；考察企业的研发投入、技术创新能力及专利储备情况，了解其技术护城河的宽度；研究消费者对企业产品或服务的依赖程度，判断转换成本的高低；分析企业所处行业是否具有网络效应，以及企业在网络中的地位等。所谓定量分析，就是通过财务报表分析企业的盈利能力、毛利率、净利率等指标，观察其是否长期保持稳定且优于行业平均水平。如果企业能够在较长时间内保持较高的利润水平，则可能意味着它拥有一定的护城河。投资者还可以分析企业的市场份额变化情况。

　　随着时代的发展，护城河的各个要素在不同行业、不同企业中的重要性和表现形式各不相同，且很多要素难以进行准确的量化评估，这就给投资者判断企业护城河的宽度和深度带来了一定的困难。

当巴菲特在 1965 年收购伯克希尔哈撒韦公司时，他不会想到这家濒临倒闭的纺织厂将成为价值投资进化的最佳实验室。从"捡烟蒂"策略到"以合理价格买入伟大公司"的转变，本质是价值投资的认知跃迁。可口可乐的保密配方、吉列剃须刀的更换成本等，这些被巴菲特称为"护城河"的要素，使格雷厄姆的价值投资理论得到持续升级与演化。

对价值投资的研究，从格雷厄姆到巴菲特的认知迭代，本质是从"数学游戏"到"商业洞察"的认知革命。价值投资不再是被动等待市场给出极其便宜的价格（通常也伴随着低估值陷阱），而是主动识别企业创造价值的本源动力。

从菲利普·费雪到彼得·林奇：成长股投资的认知迭代

费雪活跃于 20 世纪中叶，在当时的投资界，传统的价值投资理念占据主流，投资者大多将目光聚焦于那些资产被低估、股价便宜的公司，试图通过价格的修复来获取收益。然而，费雪却独辟蹊径，他开创性地提出了成长股投资的理念，犹如在投资界投下了一颗重磅炸弹。

费雪的名字几乎可以和"成长投资"画等号，巴菲特曾经说过，他是 85%的格雷厄姆+15%的费雪。费雪曾解释过他的方法和格雷厄姆价值投资之间的区别，"投资有两种基本思路：格雷厄姆开创了一种新的方法，即寻找价格便宜、几乎不可能大幅下跌的东西；然后是我的方法，找到好的东西，如果你买入的价格不那么高，那么它会有非常、非常大的增长"。

费雪认为，投资的关键在于寻找那些具有高成长潜力的公司。他强调，仅仅关注公司的当前价格与资产价值是远远不够的，更重要的是要深入了解公司的业务模式、管理团队以及未来的增长前景。他在 1958 年出版的《怎样选择成长股》一书中，系统地阐述了自己的投资理念，提出了著名的"闲聊法"。

费雪认为，投资者不能仅仅依赖公司的财务报表，还应该通过与公司管理层、员工、客户及竞争对手的交流，来全面了解公司的真实情况。例如，他会花费大量时间与公司的研发人员交流，了解公司的技术创新能力；与客户沟通，了解他们对公司产品的满意度和需求变化。我做过很多年的科技行业分析师，每次去上市公司调研的时候，我脑子里总能想起费雪的"闲聊法"。

费雪眼中的成长股，具备一系列独特的品质。首先，公司要有独特的产品或服务，并且在市场上具有较强的竞争力。这种竞争力可以表现为技术领先、品牌优势或者成本优势等。例如，德州仪器在半导体行业发展初期，凭借其在晶体管技术上的创新，不断推出具有高性能的半导体产品，迅速占领市场份额，实现了业绩的高速增长。费雪很早就关注到德州仪器的技术优势和市场潜力，通过深入调研，他坚信德州仪器具备成长股的特质，于是果断投资。随着半导体行业的蓬勃发展，德州仪器的股价也一路攀升，为费雪带来了丰厚的回报。

其次，公司的管理层必须具备卓越的能力和诚信品质。费雪坚信，优秀的管理层能够带领公司把握市场机遇，应对各种挑战，实现持续的增长。他会关注管理层的战略眼光、决策能力以及团队协作精神。

最后，公司所处的行业应该具有广阔的发展前景。费雪认为，只有在一个快速发展的行业中，公司才更有可能实现高成长。例如，在当时新兴的电子行业，众多公司凭借行业的快速发展，实现了业绩的飞速增长。

费雪的投资理念在当时具有革命性的意义，他打破了传统的价值投资仅关注价格的局限，将投资者的视野拓展到了公司的成长潜力上。他的思想为后来的成长股投资者提供了重要的理论基础，引领了投资界对成长股的关注和研究。

如果说费雪是成长股投资理念的奠基者，那么林奇则是将这一理念推向新高度的集大成者与创新者。林奇在 20 世纪 70 年代至 80 年代执掌麦哲伦基金期间，创造了令人瞩目的投资业绩。他管理的麦哲伦基金的资产规模从 1800 万美元增长至 140 亿美元，年化收益率高达 29%，成为当时全球资产管理金额最大的基金。当时的投资界，一说成长股，第一个想到的就是林奇。

林奇深受费雪的影响，但他并没有局限于费雪的理论，而是在实践中不断创新和发展。林奇的投资方法更加注重实践和多元化。他提出了"从生活中发现机会"的投资理念，鼓励投资者关注日常生活中的点点滴滴，因为生活中往往隐藏着许多投资机会。例如，他通过观察家人、朋友的消费习惯，发现了不少具有潜力的公司。

就像他的妻子经常去 The Limited（一家服装零售公司）购物，这引起了林奇的注意。他在深入研究后发现，The Limited 能够精准地把握时尚潮流，不断推出受消费者欢迎的服装款式，并且店铺扩张速度很快。基于这些分析，林奇果断地投资了 The Limited，后来该公司的股价大幅上涨，为基金带来了显著收益。

在选股方面，林奇的标准更加多元化和灵活。他不仅会关注公司的成长潜力，还会考虑公司的财务状况、市场估值等因素。他将公司分为六类：缓慢增长型、稳定增长型、快速增长型、周期型、困境反转型和隐蔽资产型。对于不同类型的公司，他采用不同的投资策略。

对于快速增长型公司，他会关注其增长速度和可持续性；对于困境反转型公司，他会分析公司摆脱困境的可能性和潜在的投资回报。例如，在投资克莱斯勒汽车公司时，该公司正处于困境，面临着巨额债务和市场份额下滑等问题。林奇通过研究发现，克莱斯勒拥有优秀的技术和产品，并且新上任的管理层制订了切实可行的重组计划，有望扭转局面。于是，林奇果断买入克莱斯勒的股票，后来随着公司的成功转型，股价大幅回升，投资获得了巨大成功。

林奇的投资组合管理也别具一格。他管理的麦哲伦基金投资了种类繁多的股票，涵盖了各个行业和不同规模的公司。他认为，通过广泛的分散投资，可以降低单一股票的风险，同时捕捉到更多的投资机会。然而，这种分散投资并非盲目为之，而是基于他对每一家公司的深入研究和了解。他会定期对投资组合进行评估和调整，根据市场变化和公司业绩的表现，及时卖出那些不符合投资标准的股票，买入更具潜力的股票。

在实践中，林奇提出了很有意思的"翻石头理论"（Turn Over Rocks Theory），该理论的核心是强调投资者需像翻动石头寻找螃蟹一样，通过深入调研和广泛覆盖挖掘被市场忽视的潜力股。

林奇认为，股市中真正优质的标的往往隐藏在冷门领域或短期困境中，投资者应主动"翻动每一块石头"——深入研究中小型公司、周期性行业甚至暂时表现低迷的企业。他本人每年亲自调研200家以上的公司，持仓股票的数量在几百只以上，通过高频率筛选捕捉基本面拐点。这一理论颠覆了传统价值投资的"集中持仓"逻辑，主张以动态视角在市场中不断寻找"未被定价的价值"。

在实践中，"翻石头理论"需遵循三个原则：一是关注"身边的机会"，从日常生活中发现消费趋势；二是重视基本面突变，如新技术突破、管理层换血或行业政策转向；三是保持灵活，对不符合预期的标的果断调整。林奇特别强调，中小投资者拥有机构不具备的灵活优势，可通过早期发现"十倍股"获得超额收益。该理论启示投资者：超额回报源于认知差，而认知差的建立依赖于持续积累和独立思考。正如林奇所言，如果你找不到值得投资的公司，则只能说明你翻的石头还不够多。

从费雪到林奇，成长股投资理念经历了传承与创新的过程。他们都强调成长股的投资价值，认为通过投资具有高成长潜力的公司，可以实现资产的长期增值。然而，他们在具体的投资方法和理念上也存在着一些差异。

在研究方法上，费雪更注重通过深入调研和分析来了解公司的基本面，他的"闲聊法"虽然有效，但需要花费大量的时间和精力。

毕竟，没有多少人有机会和上市公司的人"闲聊"。而林奇则更加注重从生活中发现机会，他的投资灵感常常来源于日常生活中的观察和体验。这种方法更加贴近实际，能够让投资者更快地捕捉到市场变化和投资机会。

在选股标准上，费雪主要关注公司的成长潜力、产品竞争力和管理层能力等因素，而林奇的选股标准则更加多元化，他会综合考虑公司的增长速度、财务状况、市场估值及行业特点等因素。他的六类公司分类方法，为投资者提供了一个更加全面和系统的选股框架。在投资组合管理方面，费雪并没有像林奇那样进行大规模的分散投资。林奇的分散投资策略虽然增加了管理的难度，但也为他带来了更多的投资机会和更稳定的投资回报。他的投资组合中既有大型蓝筹股，也有小型成长股，既有传统行业的公司，也有新兴行业的公司，这种多元化的投资组合使得他的基金在不同的市场环境下都能保持较好的表现。

费雪和林奇的成长股投资理念，对现代投资产生了深远的影响。他们的思想不仅改变了投资者的投资方式和理念，也推动了投资行业的发展和创新。在投资实践中，许多投资者开始注重对成长股的研究和投资。他们学习费雪和林奇的投资方法，通过深入了解公司的基本面和未来增长前景，寻找具有投资价值的成长股。这种投资理念的转变，使得市场对成长股的关注度不断提高，促进了成长股市场的发展。

瑞·达利欧的全天候策略：构建确定性系统

20 世纪 70 年代，全球经济陷入"滞胀"的困境，传统的投资策略在这种复杂的经济环境下纷纷失效。股票市场和债券市场同时表现不佳，投资者们面临着巨大的损失，其中也包括达利欧。达利欧意识到，传统的投资方法过于依赖对经济周期的预测，而经济的复杂性和不确定性使得这种预测往往不准确。在这样的背景下，他开始思考一种全新的投资策略，能够在各种经济环境下都保持相对稳定的收益，于是全天候策略应运而生。

全天候策略的核心在于风险平价。传统的投资组合往往根据资产的预期收益来分配权重，而达利欧认为，风险才是更关键的因素。他主张对不同资产的风险进行均衡配置，使得每种资产对投资组合的风险贡献大致相同。达利欧将经济环境分为四种状态：经济增长加速且通货膨胀上升（过热）、经济增长加速且通货膨胀下降（复苏）、经济增长放缓且通货膨胀上升（滞胀）、经济增长放缓且通货膨胀下降（衰退）。在这四种不同的经济环境下，不同类型的资产表现各异。例如，当经济复苏时，股票往往表现较好；而当经济衰退时，债券可能更具优势。

全天候策略通过分散投资于多种资产，包括股票、债券、黄金等大宗商品等，来应对不同的经济环境。它并不试图预测经济周期的变化，而是通过对各类资产的合理配置，让投资组合在任何经济环境下都有机会获得收益。例如，在投资组合中，将一部分资金配置于股票，以获取经济增长带来的收益；将一部分资金配置于债券，用于在经济衰退时提供稳定的现金流和保值功能。同时，还会配置一定比例的大宗商品，如黄金等，以对冲通货膨胀的风险。通过这种方式，无论经济处于何种状态，投资组合中总有资产能够发挥作用，从而实现整体的稳定性。

桥水基金基于全天候策略构建的投资组合，在过去几十年间经历了多次市场考验。在 2008 年全球金融危机期间，大多数投资机构遭受重创，而桥水基金的全天候策略却展现出了强大的抗风险能力。虽然投资组合也出现了一定程度的波动，但相比于其他机构，损失要小得多。在金融危机爆发前，全天候策略通过合理的资产配置，已经在债券等防御性资产上进行了布局，当股票市场大幅下跌时，债券的稳定表现有效地缓冲了投资组合的损失。

再如，2020 年年初，新冠疫情暴发，全球市场陷入恐慌，股市暴跌。桥水基金的全天候策略同样发挥了作用，投资组合中的债券和黄金等资产的上涨，弥补了股票下跌带来的损失，使得整体投资组合保持相对稳定。这种在极端市场环境下的出色表现，让全天候策略声名远扬，吸引了众多投资者和机构的关注与效仿。

全天候策略的创新之处在于，它打破了传统的投资策略对经济周期预测的依赖，通过风险平价的方式，构建了一个更加稳健的投资组合。它让投资者认识到，投资并非仅追求高收益，更重要的是在控制风险的前提下实现资产的长期稳定增值。

从投资哲学的角度来看，全天候策略推动了投资理念的变革。它让投资者从关注短期的市场波动和收益，转向关注长期的风险控制和资产配置。在达利欧之前，许多投资者过于关注股票市场的短期涨跌，而忽视了资产的多元化配置和风险的均衡控制。全天候策略的出现，引导投资者以更宏观、更全面的视角看待投资，注重不同资产之间的相关性和互补性。

在实践层面，全天候策略为各类投资者提供了一种可借鉴的投资模式。无论是大型机构投资者，还是个人投资者，都可以根据自己的风险承受能力和投资目标，参考全天候策略的理念，构建适合自己的投资组合。它使得投资不再是少数专业人士的专利，普通投资者也能够通过合理的资产配置，在市场中实现相对稳定的收益。

尽管全天候策略取得了显著的成就，但它并非完美无缺。首先，全天候策略的有效性依赖于各类资产之间的相关性假设。在某些极端情况下，资产之间的相关性可能会发生变化，打破原有的风险平衡。例如，在金融危机等极端市场环境下，股票、债券等资产可能会同时下跌，导致投资组合的风险增加。

其次，全天候策略的实施需要对各类资产进行精准的风险评估和动态调整，这对投资者的专业能力和信息获取能力要求较高。如果投资者无法准确评估资产的风险，或者不能及时根据市场变化调整投资组合，则全天候策略的效果可能会大打折扣。此外，全天候策略虽然能够在一定程度上降低风险，但也意味着投资者可能会错过某些特定市场环境下的高收益机会。因为它追求的是在各种经济环境下的均衡收益，而不是在某一特定环境下的最大化收益。

达利欧的全天候策略，以其独特的风险平价理念和对各类经济环境的适应性，在投资领域掀起了一场范式革命。它对现代投资组合理论和实践的影响是深远的。随着市场环境的不断变化和投资理论的持续发展，全天候策略也在不断演进和完善，继续为投资者探索构建确定性投资系统的道路。

约翰·博格：被动投资的认知颠覆

在投资世界，投资理念与策略不断更迭，每一次重大变革都深刻影响着投资者的行为与市场的走向。约翰·博格（John Bogle），这位美国先锋领航集团（Vanguard Group）的创始人，就像一位打破常规的开拓者，以其对被动投资的倡导与实践，彻底颠覆了人们对传统投资的认知，掀起了一场投资哲学的深刻革命。可以说，他的理念对我的投资生涯产生了深远影响，也促使我从主动投资慢慢转向了被动投资。

约翰·博格出生于 20 世纪 20 年代，成长于经济大萧条后的美国。他在投资领域的职业生涯起步于普林斯顿大学的毕业论文，当时的他已经开始对基金行业展开了深入研究。毕业后，博格投身金融行业，凭借着卓越的才华和不懈的努力，逐渐崭露头角。在长期的实践与观察中，他发现传统的主动投资模式存在诸多弊端，这促使他开始探索一种全新的投资理念——被动投资。

在博格之前，主动投资占据着投资市场的主导地位。主动投资的核心在于基金经理通过对宏观经济、行业趋势及公司基本面的深入分析，试图挑选出能够超越市场平均表现的股票或其他资产，以获取超额收益。这一理念在当时深入人心，投资者们普遍相信专业的基金经理具备超越市场平均表现的能力，愿意支付高额的管理费用，期望获得丰厚的回报。

然而，现实却给投资者们泼了一盆冷水。大量研究表明，长期来看，绝大多数主动管理型基金无法持续表现优于市场的平均水平。主动投资面临着高昂的管理成本、频繁交易导致的高额手续费以及基金经理的决策失误等问题。这些因素使得主动投资的实际收益大打折扣。主动型基金经理们纷纷走下"神坛"。

在这样的背景下，博格开始思考一种更为简单、高效的投资方式。他发现，市场整体的长期趋势是向上的，与其花费大量成本试图超越市场，不如通过低成本的方式跟踪市场指数，获取市场的平均收益。这一想法成了被动投资理念的萌芽。

1975 年，约翰·博格创立了先锋领航集团，推出了世界上第一只面向个人投资者的指数基金——先锋 500 指数基金。这一举措在当时的投资界引起了轩然大波，许多人对这种看似简单的投资方式表示怀疑。然而，博格坚信自己的理念，他认为通过广泛分散地投资市场指数，投资者可以避免因个别股票或基金经理的失误而遭受重大损失。同时，低成本的运营模式可以让投资者获得更多的实际收益。

先锋 500 指数基金的运营方式非常简单，它紧密跟踪标准普尔 500 指数，投资该指数所包含的 500 家大型上市公司。投资者购买该基金，就相当于购买了一篮子美国最具代表性的公司股票，无须担心基金经理的选股能力和对市场时机的把握。而且，由于不需要进行频繁的交易和深入的研究分析，先锋 500 指数基金的管理费用极低，这使得投资者能够以更低的成本参与市场投资。

在随后的几十年里，先锋 500 指数基金的表现令人瞩目。尽管在这期间经历了多次市场波动和经济危机，但长期来看，它为投资者提供了稳定的市场平均收益，并且由于低成本优势，其实际收益往往超过了许多主动管理型基金。随着时间的推移，越来越多的投资者开始认识到被动投资的优势，指数基金的规模也不断扩大。

博格的被动投资理念，从根本上颠覆了对传统投资的认知。首先，它挑战了投资者对基金经理能力的过度迷信。在被动投资的世界里，不再强调基金经理的个人智慧和选股能力，而是相信市场的整体力量。投资者不再需要花费大量时间和精力去研究基金经理的业绩和投资策略，只需选择跟踪合适的市场指数，就能分享经济增长的红利。

其次，被动投资改变了投资者对投资成本的看法。在传统的主动投资模式下，投资者往往忽视高额的管理费用和交易成本对投资收益的侵蚀。而博格通过推出低成本的指数基金，让投资者深刻认识到投资成本的重要性。他指出，长期来看，投资成本的微小差异会对最终收益产生巨大的影响。因此，降低投资成本成了投资者实现财富增值的重要途径之一。

最后，被动投资倡导的长期投资理念，也与传统投资的短期交易思维形成了鲜明的对比。主动投资往往追求短期的超额收益，频繁买卖股票不仅会增加投资的风险，还会导致高额的交易成本。而被动投资强调通过长期持有指数基金，分享市场的长期增长，来避免因短期市场波动而做出错误的决策。这种长期投资理念让投资者更加关注企业的长期价值和经济的发展趋势，而不是被短期的市场情绪所左右。

被动投资理念的兴起，不仅改变了投资者的思维方式，也对整个投资行业产生了深远的影响。以美国市场为例，过去几十年间，指数基金的规模呈现出爆发式增长。许多投资者通过投资指数基金，在长期内实现了资产的稳健增值。

尽管被动投资取得了巨大的成功，但它并非没有面临挑战与争议。一方面，一些投资者认为，被动投资过于依赖市场的整体表现，缺乏灵活性，无法在市场下跌时及时规避风险。例如，在 2008 年金融危机期间，指数基金随着市场大幅下跌，投资者遭受了较大的损失。相比之下，一些具备出色风控能力的主动型基金经理则能够通过及时调整投资组合，降低损失。

另一方面，随着指数基金规模的不断扩大，市场上出现了一些关于被动投资对市场有效性影响的担忧。有人担心，大量资金流入指数基金可能会导致市场过度集中于少数大型公司，影响市场的定价效率和资源配置功能。此外，指数基金的投资策略相对固定，可能会对一些新兴行业和小型公司的发展产生不利的影响。

博格以其对被动投资的执着追求和创新实践，彻底改变了投资者对投资的认知。他的理念和先锋领航集团的成功，推动了被动投资在全球范围内的广泛应用，成为投资哲学范式革命中的重要组成部分。

投资哲学的范式革命，是投资理念不断"破局"与升华的进程。从格雷厄姆的价值投资奠基，到巴菲特将其升华，再到费雪与林奇对成长股投资的革新，达利欧用全天候策略构建确定性系统，以及博格推动被动投资崛起，每一次转变都重塑着投资世界。这些理念虽诞生于不同的时代背景，却共同描绘出投资思想的进化图谱。未来，投资理念还将持续演变，激励我们在投资的征途上不断探索，为财富增长与经济发展注入新的活力。

第 24 讲
行为科学的人性显微镜

资本市场绝非简单冰冷的数字游戏，它更像一面映射人性的镜子，是人性的放大器。林奇在鸡尾酒会上，凭借敏锐的感知，捕捉到投资者群体狂热的微妙信号。查理·芒格（Charlie Thomas Munger，美国著名投资家）则以深邃的智慧，精心总结出 25 种误判心理，警示着投资者在决策时可能陷入的思维误区。丹尼尔·卡尼曼（Daniel Kahneman，美国著名经济学家）通过深入的研究，揭示了非理性决策背后的密码，让我们看到人类认知偏差对投资行为的深刻影响。而杰西·利弗莫尔（Jesse Lauriston Livermore，美国著名股票投资家），这位传奇的投机天才，用自己跌宕起伏的一生乃至生命，书写了发人深省的墓志铭。

当我们深入拆解 K 线图背后隐藏的秘密时就会发现，真正的投资秘诀始终隐藏在理性与欲望交织的灰色地带。这一讲，我们一起穿透 K 线编织的重重迷雾，探寻支配市场走向的人性法则。

彼得·林奇：鸡尾酒会定律

在投资中，理论与数据固然重要，但市场背后那只无形的手——人性，往往在关键时刻发挥着决定性作用。彼得·林奇，这位投资界的传奇人物，以其独特的鸡尾酒会定律，为我们打开了一扇洞察市场情绪与人性的窗户，让我们得以从一个全新的视角观察投资世界。

林奇在担任麦哲伦基金总经理后，常在家里举行鸡尾酒会。在酒会上，他发现了这样一个现象：当客人对牙医而不是对他感兴趣时，往往是股市低迷或者刚启动阶段；当人们爱和他稍微聊聊股票时，股市往往处于刚上涨15%的阶段；当包括牙医在内的所有人都围着他时，股市往往处于上涨30%的阶段；而当人们都开始向他推荐股票时，股市往往已经发出了即将下跌的信号。

林奇的鸡尾酒会定律，其精髓就在于将日常生活中的社交场合巧妙地转化为市场情绪的监测站。在投资市场中，情绪往往是影响投资决策的关键因素，而社交场合则是大众情绪的汇聚地。

当出租车司机开始兴致勃勃地讨论K线形态，当美容院甚至大学课堂里充斥着对股票代码的交谈，当退休教授也在炫耀自己的短线战绩时，这些看似与投资毫不相干的生活场景，实则是市场过热的明显特征。这些现象表明，投资的热度已经从专业投资者圈子扩散到了普通大众之间，市场情绪已经达到了一个极度亢奋的状态。当大量普通民众开始关注股票开户时，意味着市场的参与者迅速增加，市场可能已经过度繁荣，回调的风险也随之增大。

　　掌握鸡尾酒会定律的要义，在于深入理解情绪的传导效应。在牛市初期，专业投资者凭借着敏锐的市场洞察力和丰富的经验，已经察觉到市场的潜在机会，他们在相对私密的场所密谈，悄悄布局。此时，市场的热度还未扩散到大众层面，只有少数专业人士参与其中。随着牛市的发展，市场的赚钱效应逐渐显现，券商报告开始频繁登上财经网站的显眼位置。这表明市场情绪已经开始向更广泛的人群传播，普通投资者开始关注到市场的变化，越来越多的人开始尝试参与投资。

　　到了牛市晚期，菜市场大妈都开始讨论 K 线，这意味着市场的热度已经达到了极致。投资已经成为大众日常生活中的热门话题，几乎所有人都被卷入了这场投资热潮中。这个过程就如同病毒传播一般，从少数专业人士开始，逐渐扩散到更广泛的人群。当投资情绪传染到最保守的群体时，意味着市场的流动性即将耗尽。因为最保守的群体通常会在市场极度繁荣、赚钱效应非常明显的情况下才入场，他们的入场往往标志着市场中已经没有更多的潜在投资者来推动价格继续上涨。此时，最后知后觉的人开始入场，而他们也成了市场顶部的"牺牲品"。

　　为了更深入地理解鸡尾酒会定律，我们可以通过一些具体的案例来进行分析。在 20 世纪 90 年代末的互联网泡沫时期，市场对互联网相关股票的追捧达到了疯狂的程度。在那个时期，无论是专业投资者还是普通民众，都坚信互联网将改变世界，互联网公司的股票将带来无限的财富。在各种社交场合，人们谈论的话题几乎都围绕着互联网股票。许多原本对投资并不感兴趣的人，也纷纷投身股市，购买互联网股票。

当时，一些互联网公司甚至没有盈利，但其股票价格却被炒到了极高的水平。最终，互联网泡沫破裂，许多互联网公司的股票价格暴跌，无数投资者血本无归。这个案例充分说明了在市场过热时，大众情绪的盲目跟风会导致市场出现严重的泡沫，而当泡沫破裂时，投资者将遭受巨大的损失。

林奇的鸡尾酒会定律，为投资者提供了一种简单而有效的判断市场情绪的方法。它让我们明白，投资不仅仅是对数据和理论的分析，更是对人性和市场情绪的洞察。

在投资过程中，我们不能仅仅关注市场的技术指标和基本面数据，还要密切关注市场情绪的变化。当我们在社交场合中发现投资话题已成为大众热议的焦点，普通民众都对投资充满热情时，我们就应该警惕市场可能已经过热，风险正在逐渐积累。此时，投资者应该保持冷静，理性地分析市场，避免盲目跟风，以免成为市场顶部的"受害者"。同时，鸡尾酒会定律也提醒我们，投资是一场长期的修行，我们需要不断地学习和积累经验，提高自己的投资素养和风险意识，这样才能在复杂多变的投资市场中取得成功。

查理·芒格：误判心理学

查理·芒格，这位与巴菲特携手创造投资神话的传奇人物，一生都在不断探索和学习。他广泛涉猎多个学科领域，将不同学科的知识融会贯通，形成了一套独特的多元思维模型。而误判心理学，正是他多元思维模型中的重要组成部分，是他对人类行为和决策过程中各种心理偏差的深刻总结。

芒格在长期的投资实践中发现，仅仅依靠传统的金融理论和数据分析，并不能完全解释和预测投资者的行为以及市场的走势。他敏锐地察觉到，人性中的各种弱点和心理偏差，在投资决策中扮演着至关重要的角色。无论是投资者自身的认知局限，还是市场中群体行为的影响，都可能导致投资决策的重大失误。

同时，芒格深受心理学、经济学、社会学等多学科的启发。他深入研究了人类大脑的思维方式和决策机制，发现人类在处理信息和做出判断时，往往会受到各种心理因素的干扰，从而产生系统性偏差。基于这些观察和思考，芒格开始着手总结和归纳人类常见的误判心理，逐渐形成了误判心理学的理论体系。

芒格总结的 25 种误判心理，每一种都在投资决策中发挥着作用。为了能更深入、更透彻地理解误判心理学在投资中的作用，本书精选了 5 种最具代表性的、在投资场景中频繁出现且影响显著的倾向进行阐述。例如，奖励和惩罚超级反应倾向，直接关联投资者对收益与损失的本能反应，这是投资决策的基础心理动机；喜欢和热爱倾向极易让投资者因个人情感偏好而忽视投资标的的客观情况。选取这 5 种，是希望借由它们搭建起理解芒格误判心理学的框架。

奖励和惩罚超级反应倾向

人类对奖励和惩罚有着本能的反应。在投资中，这种倾向表现为投资者往往会因为短期的盈利而强化某种投资行为，从而忽视长期的风险。例如，当投资者在某只股票上获得了一笔可观的收益时，他们可能会过度自信，认为自己找到了投资的秘诀，从而加大对该股票的投资，而不去深入分析公司的基本面是否发生了变化。反之，当投资者遭受损失时，他们可能会因为恐惧惩罚而匆忙卖出股票，错失后续的反弹机会。

喜欢和热爱倾向

人们往往会对自己喜欢或热爱的事物产生偏见。在投资领域，投资者可能会因为对某个品牌的喜爱而盲目投资该公司的股票，从而忽略对公司财务状况和市场竞争力的客观分析。例如，一些消费者非常喜欢特斯拉公司的产品，就不假思索地购买特斯拉公司的股票，却没有充分考虑到科技行业的激烈竞争和市场的不确定性。

避免怀疑倾向

人类大脑天生倾向于快速做出判断，以避免不确定性带来的焦虑。在投资中，这种倾向会导致投资者在没有充分信息的情况下就匆忙做出投资决策。例如，在市场热点出现时，投资者往往会急于跟风，而不去深入研究热点背后的逻辑和可持续性。

避免不一致性倾向

人们倾向于保持自己行为和观点的一致性，不愿意轻易改变。在投资中，这可能表现为投资者一旦做出了投资决策，就会坚持自己的观点，即使面对新的不利信息，也不愿意承认错误并及时调整投资策略。例如，一些投资者在买入某只股票后，即使公司业绩出现下滑，市场趋势发生改变，他们仍然固执地持有，不愿意止损。

好奇心倾向

好奇心是人类进步的动力，但在投资中，如果缺乏理性的引导，好奇心可能会导致投资者涉足自己不熟悉的领域，承担过高的风险。例如，一些投资者看到新兴行业的高增长潜力，就盲目跟风投资，而没有充分了解行业的技术门槛、市场竞争和政策风险。

在 20 世纪 90 年代末的互联网泡沫时期，芒格的误判心理学得到了生动的体现。当时，市场对互联网股票的热情空前高涨，投资者们被互联网行业的巨大潜力和快速增长所吸引，纷纷涌入这个领域。在这个过程中，奖励和惩罚超级反应倾向发挥了重要作用。投资者们看到早期投资互联网股票的人获得了巨额收益，受到奖励的诱惑，于是纷纷跟风买入。同时，喜欢和热爱倾向也让许多投资者对互联网公司产生了盲目的崇拜，忽略了这些公司大多没有盈利、估值过高的问题。

避免怀疑倾向使得投资者们在没有充分了解互联网行业的商业模式和竞争格局的情况下，就匆忙做出投资决策。而避免不一致性倾向则导致许多投资者在互联网泡沫破裂后，仍然不愿意承认自己的错误，继续持有股票，最终遭受了巨大的损失。

在 2008 年的次贷危机中，误判心理学同样扮演了重要角色。金融机构为了追求高额利润，过度发放次级贷款，并将这些贷款打包成金融衍生品出售。投资者们受到奖励的诱惑，纷纷购买这些看似高收益的金融产品。然而，他们忽略了次级贷款背后的高风险，以及金融衍生品的复杂性和不透明性。在这个过程中，从众心理也起到了推波助澜的作用。投资者们看到周围的人都在购买这些金融产品，就盲目跟风，认为大家都在做的事情一定是正确的。

在实践中，投资者可以运用误判心理学提升投资决策水平。投资者要认识到自己存在各种心理偏差，并且在投资决策过程中时刻保持警惕。可以通过反思自己过去的投资行为，分析自己在哪些情况下容易受到心理偏差的影响，从而有针对性地加以改进。芒格的多元思维模型告诉我们，投资决策不能仅仅依赖于金融知识，还需要借鉴其他学科的知识和方法。学习心理学、经济学、社会学等多学科知识，可以帮助投资者更好地理解人类行为和市场规律，从而避免因为思维方式单一而产生误判。

投资者可以建立一套科学的投资决策体系，包括明确的投资目标、合理的资产配置、严格的风险控制等。通过这个体系，可以减少个人情绪和心理偏差对投资决策的影响，使投资决策更加理性和客观。例如，制定严格的止损和止盈规则，当投资达到一定的风险水平或者收益目标时，就果断执行，避免因为贪婪或恐惧而做出错误的决策。

芒格的误判心理学，为我们揭示了投资决策背后的人性奥秘。它让我们明白，在投资中，不仅要关注市场变化和数据分析，更要关注自己的内心，克服人性的弱点。只有这样，我们才能在复杂多变的投资市场中保持头脑清醒，做出正确的投资决策。

丹尼尔·卡尼曼：非理性的决策密码

丹尼尔·卡尼曼，这位荣获诺贝尔经济学奖的心理学家，以其对人类决策行为的深入研究而闻名于世。他的研究横跨心理学和经济学两大领域，为我们理解人类在不确定条件下的决策过程提供了全新的视角。卡尼曼的研究成果表明，人类的决策并非像传统经济学理论所假设的那样，是完全理性和基于最优选择的。相反，我们的决策常常受到认知偏差、情感因素及启发式思维的影响，从而导致非理性的决策结果。

卡尼曼最为著名的理论当属前景理论，这一理论为解释人类在风险和收益面前的非理性决策提供了关键的支撑。前景理论主要包含三个核心要点：一是人们在面对收益时，往往表现出风险厌恶的倾向；二是人们在面对损失时，又会呈现出风险偏好的特征；三是人们对损失的感受要比收益更为敏感，即损失厌恶。如果觉得这个理论不好理解，也可以用一句话解释：想赢怕输，赚一点儿就跑，亏钱太多就死扛。（这种解释有助于加深理解，但有点片面。）

在投资领域，这些特性体现得淋漓尽致。例如，当投资者手中持有的股票价格上涨，获得一定收益时，他们往往更倾向于锁定利润，选择卖出股票，即使股票仍有继续上涨的潜力。这就是风险厌恶在起作用，投资者害怕失去已有的收益，所以选择保守的策略。反之，当投资者购买的股票价格下跌，出现损失时，他们却常常不愿意止损，而是抱着侥幸心理，期望股价能够反弹，甚至会进一步加仓，试图摊薄成本。这种行为反映了人们在面对损失时的风险偏好，为了避免确认损失，而愿意承担更大的风险。

损失厌恶的影响也十分显著。研究表明，人们对损失的痛苦感大约是同等收益带来的愉悦感的两倍。在投资中，这意味着投资者在面对同等收益和损失时，损失对他们心理的冲击更大。例如，一位投资者在一次交易中获得了 1000 元的收益，他可能只是感到些许高兴；但如果他遭受了 1000 元的损失，那么他的痛苦程度会远远超过获得收益时的喜悦。这种损失厌恶心理使得投资者在做决策时会过度关注可能的损失，从而做出不理性的决策。

除了前景理论，卡尼曼还揭示了诸多影响投资决策的认知偏差。例如，人们在判断事物时，往往会根据事物与某个典型模式的相似程度来进行判断，而忽略其他重要信息。在投资中，这可能表现为投资者仅仅根据某只股票过去的表现或者公司的知名度来判断其投资价值，而忽视了公司的财务状况、行业竞争态势等关键因素。例如，一些投资者看到某只热门股票在过去一段时间内持续上涨，就认为它是一只优质股票，而不考虑其股价是否已经被高估，公司的业绩是否能够支撑如此高的股价。

锚定效应也是一种常见的认知偏差。人们在做决策时，往往会过度依赖最初获得的信息（即锚点），并以此为基础进行调整。在投资中，投资者在对股票进行估值时，可能会受到股票的初始价格或者分析师给出的目标价格的影响。例如，一只股票的初始价格为 10元，投资者在后续对其进行估值时，往往会不自觉地以 10 元为基准进行判断，即使公司的基本面已经发生了重大变化。同样，当分析师给出某只股票的目标价格为 50 元时，投资者可能会将这个价格作为一个重要的参考，而忽视自己对公司的独立分析。

在 2008 年的全球金融危机爆发前，房地产市场的繁荣使得许多投资者认为房价会一直上涨，于是纷纷投资房地产相关的金融产品，如次级抵押贷款债券。投资者在决策过程中，过度依赖过去房价持续上涨的经验（锚定效应），认为房价只会继续上涨，而忽视了房地产市场可能存在的风险。同时，损失厌恶心理使得投资者在面对房价下跌的初期，不愿意承认损失，继续持有这些金融产品，导致损失不断扩大。最终，房地产市场的崩溃引发了全球金融危机，给投资者带来了巨大的灾难。

如果已经认识到非理性决策在投资中普遍存在且危害巨大，那么该如何应对这些非理性因素，提升投资决策的质量呢？首先，投资者要认识到自己的认知局限和非理性倾向，保持谦虚和谨慎的态度。在投资决策过程中，要时刻提醒自己可能存在的认知偏差，避免盲目自信和冲动决策。例如，在对某只股票进行投资决策时，不要仅根据自己的直觉或者一时的情绪做出判断，而是要进行深入的研究和分析。

其次，投资者可以通过学习和实践来提高自己的决策能力。了解卡尼曼的前景理论和认知偏差等相关知识，有助于投资者更好地理解自己的决策过程，从而在实际投资中加以避免。同时，投资者可以通过模拟交易、复盘历史案例等方式，不断积累经验，提高自己应对各种市场情况的能力。

最后，建立科学的投资决策体系也是至关重要的。投资者可以制定明确的投资目标，评估风险承受能力，拟定投资策略，并严格按照这些规则进行投资决策。通过建立投资组合来分散风险，避免过度集中于投资某只股票或者某个行业。同时，要定期对投资组合进行评估和调整，根据市场变化和自身情况及时做出决策。

卡尼曼的研究为我们揭示了投资决策背后的非理性密码，让我们深刻认识到人类在投资过程中并非完全理性的决策者。了解这些非理性因素及其影响，对于投资者来说具有重要的意义。只有认识到自己的弱点，克服认知偏差，建立科学的投资决策体系，才能在复杂多变的投资市场中做出更加理性的决策，走向投资成功。

杰西·利弗莫尔：投机天才与自我毁灭

在投资的历史长河中，杰西·利弗莫尔无疑是一个极具传奇色彩的人物。他以卓越的投机天赋，在金融市场掀起惊涛骇浪，却又在人生的末章，以悲剧收场。利弗莫尔出生于19世纪末美国一个普通的农民家庭。他自幼便对数字有着超乎常人的敏感，对金钱的流通逻辑也展现出浓厚的兴趣。年少的他，带着对未来的憧憬和闯荡世界的勇气，离开了家乡，来到波士顿，投身于金融行业。当时的美国金融市场，正处于快速发展的阶段，充满了机遇与挑战，这为利弗莫尔施展才华提供了广阔的舞台。

初入金融市场，利弗莫尔在一家股票经纪行担任记账员。这份平凡的工作，成了他学习和观察市场的绝佳契机。他每日沉浸在股票价格的起伏变化之中，仔细研究着每一笔交易的细节，逐渐培养出了对市场趋势的敏锐洞察力。很快，利弗莫尔就不满足于仅仅记录数据，于是他开始尝试小额交易。凭借着对数字的天赋和对市场的独特理解，他在早期的交易中屡屡获利。

1906年，利弗莫尔迎来了他投机生涯中的一次重大胜利。当时，美国股市处于牛市的后期，市场一片繁荣。然而，利弗莫尔却通过对市场细节的观察，察觉到了潜在的危机。他果断卖空了大量股票。不久之后，股市果然大幅下跌。利弗莫尔凭借着这次准确的预判，赚取了巨额财富，一举成名。

在第一次世界大战期间，利弗莫尔再次展现出卓越的投机能力。利弗莫尔通过对战争局势和经济数据的深入研究，准确地预测到了战争对美国经济的影响，以及股市的走势。他在市场中灵活操作，时而做多，时而做空，赚取了丰厚的利润。这一时期，利弗莫尔的财富达到了惊人的程度，他成为华尔街最受瞩目的人物之一。

1929 年，美国股市犹如一座摇摇欲坠的大厦，繁荣的表面下实则暗流涌动。利弗莫尔凭借着多年积累的经验和独特的市场嗅觉，察觉到了市场中弥漫的危险气息。与大多数盲目乐观的投资者不同，他敏锐地意识到股市已经处于极度泡沫化的状态，一场史无前例的危机即将来临。

在股市崩盘前的一段时间里，利弗莫尔就开始布局做空。他像一位冷静的猎人，耐心地等待着最佳的出击时机。当股市开始出现细微的下跌迹象时，他果断地加大了做空的力度。随着时间的推移，市场的恐慌情绪逐渐蔓延，股市暴跌不止。利弗莫尔的做空操作在这场股灾中获得了巨大的成功，他的财富呈几何级数增长，据说在这次崩盘中他赚取了超过 1 亿美元的利润，成为当时极少数在股市大崩盘中获利丰厚的投资者之一。

利弗莫尔在 1929 年的股市大崩盘中，不仅全身而退，而且赚取了巨额财富。《纽约时报》将他塑造成"击垮华尔街的男人"，也促使他开始极度"膨胀"。这种膨胀心理在 1933 年达到顶峰。他在自传中承认：当我开始享受登上杂志封面所带来的光环时，止损线就从交易计划里消失了。

研究利弗莫尔的交易日志会发现，其后期操作呈现出明显的成瘾特征。后半生，他在与市场的不断博弈中逐渐迷失了自我。财富的大起大落，以及个人生活的种种挫折，让他身心俱疲。最终，在1940 年，利弗莫尔以自杀的方式结束了自己充满传奇色彩的一生，一代投机天才就此陨落。

利弗莫尔的一生，是一部充满传奇色彩的悲剧。他的成功与失败，都深刻地反映了人性在投资中的重要作用。从他的成功经历来看，利弗莫尔敏锐的洞察力、果断的决策能力，以及对市场趋势的准确把握，无疑是他取得巨大成就的关键因素。他能够在复杂多变的市场中保持冷静和理性，抓住每一个机会，这是许多投资者所无法企及的。然而，利弗莫尔的失败同样值得我们深思。他在财富和名誉面前，逐渐迷失了自我，失去了对市场的敬畏之心和理性判断能力。他的贪婪、自负和情绪化，最终导致了他的毁灭。

利弗莫尔的故事也让我们认识到，市场是充满不确定性的，即使是最有天赋的投资者，也无法保证每次都能做出正确的决策。利弗莫尔的一生，堪称投机传奇，也是一部深刻的人性教材。他的故事告诉我们，投资是一场漫长而艰辛的旅程，需要我们不断地学习、积累经验，同时要时刻保持谦逊和敬畏。

在浩如烟海的金融著作中，利弗莫尔的《股票大作手操盘术》无疑是一座熠熠生辉的灯塔，也是我定期重复翻阅的著作之一。每次翻开这本书，都如同与一位久经沙场的交易大师促膝长谈。当我面对复杂多变的金融市场感到迷茫时，翻阅这本书，利弗莫尔对风险控制的严谨态度总能给我敲响警钟。当然，他的结局也让我扼腕叹息。在金融市场的血色浪漫中，生存的秘诀可能不在于预判市场，而在于驯服自己的欲望。

　　资本市场如同一面魔镜，既映照出人类智慧的光芒，也折射着人性的弱点。林奇凭借鸡尾酒会定律，教会我们从生活细节中捕捉市场情绪；芒格以误判心理学，揭示人性弱点如何左右投资决策；卡尼曼的非理性决策陷阱，让我们看清决策背后的认知偏差；利弗莫尔的跌宕人生，演绎着投机天才的荣耀与自我毁灭。

　　当你下次面对资本市场的暴涨暴跌时，请记住，太阳底下没有新鲜事，那些在金融市场中百年轮回的故事，不过是换了主角的相同剧本。那些投资大师们的故事与理论，共同构成行为科学这面人性显微镜。透过它，我们可以看到，投资绝非简单的数字运算，而是一场投资者与人性的深度较量。

第 25 讲
决策模型的升级迭代

　　当普通投资者还在 K 线图中寻找规律时，真正的投资大师早已在另一个维度构建战场。投资大师们不再满足于优化既有模型，而是通过颠覆性的思维框架重构整个决策系统。他们将数学的精确性、心理学的穿透力与哲学的系统性熔铸成全新的决策武器。

　　决策模型的进化就像人类认知的不断"破局"。三位投资大师用截然不同的路径进行了决策模型的迭代：詹姆斯·西蒙斯（James Harris Simons）开创量化时代，用数学和物理解构市场语言；霍华德·马克斯（Howard Marks）以第二层思维穿透群体幻觉；纳西姆·塔勒布（Nassim Nicholas Taleb）用非线性防御重构风险认知。

他们的实践昭示着，真正的决策革命不是工具的升级，而是认知维度的拓展。当普通投资者还在交易层面精进时，大师们已经重构了整个决策操作系统。这种思维层次的跃迁，使得他们能在市场噪声中识别真正的信号，在确定性中捕捉不确定性的红利。

詹姆斯·西蒙斯：开创了投资的量化时代

在投资界，当人们谈及传奇人物时，詹姆斯·西蒙斯的名字必定赫然在列。他以数学家的身份跨界踏入投资领域，凭借着深厚的数学和统计学功底，以及对市场独特的理解，开创了投资的量化时代，彻底改变了传统投资的格局，为投资者们打开了一扇全新的大门。

西蒙斯的学术生涯始于他对数学的痴迷与热爱。他出生于美国一个普通家庭，自幼便展现出在数学方面的天赋。凭借着这份天赋和不懈的努力，他顺利进入了著名的麻省理工学院（MIT）学习数学。在MIT，西蒙斯如鱼得水，他不仅在课堂上表现出色，还积极参与各种数学研究项目，与众多顶尖的数学家交流合作。

在 MIT 取得数学学士学位后，西蒙斯继续深造，前往加州大学伯克利分校攻读博士学位。在伯克利分校，他专注于拓扑学的研究，并取得了卓越的成果。他的博士论文在拓扑学领域引起了广泛的关注，为他在数学界赢得了声誉。毕业后，西蒙斯先后在哈佛大学和纽约州立大学石溪分校担任教授，继续在数学领域深耕。

在数学研究的过程中，西蒙斯逐渐培养出严谨的逻辑思维、强大的数据分析能力，以及对复杂问题的深入洞察力。这些能力不仅为他在数学领域的成就奠定了基础，也为他日后在投资领域的成功埋下了伏笔。他在数学研究中所运用的方法和思维方式，成为他日后构建量化投资模型的核心要素。

尽管在数学领域取得了辉煌的成就，但西蒙斯的内心始终对投资充满了好奇和向往。他开始思考，能否将自己在数学和统计学方面的知识运用到投资领域，从而找到一种全新的投资方法。于是，在 20 世纪 70 年代，西蒙斯毅然决定离开学术界，投身于充满挑战和机遇的投资世界。

初入投资领域，西蒙斯并没有立刻取得成功。他尝试过传统的投资方式，但发现这些方式存在着诸多局限性。传统投资往往依赖于投资者的主观判断和经验，容易受到情绪和市场噪声的影响，难以实现稳定的收益。西蒙斯意识到，要想在投资领域取得突破，必须另辟蹊径。

经过一段时间的研究和探索，西蒙斯开始尝试将量化分析引入投资决策。他利用自己在数学和统计学方面的知识，构建了一系列复杂的数学模型，通过对大量历史数据的分析和挖掘，寻找市场中的潜在规律和投资机会。这些模型能够对市场数据进行快速、准确的分析，从而帮助他做出更加理性和客观的投资决策。

在这个过程中，西蒙斯面临着诸多困难和挑战。一方面，当时的金融市场数据相对较少，数据质量也参差不齐，这给模型的构建和验证带来了很大的困难。另一方面，量化投资在当时还是一个新兴的领域，大多数投资者和金融机构对这种投资方式并不了解，甚至持怀疑态度。但西蒙斯并没有放弃，他坚信量化投资的理念和方法具有巨大的潜力，只要能够克服这些困难，就一定能够在投资领域取得成功。

1978 年，西蒙斯离开学术界，创立了一家名为 "Monemetrics" 的交易公司，后来发起了一只名为 "Limroy" 的对冲基金。1982 年，Monemetrics 公司正式更名为文艺复兴科技公司（Renaissance Technologies）。1988 年，西蒙斯清盘 Limroy 基金，成立了大奖章基金。大奖章基金的成立，标志着西蒙斯的量化投资理念正式落地，也开启了量化投资的新纪元。

大奖章基金采用了一种高度复杂的量化投资策略，它结合了数学、物理、统计学、计算机科学等多学科的知识和技术，通过对全球金融市场的海量数据进行实时分析和处理，寻找市场中的各种投资机会。该基金的投资范围涵盖了股票、债券、期货、外汇等多个领域，几乎涉及了全球所有的金融市场。

大奖章基金的成功离不开其独特的投资策略和强大的技术支持。在投资策略方面，西蒙斯和他的团队运用了先进的机器学习算法和人工智能技术，不断优化和改进投资模型，使其能够更好地适应市场的变化。同时，他们还采用了高频交易的方式，通过快速捕捉市场中的微小价格差异，实现了高额的收益。

在技术支持方面，文艺复兴科技公司拥有一支由顶尖数学家、物理学家、计算机科学家组成的研发团队，他们不断开发和完善各种数据分析工具和交易系统，为大奖章基金的运行提供了强大的技术保障。此外，公司还建立了一套严格的风险管理体系，通过对投资组合的风险进行实时监控和调整，确保了基金的稳健运行。

自成立以来，大奖章基金取得了令人瞩目的业绩。大奖章基金的收益率表现极为出色，在 1988—2018 年的 30 年中，年化收益率高达 66%，在扣除 5%的管理费和 44%的高额业绩提成后，仍然保持39%的年化收益率。该数据引自西蒙斯的传记，也得到了文艺复兴科技公司前员工及行业高管的交叉验证。

西蒙斯和他的大奖章基金的成功，对投资界产生了深远的影响。他们开创的量化投资模式，不仅为投资者提供了一种全新的投资选择，也推动了整个投资行业的创新和发展。量化投资的出现，使得投资决策更加科学、客观和高效。通过运用数学模型和计算机技术，量化投资者能够对市场数据进行全面、深入的分析，从而更加准确地把握市场趋势和投资机会。同时，量化投资还能够有效地避免投资者的主观情绪和偏见对投资决策的影响，从而提高投资决策的一致性和稳定性。

量化投资者通过对市场数据的分析和挖掘，能够发现市场中的各种定价错误和套利机会，从而推动市场价格更加合理地反映资产的真实价值。当然，随着量化投资的发展，如何确保市场的公平，如何提高对量化投资的监管，也成为新的课题。

西蒙斯的成功也给我们带来许多启示。首先，他告诉我们，跨学科的知识和技能是取得成功的关键。西蒙斯能够在投资领域取得巨大的成就，得益于他在数学、统计学、计算机科学等多个领域的深厚积累。这启示我们，在当今这个知识快速更新的时代，我们要不断拓宽自己的知识面，培养跨学科的思维能力，这样才能在不同的领域中取得成功。

其次，西蒙斯的成功还告诉我们，创新是推动行业发展的动力。

在投资领域，西蒙斯敢于突破传统的投资理念和方法，使得他能够在激烈的市场竞争中立于不败之地。

最后，坚持和专注是实现目标的重要保障。在量化投资的探索过程中，西蒙斯面临着诸多困难和挑战，但他始终坚持自己的理念和方法，不断努力和改进。正是这种坚持和专注，使得他最终取得了成功。这启示我们，在追求目标的过程中，我们要保持坚定的信念，克服各种困难和挫折，持之以恒地努力，以实现自己的梦想。

西蒙斯以其卓越的才华和创新精神，开创了投资的量化时代。他的故事激励着无数投资者和从业者，不断探索和追求投资的新境界。

霍华德·马克斯：思维层级的认知折叠

霍华德·马克斯是美国著名投资家，1946 年生人。他是橡树资本管理有限公司的创始人，被称为"周期天王"，其投资备忘录受巴菲特等众多投资者的追捧。霍华德·马克斯以其独特的"第二层思维"，为投资者照亮了一条通往成功的蹊径。他的投资理念和方法不仅是简单的技巧传授，更是一场对思维层级的深度探索与认知折叠，引领着投资者突破常规思维的局限。

投资，对于许多人来说，最初的理解往往停留在表面的数字涨跌和市场的简单波动上。投资者们常常依赖于新闻报道、分析师的预测以及市场的普遍共识来做出投资决策。这种基于表面信息和大众思维的投资方式，我们不妨称之为"第一层思维"。它直观、简单，几乎不需要太多的思考和分析，就像在平坦的道路上轻松前行，看似顺畅，实则却难以触及投资的核心。

在传统的第一层思维模式下，投资者们往往只能关注到市场的当前状态和显而易见的信息。例如，当一家公司发布了一份亮眼的财报，股价出现上涨时，第一层思维的投资者可能会毫不犹豫地跟进买入，认为这家公司的前景一片光明，股价还会继续攀升。他们没有深入思考这份财报背后的深层次原因，也没有考虑到市场中其他潜在的影响因素，如行业竞争的加剧、宏观经济环境的变化等。这种简单的思维方式，虽然在某些情况下可能会带来短期的收益，但从长远来看，却隐藏着巨大的风险。

霍华德·马克斯在其早期的投资生涯中，也经历过对传统投资思维的摸索和实践。他深刻地认识到，在这个充满不确定性和复杂性的投资世界里，仅仅依靠第一层思维是远远不够的。市场就像一个巨大的迷宫，表面的线索往往会误导投资者走向错误的方向。要想在投资中取得长期的成功，就必须突破这种传统思维的束缚，寻找一种更加深入、全面的思维方式。

霍华德·马克斯在不断的实践和思考中，逐渐意识到第二层思维的重要性。第二层思维，是一种与第一层思维截然不同的思维方式，它要求投资者不仅要看到市场的表面现象，还要深入挖掘其背后的深层次原因和潜在影响。它是一种逆向思维、深度思维和前瞻性思维的结合，需要投资者具备敏锐的洞察力、独立思考的能力和对市场的深刻理解。

与第一层思维的简单和直观不同，第二层思维更加复杂和深入。

当市场上大多数人都看好某一投资机会并纷纷涌入时，第二层思维的投资者会冷静地思考：为什么大家都这么看好？是不是存在一些被忽视的风险？当市场处于一片乐观情绪中时，他们会警惕地寻找潜在的危机；而当市场陷入恐慌，人人都急于抛售时，他们却能看到其中隐藏的机会。这种思维方式，就像是在平坦的思维平面上进行了一次折叠，使得投资者能够从不同的角度、不同的层次去审视市场，看到那些被第一层思维所忽略的信息和机会。

霍华德·马克斯在其著作《投资最重要的事》中，详细阐述了第二层思维的内涵和实践方法。第二层思维的核心在于，投资者要能够站在更高的思维层级上，思考市场的各种可能性和潜在变化。它不仅是对市场现状的分析，更是对未来趋势的预测和判断。

第二层思维要求投资者具备独立思考的能力，不随波逐流。在投资决策过程中，不能仅仅依赖于市场的普遍共识和他人的建议，而要通过自己的深入研究和分析，形成自己的观点和判断。当市场上大多数人都认为某只股票会上涨时，第二层思维的投资者会问自己："他们为什么会这么认为？我是否有不同的看法？"通过这种独立思考，他们能够避免被市场情绪所左右，从而做出更加理性的投资决策。

第二层思维还强调对风险的深刻认识和管理。在投资中，风险与收益是并存的，而第二层思维的投资者能够更加准确地评估风险，并采取相应的措施来降低风险。他们不会仅仅关注投资的潜在收益，而忽略了可能面临的风险。例如，在选择投资项目时，他们会仔细分析项目的基本面、市场前景、竞争态势等因素，评估项目可能面临的各种风险，如市场风险、信用风险、行业风险等。只有在充分评估风险的基础上，他们才会做出投资决策。

此外，第二层思维还注重对市场周期的把握。霍华德·马克斯认为，市场是有周期的，包括经济周期、行业周期和市场情绪周期等。第二层思维的投资者能够敏锐地察觉到市场周期的变化，在市场处于低谷时，大胆地买入；而在市场处于高峰时，谨慎地卖出。他们明白，市场的涨跌是循环往复的，只有把握好市场周期，才能在投资中获得长期的成功。

在实践中，霍华德·马克斯通过自己的投资决策，充分展示了第二层思维的威力。他管理的橡树资本，在面对各种复杂的市场环境时，始终能够保持稳健的业绩。无论是在经济繁荣时期，还是在金融危机的冲击下，橡树资本都能够通过运用第二层思维，做出正确的投资决策，为投资者创造丰厚的回报。

2008 年金融危机时，市场恐慌，投资者大量抛售高收益债券。第一层思维的投资者只看到市场的危机和债券价格下跌，选择逃离。但霍华德·马克斯运用第二层思维，深入思考后认为，虽然宏观经济形势严峻，但许多发行高收益债券的企业基本面并没有完全恶化，只是市场恐慌导致债券价格被严重低估。他判断市场过度反应，这种恐慌情绪终会过去，债券的价值最终会回归。于是，橡树资本在此时逆势抄底高收益债券。几年后，随着市场复苏，这些债券价格回升，为橡树资本带来了丰厚的利润。

培养第二层思维并非一蹴而就，它需要投资者不断地学习、实践和反思。霍华德·马克斯认为，投资者要想培养第二层思维，首先要具备扎实的投资知识和丰富的实践经验。只有通过不断地学习和实践，投资者才能对市场有更深入的了解，才能掌握第二层思维的方法和技巧。

其次，投资者要学会多角度思考问题。在面对投资决策时，不要仅仅局限于一种思维方式，而是要尝试从不同的角度去分析问题。可以参考不同的观点和意见，但同时要保持自己的独立思考能力，对各种信息进行筛选和判断。通过多角度思考，投资者能够更加全面地了解市场，发现那些被忽视的投资机会和风险。

最后，投资者要保持谦逊和敬畏之心。投资市场是复杂多变的，没有任何人能够完全准确地预测市场的走势。即使是经验丰富的投资者，也可能会犯错。因此，投资者要保持谦逊的态度，不断地反思自己的投资决策，总结经验教训。只有这样，才能不断地提升自己的投资水平，培养出更加成熟的第二层思维。

霍华德·马克斯的第二层思维，为投资者提供了一种全新的思维方式和投资理念。通过对思维层级的认知折叠，让投资者能够更加深入地理解市场，把握投资机会，管理投资风险。在这个充满挑战和机遇的投资世界里，掌握第二层思维，就如同拥有了一把开启成功投资之门的钥匙，能够引领投资者走向更高的投资境界。

纳西姆·塔勒布：如何防御黑天鹅事件

塔勒布 1960 年出生于黎巴嫩，是黎巴嫩裔美国人。作为风险资产交易领域的高手，他因提出"黑天鹅"理论和"反脆弱"概念而闻名。塔勒布以其对黑天鹅事件的深刻洞察，为投资者敲响了警钟，也为防御未知风险提供了独特的思路。黑天鹅事件，这些具有极端稀有性、极大冲击性的事件，往往能在瞬间颠覆市场。而塔勒布的理论和方法，犹如一盏明灯，指引着投资者在充满不确定性中寻找确定性。

在深入探讨如何防御黑天鹅事件之前，我们必须先认识什么是黑天鹅事件。在过去，人们一直认为天鹅都是白色的，因为在他们的认知范围内从未见过其他颜色的天鹅。直到有一天，在澳大利亚发现了黑天鹅，这个不可动摇的信念瞬间崩塌。这一事件就如同投资领域中的黑天鹅事件，人们基于过往经验和认知建立起的投资逻辑，会被突然出现的甚至完全超乎想象的事件彻底打破。

回顾历史，黑天鹅事件屡见不鲜。2001 年的"9·11"事件，恐怖分子劫持民航客机撞击美国纽约世界贸易中心双塔，这一事件不仅给美国带来了巨大的人员伤亡和经济损失，也对全球金融市场造成了强烈的冲击。股市大幅下跌，航空、保险等行业遭受重创。又如 2008 年的全球金融危机，源于美国次贷市场的崩溃，这场危机迅速蔓延至全球，众多金融机构倒闭，股市暴跌，房地产市场泡沫破裂，无数投资者的财富在这场风暴中化为乌有。这些事件都具有黑天鹅事件的典型特征：发生的概率极低，几乎难以预测，可一旦发生，就会带来极其严重的后果。

对于普通投资者而言，黑天鹅事件往往是噩梦的开始。他们通常基于过去的经验和数据来构建投资组合，认为市场会按照一定的规律运行。然而，黑天鹅事件的出现，打破了这种常规的认知，使得原本看似稳健的投资瞬间陷入危机。许多投资者在黑天鹅事件面前，毫无还手之力，只能眼睁睁地看着自己的资产大幅缩水。

塔勒布对黑天鹅事件的认知，打破了传统投资理论的框架。传统的投资理论，如现代投资组合理论，往往假设市场是正态分布的，风险和收益是可以通过历史数据和数学模型进行计算和预测的。然而，塔勒布指出，这种假设在现实中是不成立的。市场并非如理论所描述的那样稳定和可预测，而是充满了不确定性和随机性。黑天鹅事件的存在，使得市场的极端情况远远超出了传统理论的预测范围。

塔勒布认为，投资者不能仅仅依赖于历史数据和过去的经验来预测未来。因为黑天鹅事件的发生是不可预测的，它们往往来自认知的盲区。在投资中，这种思维方式会让投资者忽视潜在的风险，尤其是那些来自未知领域的风险。

例如，在金融市场中，投资者往往会根据过去的市场走势和经济数据来预测未来的市场趋势。然而，这些数据只能反映过去的情况，并不能准确地预测未来。黑天鹅事件的发生，往往是由于一些突发的、意外的因素，这些因素可能是政治、经济、社会等方面的重大变化，也可能是一些不可预见的自然灾害或技术变革。这些因素的出现，会打破市场原有的平衡，引发剧烈的波动。

既然黑天鹅事件无法准确预测，那么投资者应该如何防御呢？塔勒布提出了一系列独特的策略，帮助投资者在面对黑天鹅事件时降低损失，甚至从中获利。

塔勒布提出的杠铃策略是一种应对黑天鹅事件的有效方法。这种策略的核心思想是将投资组合分为两个极端，一端是极其安全的资产，如国债、现金等，这些资产的收益虽然较低，但风险也极低；

另一端是少量的高风险、高回报的资产，如一些新兴行业的股票、风险投资等。通过这种配置方式，投资者在保证资产安全的同时，也能够抓住一些潜在的高回报机会。

当黑天鹅事件发生时，安全资产能够起到稳定投资组合的作用，避免投资者遭受重大损失。而高风险资产虽然可能在平时表现不稳定，可一旦遇到黑天鹅事件，这些资产的价值便会大幅上涨，从而为投资者带来丰厚的回报。例如，在 2008 年的全球金融危机中，许多投资者因为过度投资于高风险的金融衍生品而遭受重创。然而，那些采用杠铃策略的投资者，由于持有大量的安全资产，如国债和现金，在危机中保住了大部分资产。同时，他们持有的少量高风险资产，如一些被低估的股票，在危机过后随着市场的复苏而大幅上涨，为他们带来了可观的收益。如果持有的是期权等衍生品，甚至在危机中也可能带来大幅增值。

冗余策略是指在投资中保留一定的冗余资源，以应对可能出现的突发情况。这种策略类似于在建筑结构中增加冗余支撑，即使部分结构受损，整个建筑仍然能够保持稳定。在投资中，冗余策略可以表现为持有一定的现金储备、分散投资于多个领域或资产类别等。持有现金储备可以让投资者在黑天鹅事件发生时，有足够的资金进行抄底。

反脆弱性是塔勒布提出的一个重要概念，它指的是系统在面对不确定性和冲击时，不仅能够保持稳定，还能够从中受益并变得更加强大。在投资中，投资者可以通过构建具有反脆弱性的投资组合来应对黑天鹅事件。

具有反脆弱性的投资组合，能够在市场的波动中不断调整和优化。例如，一些投资者会采用动态资产配置策略，根据市场的变化及时调整投资组合中不同资产的比例。当市场出现上涨趋势时，他们会适当增加股票等风险资产的配置；当市场出现下跌风险时，他们会及时减持风险资产，增加现金或债券等安全资产的配置。这种动态调整的策略，使得投资组合能够更好地适应市场的变化，增强其反脆弱性。

除了具体的投资策略，塔勒布还强调了培养黑天鹅思维的重要性。黑天鹅思维是一种对不确定性和风险保持敬畏的思维方式，它要求投资者时刻警惕那些可能改变市场格局的极端事件，不要被过去的经验和认知所束缚。投资者要学会接受市场的不确定性，不要试图去预测那些不可预测的事件。相反，他们应该将注意力放在如何应对不确定性上，通过构建合理的投资组合和风险控制体系，降低黑天鹅事件对投资的影响。同时，投资者要保持开放的心态，不断学习和更新自己的知识和观念，以便能够及时适应市场的变化。

塔勒布关于如何防御黑天鹅事件的理论和方法，为投资者提供了宝贵的启示。在这个充满不确定性的投资世界里，黑天鹅事件随时可能发生。只有深入理解黑天鹅事件的本质，采用合理的投资策略，培养防御黑天鹅事件的思维，投资者才能在投资的道路上抵御黑天鹅事件带来的风暴。

站在三位巨人的肩膀上看投资，我们得以窥见决策模型进化的终极形态：西蒙斯的数学信仰构建了决策的骨架，霍华德·马克斯的思维折叠术赋予其神经，塔勒布的反脆弱哲学则注入免疫系统。投资决策和决策模型成为具有代谢能力的有机体。未来的资本战场上，那些不断进化决策模型的投资者，终将在市场混沌中开辟出新秩序。

第 26 讲
历史经典的投资战役

资本市场就像一部永不完结的悬疑小说，那些被载入史册的投资战役，其实是人性与规律交锋的经典片段。想象一下，当所有人都在恐慌抛售时，有人却冷静买入；当市场沉浸在狂欢中时，有人早已埋下离场的伏笔。这些传奇故事的背后，藏着普通人也能领悟的财富密码。

本节要讲述的三场投资经典战役，主角们都是深谙人性弱点的"认知猎手"，他们在一些重大事件上创造了惊人的财富。巴菲特在保险公司濒临破产时看到别人忽略的长期价值，约翰·保尔森（John Paulson，美国著名投资家）在次贷泡沫中嗅到数据揭示的危险信号，乔治·索罗斯在外汇市场发现国家政策的致命漏洞。他们的成功，本质都是在市场集体犯错的时刻，用更深层的思考找到财富密码。这些故事证明：投资不是金融精英的专利，每个普通人都能从中获得启发。

巴菲特收购 GEICO：逆向投资的完美演绎

沃伦·巴菲特，这个名字在投资界如雷贯耳，他收购 GEICO

（Government Employees Insurance Company，政府雇员保险公司）
的案例，堪称逆向投资的经典之作。这个案例不仅展现了巴菲特超
凡的投资智慧，更揭示了资本市场中人性与价值的永恒博弈——当
众人夺路而逃时，真正的猎手正在废墟中寻找被遗落的黄金。

GEICO 成立于 1936 年，创始人利奥·古德温（Leo Goodwin）及
其妻子莉莲·古德温（Lillian Goodwin），发现了被传统保险公司忽
视的优质客群：政府雇员、教师等职业稳定且驾驶习惯良好的人群。
通过邮寄直销模式砍掉保险代理人环节，这家公司一反行业惯例，
开创了薄利多销的策略，将运营成本压缩至行业平均水平的 60%。
在成立后的三十年间，这家公司在保险市场势如破竹。到 1972 年，
其市值已膨胀至 16 亿美元，成为华尔街的宠儿。

然而公司在 20 世纪 70 年代迎来危急时刻。石油危机引发的通
货膨胀飓风席卷全美，汽车维修费用飙升，医疗赔付成本更是如脱
缰的野马。GEICO 引以为傲的精算模型在通胀中突然失灵——原本基
于历史数据设定的保费，在新事故成本面前显得杯水车薪。更致命
的是，管理层在扩张焦虑的驱使下，开始承接高风险客群的保单，
有点像米其林餐厅为了增加营业收入，不得已去卖快餐。到 1975 年，
公司出现了巨额亏损，股价从巅峰的 61 美元崩落至 2 美元，华尔街
大多数分析师将其评级定为"垃圾级"。

这时候，时年 46 岁的巴菲特发现了三个被恐慌掩盖的价值锚点：
第一，核心客户群体（公务员、工程师等）的实际事故率仍比行业
均值低 20%以上，对于保险公司来说，这些人仍然是远超行业平均
水平的优质客户；第二，即便在公司大幅亏损的 1975 年，公司每收
取 1 美元保费，运营成本仍控制在 0.33 美元，这证明其商业模式的

抗压性；第三，保险浮存金（客户预存保费）的规模仍达 4.3 亿美元，这些"无息贷款"的年化成本仅 3%，当时十年期国债收益率大部分时间在 7%以上，完全可以用保险浮存金做无风险套利。

巴菲特的操作堪称逆向投资的教科书。在美国证券交易委员会会计调查的阴云下，他分三次秘密增持，每次买入都选择在公司季报公布后的情绪低点。要理解巴菲特的决策，我们可以用超市购物的场景来类比：当某家超市突然传出倒闭的传闻，货架上的进口牛排打折处理时，大多数人会慌忙抛售手里的购物卡，但精明的家庭主妇却会趁机大量收购。GEICO 就是巴菲特眼中的"半价"甚至"两折"牛排：虽然外包装（公司财报）破损难看，但内在品质（客户质量）优良。

这场持续几十年的投资马拉松，最终缔造了数百亿美元的财富神话。但比数字更震撼的是其展现的思维范式：当市场在恐惧中线性外推时，巴菲特看到的不是季度财报的赤字，而是浮存金在三十年周期中的复利轨迹；警惕的不是眼前的亏损，而是客户质量的长期价值。巴菲特在 1996 年收购了 GEICO 保险公司剩余的股权，支付了约 23 亿美元。1996 年 1 月 2 日，巴菲特以每股 70 美元的价格收购了 GEICO 剩余的 49%普通股，使 GEICO 成为伯克希尔哈撒韦公司的全资子公司。

如果我们对巴菲特收购 GEICO 的过程进行复盘，会发现，这不仅是一场投资的博弈，更是一次对投资哲学的深度践行。他的决策并非基于一时的冲动或市场的短期波动，而是经过深思熟虑和对企业内在价值的精准判断。

在巴菲特持续增持 GEICO 股票的过程中，他始终密切关注着公司的每一个细微变化。他与 GEICO 的管理层保持着密切的沟通，深入了解公司的运营状况和未来的发展规划。他鼓励管理层坚持做核心业务，专注于为优质客户群体提供服务，不断优化成本结构，提升服务质量。这种深度的参与和关注，使得巴菲特能够更好地把握公司的发展方向，也让他对自己的投资决策更加坚定。

巴菲特对 GEICO 的投资成功在投资界引起了巨大的反响。他的投资理念和方法成为众多投资者学习和模仿的对象。许多投资者开始意识到，在投资中，不能仅仅关注市场的短期波动和热门趋势，而应该深入研究企业的内在价值，寻找那些被市场低估的优质资产。

巴菲特的逆向投资策略让人们明白了，在市场恐慌和悲观情绪中往往隐藏着巨大的投资机会。只要能够保持冷静，理性分析，就有可能在别人恐惧时贪婪，实现财富的增值。这场投资战役也对 GEICO 本身产生了深远的影响。在巴菲特的引领下，GEICO 逐渐形成了一种稳健、创新的企业文化。公司注重客户需求，不断优化产品和服务，致力于为客户提供最优质的保险体验。同时，GEICO 也积极承担社会责任，参与各种公益活动，赢得了社会的广泛认可和赞誉。

巴菲特收购 GEICO 是投资史上的一个经典案例。它不仅为巴菲特带来了巨大的财富回报，也为整个投资界提供了宝贵的经验和启示。它告诉我们，在投资的道路上，要保持独立思考，不被市场情绪所左右；要深入研究企业的内在价值，寻找那些具有长期投资价值的优质资产；要敢于逆向而行，在市场的低谷中寻找机会。只有这样，我们才能在复杂多变的投资市场中取得成功。投资并非一个智商为 160 的人就一定能击败智商为 130 的人的游戏。理性才是投资中最重要的因素。

约翰·保尔森次贷狙击战：数据侦探的财富逆袭

2005 年的美国楼市如同一个狂欢派对。房产经纪人在开放式样板间，向餐厅服务员、出租车司机甚至无业游民兜售着美国梦。这场全民狂欢的背后，一场地产危机悄然而至。

华尔街的金融工程师们将次级贷款（Subprime Mortgage）切碎重组，创造出名为 CDO（Collateralized Debt Obligation，担保债务凭证）的金融怪物。CDO 是以抵押债务信用为基础，基于各种资产证券化技术，对债券、贷款等资产进行结构重组，重新分割投资回报和风险，以满足不同投资者需要的创新性衍生证券产品。在次贷危机的背景下，CDO 的基础资产很多是次级贷款相关的债券。这些次级贷款本身的违约风险较高，但通过资产证券化技术被打包进CDO。

我们可以想象有一位蛋糕师，把过期三年的火腿、发霉的奶酪和新鲜的奶油层层堆叠，再用金箔包裹成豪华礼盒——这就是 CDO 的本质。这些包含高风险房贷的资产包被切割成优先层（AAA 评级）、中间层（AA-BBB 评级）和股权层（无评级），像俄罗斯套娃一样层层转售。更魔幻的是，当底层资产质量恶化时，投行们又把劣质 CDO 再次证券化，继续兜售。

在这场盛宴中，评级机构扮演着荒诞的食品安全检验员的角色。评级机构的分析师们的绝大部分收入来自被评级对象，这种荒诞的利益链让最劣质的 CDO 也能获得认证。到 2006 年，很多"毒资产"通过证券化链条渗透进养老基金、大学捐赠基金甚至挪威的主权财富基金，全球金融体系变成了一个巨大的传销网络。

对冲基金经理约翰·保尔森时任保尔森基金公司总裁，像食品检测员般发现了问题。保尔森团队研究发现，2006 年新发放贷款的违约率有上升趋势。从一些金融机构的内部数据来看，次级贷款中低信用评级借款人的占比不断增加。一些银行的内部报告显示，2005—2006 年发放的次级贷款中，信用评级在 B 级及以下的借款人比例相比 2003—2004 年有显著提高。这些发现，让他开启了史上伟大的"金融侦探"之旅。

这位对冲基金经理设计出精密的金融末日保险方案。他大量买入信用违约互换（Credit Default Swap,CDS），这种衍生品相当于给整条街的危房购买火灾保险。以 1 亿美元本金为例：每年支付 800 万美元保费，如果房贷违约率超过 7%，就能获得 20 倍赔付。为了规避对手方的风险，保尔森将"保单"分散在 12 家投行，并要求每日盯市结算。这个策略的精妙之处在于：用固定成本博取不对称收益，就像用一堆火柴的钱押注森林早晚会发生大火。

当然，事情并没有一开始就非常顺利。在实施投资计划的过程中，保尔森经历了炼狱般的煎熬。2006 年上半年，他的旗舰基金净值大幅下跌，很多投资人威胁要撤资，投资人觉得保尔森看错了方向，竟然会天真地以为美国房价虚高；很多同行嘲笑他是"只会看报表的会计"。

2007 年 2 月 7 日晚间，美国第二大次级抵押贷款专业机构新世纪金融宣布将调整其 2006 年前三季度的业绩报告，以修正与贷款回购损失相关的会计错误，并预计由早期坏账带来的损失，可能会使公司 2006 年第四季度的业绩出现亏损，即推迟公布原本应披露的第四季度季报相关的盈利信息。消息发布次日，该公司的股价暴跌。

当年 4 月 2 日，新世纪金融公司向法院申请破产保护。随后，美国次贷危机一发而不可收，其影响越来越大。雷曼兄弟和美林公司在内的众多金融机构遭遇危机，一场摧枯拉朽的国际金融危机最终爆发，波及全球实体经济发展，进而引发的金融海啸很快蔓延全球。

2007 年，据《华尔街日报》报道，保尔森的基金的整体利润约为 150 亿美元，保尔森个人获利将近 40 亿美元，创华尔街历史单年最高交易员收入纪录。保尔森一举跻身华尔街超级明星基金经理的行列。当年嘲笑他的所有人开始为曾经的无知买单。

保尔森的成功并非偶然，他的胜利背后是无数个日夜的潜心研究与分析。在收集房贷记录、跟踪市场数据的过程中，他和团队不放过任何一个细节，凭借着对数字的敏感和对市场规律的深刻理解，逐渐揭开了楼市虚假繁荣背后的真相。这种深入调研的精神，成为他在这场投资战役中致胜的关键武器之一。

在承受巨大压力的日子里，保尔森始终坚守自己的判断。他不断反思投资策略，优化细节，却从未动摇做空的决心。他知道，一旦在关键时刻退缩，之前的所有努力都将付诸东流。为了安抚投资人，他耐心地解释自己的投资逻辑，展示详实的数据和分析报告，试图让他们理解这场看似疯狂的投资背后隐藏的巨大机遇。尽管过程艰难，但他始终没有放弃与投资人的沟通，努力维持着基金的稳定运作。

保尔森的胜利对整个投资界产生了深远的影响。他的成功案例成为投资界的经典教材，激励着无数投资者去挑战传统思维，挖掘市场中被忽视的机会。他的投资策略和风险管理方法被广泛研究和借鉴。许多投资者开始意识到，在复杂多变的金融市场中，不能仅仅依赖于市场的表面现象和普遍共识，而要像保尔森一样，深入挖掘数据背后的真相，敢于做出与众不同的投资决策。

这场次贷狙击战也促使金融监管机构对金融市场进行深刻的反思。他们开始重新审视金融衍生品的风险，加强对评级机构的监管，完善金融市场的监管体系。保尔森的胜利，让人们看到了金融市场中存在的漏洞和风险，推动了金融行业的改革与发展。

回顾保尔森的投资历程，我们可以从中汲取宝贵的经验教训。在投资中，我们要保持独立思考，不被市场的喧嚣和他人的意见所左右；要具备扎实的专业知识和敏锐的洞察力，能够从海量的数据和复杂的市场现象中发现潜在的投资机会；同时，还要有坚定的信念和强大的抗压能力，在面对困难和质疑时，能够坚守自己的判断，不轻易放弃。

2008 年，我刚踏入证券分析师行业。记得我刚开始在媒体上看到保尔森的相关报道时，内心满是震惊与膜拜。从那一刻起，我深知，在复杂的金融世界要想成功，敏锐的洞察力、果敢的决策、强大的抗压能力，缺一不可。如果当时保尔森看对也做对了，但是账户浮亏后，在投资人和同行的压力和质疑下，如果思想动摇，后面的胜利可能就跟他无缘了。最大的 Alpha（超额收益）永远藏在市场共识的断层带里。

乔治·索罗斯狙击英镑：金融大鳄的货币战争

乔治·索罗斯（George Soros），这位被《经济学人》称为"击垮英格兰银行的人"，在 1992 年的秋天上演了金融史上惊心动魄的货币战争。这场战役不仅让他个人获利超过 10 亿美元，更让世人知晓了反身性理论的威力。

索罗斯的反身性理论认为，在金融市场等领域，参与者的认知与行为会影响事件的发展进程。参与者基于对事物的认知做出决策并采取行动，而这些行动又会改变事物的实际状态，新的状态反过来又影响参与者的认知，如此形成一种双向反馈机制。这种相互作用不是简单的线性关系，而是复杂、动态且具有不确定性的，会导致市场出现过度反应等现象，使市场走势难以用传统理论完全准确地预测，强调了参与者的主观因素在市场运行中的重要作用。

我们可以用反身性理论来解释股票市场的一些现象。假设一家科技公司推出了一款新产品，市场分析师普遍认为该产品会大获成功，这使投资者形成该公司前景光明的认知，于是大量买入其股票，推动股价上涨。在股价上涨后，公司的市场形象和融资能力得到提升，能更容易地获得资金用于扩大生产和研发，这又进一步促进了公司的业务发展，似乎验证了投资者最初的认知。而公司业务的良好表现又会让投资者更加坚信自己的判断，继续买入股票推高股价。投资者的认知与公司的实际发展相互影响、相互强化，这就体现了索罗斯的反身性理论。

要理解这场世纪狙击战，必须回到二战结束后的欧洲棋盘。二战结束后，欧洲国家希望与邻国建立起更加紧密的联系。欧洲人致力于创立泛欧市场来与美国实现并驾齐驱的对等态势。这一过程最终在欧盟成立之时达到顶峰，直到欧洲单一货币在1999年正式流通。

欧元的先驱是1979年设立的欧洲汇率机制，各国当时没有做好放弃本国货币的准备，但也达成这样的共识，即让各国间货币的汇率水平固定，而不是持续地浮动。由于德国是欧洲最强大的经济体，因此欧洲国家的汇率都折算成德国马克的价值。各国同意维持各国间货币汇率对比德国马克的水平在±6%的范围内变动。

英国在1990年加入该体系，英镑与德国马克挂钩，汇率固定在1∶2.95左右。但当时英国经济陷入衰退，通胀压力较大，却需要维持高利率来吸引外资，支撑英镑币值。而德国由于东西德的统一，为了应对东德重建带来的通胀压力，德国央行采取了加息政策，这使得英镑面临巨大压力。原因是，如果英国跟随德国加息，则会进一步加重英国的经济衰退；若不加息，则英镑相对马克的吸引力下降，资本可能流出英国。

索罗斯敏锐地察觉了这一矛盾，认定英镑被高估，且英国难以长期维持当前的汇率。从1992年年初开始，索罗斯旗下的量子基金就逐步布局。他和助手们大量卖空英镑，同时买入坚挺的德国马克。到1992年9月，索罗斯卖空了大约70亿美元的英镑，买入约60亿美元的德国马克，还买入了一定数量的法国法郎。

1992年9月15日，索罗斯决定加大做空英镑的力度，量子基金等一众投机者纷纷跟风抛售英镑。这使得英镑对马克的比价迅速下跌，逼近欧洲汇率体系规定的下限。英国政府为了捍卫英镑的汇率，英格兰银行在当天动用了约 30 亿英镑购入英镑，但未能阻挡英镑的跌势。

英国财政大臣采取多种措施应对危机，先是请求德国降低利率，减轻英镑的压力，但遭到德国拒绝；随后宣布上调本国利率，从原本的 10% 先上调 2 个百分点至 12%，后又在一天内再次将利率大幅提升至 15%，希望通过高利率吸引资金回流，支撑英镑。然而，市场对英镑的信心已经动摇，大量资本持续流出。

在强大的抛售压力下，英国政府的努力宣告失败。1992 年 9 月 16 日，被称为"黑色星期三"，英国政府最终被迫宣布退出欧洲汇率体系，英镑汇率自由浮动，当日英镑对马克的汇率大幅下跌，最终英镑兑马克的汇率由之前的 2.1 左右变为 1.7 左右。

事后来看，当索罗斯建立英镑空头头寸时，他投入的不仅是资金，更是向市场注入怀疑的"病毒"。每个跟风抛售英镑的交易员，都在强化"英镑必贬"的集体认知；每篇质疑英国经济的基本面分析，都为贬值预期提供新的佐证。这种反身性循环最终压垮了汇率机制的物理防线——英格兰银行的失败，早在第一个空单成交时，就已经注定。

中国新闻网曾引英国《世界新闻报》的报道称，索罗斯在 1992 年沽空英镑的战役中获利多达 10 亿美元。索罗斯狙击英镑的成功，充分展示了反身性理论的威力。他通过对市场参与者认知和行为的分析，准确把握了市场的趋势，敢于在关键时刻果断出手。它揭示了现代金融市场的本质：资产价格不仅是基本面的映射，更是参与者预期的叠加。

索罗斯这场狙击英镑的战役，堪称金融史上的经典之作，其影响深远，至今仍被人们津津乐道。这场战役不仅改变了英国的经济和金融格局，也对全球金融市场的发展产生了重要的推动作用。

对于投资者而言，索罗斯狙击英镑的事件是一堂生动的投资教育课。它让投资者深刻认识到，市场并非总是理性的，投资者的情绪和认知会对市场产生巨大的影响。在投资过程中，不能仅仅依赖于传统的基本面分析，还需要关注市场参与者的心理和行为，以及市场的反身性特征。同时，这一事件也提醒投资者，要具备敏锐的市场洞察力和果断的决策能力，在市场出现重大变化时，能够及时调整投资策略，抓住投资机会。

从宏观角度来看，索罗斯狙击英镑的成功，促使各国政府和金融监管机构重新审视金融市场的稳定性和监管机制。英国在这场战役后，对其金融政策和监管体系进行了全面的反思和改革，加强了对金融市场的监管力度，提高了金融机构的风险管理能力。其他国家也纷纷从中吸取教训，加强了对金融市场的监测和预警，完善了金融监管制度，以防止类似的金融风险再次发生。

索罗斯的反身性理论在这场狙击战中得到了淋漓尽致的体现，它揭示了金融市场中参与者与市场之间的复杂关系。这种理论不仅为投资者提供了一种全新的分析市场的视角，也为金融市场的研究和发展提供了重要的理论基础。

回顾这三场历史上经典的投资战役，我们可以看到，每一位投资大师都具有独特的投资理念和方法，但他们也有一些共同的特点。

第一，他们都具备敏锐的洞察力。无论是巴菲特对 GEICO 价值的发现，保尔森对次贷市场风险的洞察，还是索罗斯对英镑汇率的判断，都源于他们对市场的深入研究和敏锐的观察力。他们能够从复杂的市场信息中，捕捉到那些被大多数人忽视的机会和风险。

第二，他们都敢于逆向而行。在市场一片乐观时，他们能够保持冷静，看到潜在的风险；在市场恐慌时，他们又敢于大胆出手。这种逆向投资的思维方式，需要投资者具备坚定的信念和强大的心理素质，不被市场情绪所左右。

第三，他们都注重风险管理。在投资过程中，他们都会对风险进行评估和控制，通过合理的投资组合和对冲策略来降低风险。无论是巴菲特对 GEICO 的持续评估和增持，保尔森通过 CDS 对冲风险，还是索罗斯在狙击英镑时的资金管理和风险控制，都体现了他们对风险管理的重视。

这些历史上经典的投资战役，不仅为我们提供了宝贵的投资经验，也让我们深刻地认识到投资市场的复杂性和不确定性。历史不会简单地重演，但认知差永远存在。当短视频平台开始热炒某个投资概念时，当亲戚朋友都在讨论股票代码时，不妨回想这些战役中的智慧：真正的机会，往往藏在市场集体思维的盲区里。

第 27 讲
失败案例的启示录

在投资的世界里，成功的故事往往被广为传颂，而失败的案例却常常被忽视。然而，正是这些失败的案例，为我们提供了最宝贵的教训。从 1929 年的美国股灾到长期资本管理公司的崩溃，再到老虎基金的关闭，这些历史上的重大失败事件，不仅仅是投资大师们的折戟之地，更是我们学习和成长的宝贵资源。

在 1929 年的美国股灾中，10 月 24 日被称为"黑色星期四"。在这一天，美国纽约证券交易所的股市突然暴跌，大量股票被抛售，恐慌情绪迅速蔓延。虽然当天尾盘有资金试图救市，暂时稳定了股价，但这只是股灾的开端。随后的 10 月 29 日，股市再次暴跌，标志着经济大危机的全面爆发。很多投资大师在这场股灾中纷纷折戟，他们的失败提醒我们，即使是最有经验的投资者也难以预测市场的极端波动。

长期资本管理公司（Long-Term Capital Management，LTCM）的故事，则是一个关于过度杠杆和风险管理失败的经典案例。LTCM 由一群诺贝尔奖得主和华尔街精英所创立，他们利用复杂的数学模型和极高的杠杆率进行投资。然而，当市场出现意外波动时，LTCM 的巨额亏损几乎引发了全球金融系统的崩溃。这个案例告诉我们，无论模型多么精密，过度杠杆都可能导致灾难性的后果。

老虎基金的关闭，则是另一个关于宏观误判和流动性风险的教训。老虎基金曾经是全球最成功的对冲基金之一，但在 1998 年的俄罗斯债务危机中，基金经理朱利安·罗伯逊（Julian Robertson）错误地判断了市场的走势，导致基金遭受巨大损失，对科技股泡沫的误判，让老虎基金走向末路。最终，老虎基金在 2000 年关闭，这个案例强调了宏观分析和流动性管理在投资中的重要性。

通过这三个案例，我们可以看到，即使是投资大师也会犯错，而这些错误往往源于对市场风险的低估，对杠杆的过度依赖，以及对宏观环境的误判。这些失败案例为我们提供了深刻的启示，接下来我们将深入研究这些案例，并探讨如何将这些教训应用到我们的投资策略中。

1929 年美国股灾：投资大师纷纷折戟

1929 年的美国股灾，是历史上最著名的股市崩盘之一，也是投资大师们纷纷折戟的战场。人们发现，原来大师也是"凡人"。它不仅是一场经济危机，更是一场人性的考验，暴露了贪婪与恐惧在投资中的巨大破坏力。

20 世纪 20 年代，美国经济蓬勃发展，股市也迎来了前所未有的繁荣。这一时期被称为"咆哮的 20 年代"。投资者们纷纷涌入股市，希望能够从中获利。然而，这种繁荣背后隐藏着巨大的风险。许多人甚至通过借贷来投资股票，认为股市只会永远上涨。然而，当泡沫最终破裂时，市场陷入了恐慌，股价暴跌，无数投资者损失惨重。在这场股灾中，即使是那些被誉为投资大师的人也未能幸免。他们中的许多人曾经在股市中取得了巨大的成功，但在 1929 年的美国股灾中，他们的投资策略却未能奏效。

在这场股灾中，不少声名赫赫的投资大师也折戟沉沙。例如，我们前面提到的杰西·利弗莫尔，他以其精准的市场判断和卓越的交易技巧而闻名。然而，在 1929 年的美国股灾中，利弗莫尔虽然成功做空市场并赚取了巨额利润，但他在随后的市场反弹中却遭受了重大损失。他过于自信地认为市场会继续下跌，而忽视了市场反弹的可能性。

还有美国大名鼎鼎的经济学家欧文·费雪（Irving Fisher），他在这场股灾前宣称"股票价格达到了看似永恒的高峰"。他对市场前景过于乐观，不仅自己投入大量资金炒股，还鼓励他人投资。许多投资者基于对他专业权威的信任，在股灾前继续大量买入股票，甚至加大杠杆。当股灾暴发时，股价暴跌，这些投资者损失惨重，而费雪自己也深陷其中。他所经营的公司因投资失利濒临破产，他本人在投资领域的声誉也受到极大损害。

与上述两位形成鲜明对比的是罗杰·巴布森（Roger Babson），巴布森是美国一位颇具影响力的投资顾问和统计学家，他很早就敏锐地察觉到了股市泡沫的存在。早在 1929 年春天，他就开始在各种场合警告投资者，股市即将面临一场大崩溃。在一次演讲中，他直言：崩盘迟早会来，而且可能比大多数人想象的还要严重。他还通过自己的刊物，不断向投资者传递风险信号，呼吁大家保持谨慎。

尽管巴布森准确地预测到了股灾的发生，但他也并非完全置身事外。在股灾初期，他旗下的一些投资组合同样受到了冲击。不过，由于他一直秉持着风险控制的理念，提前进行了一定的资产配置调整，分散了投资风险，所以损失相对较小。在股灾后期抓住了一些投资机会，挽回了部分损失。

格雷厄姆则以其价值投资理论而闻名，被誉为"现代证券分析之父"。然而，在 1929 年的美国股灾中，格雷厄姆也未能幸免。尽管他采用了相对保守的投资策略，但他的投资组合仍然遭受了重大损失。格雷厄姆从失败中吸取了教训，并在随后的投资生涯中不断完善自己的理论。他的经典著作《证券分析》和《聪明的投资者》成为价值投资的圣经，影响了无数投资者。

格雷厄姆的经历告诉我们，失败并不可怕，关键是从中吸取教训并不断改进。他的价值投资理论强调，投资者应该关注企业的内在价值，而不是市场的短期波动。通过深入分析企业的财务状况和盈利能力，投资者可以找到被市场低估的优质股票，从而获得长期稳定的回报。格雷厄姆的理论在 1929 年的美国股灾后的几十年里得到了验证，成为投资界的经典。

1929 年的美国股灾给我们提供了深刻的启示。首先，它提醒我们，市场泡沫是极其危险的。当市场出现过度繁荣时，投资者们往往会忽视风险，盲目追涨，最终导致泡沫破裂。

其次，这场股灾也揭示了投资者心理的脆弱性。在市场恐慌中，投资者们往往会做出非理性的决策，进一步加剧市场的波动。

例如，在股灾暴发后的几天内，许多投资者陷入了恐慌性抛售，导致股价进一步下跌。这种非理性的行为不仅加剧了市场的波动，也使得许多原本可以避免的损失变得更加严重。

最后，股灾还暴露了金融市场的不完善之处。当时的市场监管机制相对薄弱，内幕交易和市场操纵现象屡见不鲜，这些因素进一步加剧了市场的动荡。

作为投资者，我们必须时刻保持警惕，避免被市场的繁荣所迷惑。我们需要认识到，市场风险是始终存在的，即使是最有经验的投资者也难以预测市场的极端波动。通过学习和分析 1929 年的美国股灾，我们可以更好地理解市场的运作机制，避免重蹈覆辙。

例如，我们可以从股灾中学到分散投资的重要性。在 1929 年美国股灾期间，许多投资者将全部资金投入股市，甚至通过借贷来增加投资杠杆。当市场崩盘时，这些投资者不仅损失了全部本金，还背负了沉重的债务。而如果他们能够将资金分散投资于不同的资产类别，如债券、房地产或黄金，那么他们的损失可能会大大减少。

此外，1929 年的美国股灾还提醒我们，情绪管理在投资中的重要性。在市场繁荣时，贪婪往往会使投资者忽视风险；而在市场崩盘时，恐惧又会使投资者做出非理性的决策。因此，作为投资者，我们必须学会控制自己的情绪，避免被市场的短期波动所左右。

例如，巴菲特就以其冷静和理性的投资风格而闻名。他始终坚持价值投资的理念，专注于企业的内在价值，而不是市场的短期波动。在 2008 年金融危机期间，当大多数投资者陷入恐慌时，巴菲特却看到了机会，大胆投资于高盛和通用电气等公司，最终获得了丰厚的回报。巴菲特的成功在于，他能够克服人性的弱点，始终保持理性和冷静。当然，开个玩笑，巴菲特之所以能平安躲过 1929 年的美国股灾，可能也是因为他出生于 1930 年。

长期资本管理公司：过度杠杆之殇

长期资本管理公司（LTCM）由一群在金融与学术领域智商堪称顶尖的人物组建，他们凭借复杂精妙的数学模型开展投资，这样的"梦幻组合"似乎从一开始就被光环笼罩，本不该与失败沾边。然而，现实却给了所有人沉重的一击。策略中激进的超高杠杆在遭遇难以预料的黑天鹅事件时瞬间断裂，致使公司遭受了灾难性的惨重损失。

LTCM 的创始团队堪称投资的"梦之队"，包括两位诺贝尔经济学奖得主迈伦·斯科尔斯（Myron Scholes）和罗伯特·默顿（Robert C. Merton），他们以其在期权定价模型（Black-Scholes 模型）方面的贡献而闻名。

此外，团队中还有许多华尔街的顶尖交易员和金融专家。LTCM 的投资策略基于复杂的数学模型，旨在通过套利交易获取稳定的收益。这些套利策略包括债券套利、股票波动率套利，以及外汇市场套利等，其核心思想是利用市场的微小定价差异来获取利润。为了放大收益，LTCM 使用了极高的杠杆率，其资产负债比一度高达 25:1，这意味着每 1 美元的自有资本对应着 25 美元的借款。我在 2015 年 A 股牛市期间，曾经见过 20 倍杠杆的民间配资，LTCM 投资中的杠杆率比我们当时最疯狂的民间配资还要"猛"。

在最初的几年，LTCM 取得了巨大的成功。从 1994 年成立到 1997 年，LTCM 的年化收益率超过 30%。在华尔街的眼里，巴菲特和彼得·林奇已经过气了，现在是 LTCM 的时代。投资者们对 LTCM 的数学模型和精英团队充满信心，认为他们能够持续创造奇迹。然而，这种成功背后隐藏着巨大的风险。LTCM 的高杠杆率使其对市场波动极为敏感，复杂的数学模型虽然在过去表现优异，却未能考虑到极端市场事件的可能性。

1998 年，俄罗斯债务危机爆发，成为 LTCM 命运的转折点。俄罗斯政府宣布暂停支付外债，导致全球金融市场陷入动荡。投资者纷纷逃离风险资产，转向安全的国债市场，导致 LTCM 的套利策略完全失效。例如，LTCM 曾大量投资于美国国债和欧洲债券之间的价差套利，认为两者的价差会逐渐收敛。然而，在市场恐慌中，这种价差不仅没有收敛，反而急剧扩大，导致 LTCM 的投资组合遭受巨大损失。由于极高的杠杆率，LTCM 的亏损迅速放大，短短几个月内，其资本几乎被完全侵蚀。

LTCM 的崩溃不仅对自身造成了毁灭性的打击，还险些引发了全球金融系统的崩溃。LTCM 与各大银行和金融机构有着密切的业务往来，其巨额亏损使得这些机构也面临严重的风险。为了防止系统性危机，美联储不得不介入，组织了一场由 14 家银行组成的救助行动，向 LTCM 注资 36 亿美元以稳定市场。

LTCM 的崩溃给我们提供了深刻的教训。首先，它提醒我们，过度杠杆是极其危险的。杠杆可以放大收益，但同样可以放大亏损。当市场出现意外波动时，高杠杆率可能导致灾难性的后果。例如，LTCM 的杠杆率高达 25 倍，这意味着市场只需下跌 4%，就足以使其资本完全蒸发。这种高杠杆策略在市场平稳时可能带来丰厚的回报，但在市场动荡时却会带来毁灭性的打击。

其次，LTCM 的案例揭示了模型风险的局限性。即使是最精密的数学模型，也难以预测市场的极端事件。LTCM 的模型基于历史数据，假设市场波动会保持在一定的范围内，但在俄罗斯的债务危机中，市场波动远远超出了模型的预测范围。这种黑天鹅事件的发生，使得 LTCM 的策略完全失效。

最后，LTCM 的崩溃还强调了风险管理的重要性。作为投资者，我们必须时刻关注市场风险，制定完善的风险管理策略。LTCM 的失败原因部分源于其对风险的低估和对模型的过度依赖。例如，LTCM 并未充分考虑到流动性风险，即市场在极端情况下可能完全失去流动性，导致无法及时平仓。

通过学习和分析 LTCM 的案例，我们可以更好地理解杠杆和模型风险，避免重蹈覆辙。例如，投资者在使用杠杆时应严格控制杠杆率，避免过度放大风险。同时，我们应认识到，模型只是工具，而非万能钥匙。投资者在使用模型时，应结合自身的判断和对市场的理解，而不是完全依赖模型的输出。此外，风险管理应成为投资策略的核心部分。我们需要制订全面的风险管理计划，包括压力测试、流动性管理和分散投资等，以应对市场的各种不确定性。

LTCM 的案例还提醒我们，市场的复杂性和不可预测性远远超出我们的想象。即使是最聪明的头脑和最精密的工具，也难以完全掌控市场。因此，作为投资者，我们必须保持谦逊和谨慎，时刻警惕市场的风险。只有这样，我们才能在复杂多变的市场中立于不败之地。

总之，LTCM 的故事不仅是一个关于失败的案例，更是一堂生动的投资课。它提醒我们，杠杆、模型和风险管理是投资中不可忽视的关键因素。

折翼的金融巨兽：老虎基金的陨落

在金融投资的历史长河中，美国的老虎基金管理公司曾是一头威风凛凛的巨兽，它由朱利安·罗伯逊（Julian Robertson）于 1980 年创立，凭借独特的投资策略和出色的管理，一度成为全球最成功的对冲基金之一。然而，在 2000 年 3 月 30 日，罗伯逊却无奈地宣布老虎基金关闭，这头金融巨兽的轰然倒下，令全球金融界为之震惊。

罗伯逊以其卓越的选股能力和宏观分析能力而闻名。罗伯逊的投资哲学基于"价值投资"的理念，他擅长发现被市场低估的优质公司，并通过做空高估的股票来实现超额收益。在最初的几年里，老虎基金取得了巨大的成功，其年化收益率高达 30% 以上，成为对冲基金行业的标杆。

例如，在 20 世纪 80 年代初，美国经济在一系列政策调整后逐渐复苏，美元也随之进入强势升值的周期，到 1985 年时已经连续四年走强。老虎基金的团队经过深入的研究和分析，认为美元的升值已经过度，相对欧洲货币和日元来说，美元币值被严重高估，未来很可能会贬值。基于这一判断，老虎基金大胆地买进了大量的外汇购入期权。当时市场上大部分投资者还沉浸在美元强势的惯性思维中，对老虎基金的这一操作并不看好。

然而，1985 年 9 月，美国、日本、联邦德国、法国及英国的财政部部长和中央银行行长在纽约广场饭店举行会议，达成五国政府联合干预外汇市场，诱导美元对主要货币的汇率有秩序地贬值的协议，即"广场协议"。协议签订后，美元果然如老虎基金所预期的那样开始大幅贬值，老虎基金持有的外汇购入期权价值大幅飙升，为基金带来了丰厚的收益。

这个案例只是老虎基金众多成功投资中的一个。然而，1998 年的俄罗斯债务危机，成为老虎基金命运的转折点。1998 年，俄罗斯金融危机爆发，经济陷入混乱。老虎基金此前在俄罗斯市场投入大量资金，期望在新兴市场中收获丰厚的回报。但俄罗斯政府突然宣布债务违约，卢布大幅贬值，金融市场崩溃。老虎基金不仅持有的俄罗斯资产大幅缩水，还因市场的连锁反应，在其他投资领域也受到冲击。屋漏偏逢连夜雨，罗伯逊对日元汇率的投机也出现重大失误，卖空日元不仅未盈利，反而进一步加剧了亏损。

然而，真正让老虎基金走向末路的，是对科技股泡沫的误判。20 世纪 90 年代末，互联网浪潮席卷全球，科技股股价飙升。但罗伯逊坚信传统价值的投资理念，认为许多科技股缺乏实际盈利支撑，股价虚高。他重仓持有传统的"旧经济"价值股，同时大量做空科技股。但市场走势却与他的判断背道而驰，科技股持续上扬，传统价值股表现不佳。1999 年的老虎基金损失惨重。

投资者对基金的信心也随着业绩下滑而逐渐崩塌。在 19 个月的时间里，投资人撤资超过 77 亿美元，占公司资产的三分之一以上。大规模的资金赎回让老虎基金的资金链紧张，难以维持原有的投资运作。此外，老虎基金的内部管理与规模问题也加速了它的衰落。罗伯逊管理风格强势，几乎事事干预，导致优秀管理人员纷纷离职，人才流失严重。同时，随着基金规模的不断扩张，投资的灵活性和效率下降，难以像初期那样灵活地捕捉市场机会。

最终，老虎基金在 2000 年关闭，结束了其辉煌的历史。罗伯逊在致投资者的信中承认了自己的错误，并表示市场的变化超出了他的预期。老虎基金的关闭不仅是对罗伯逊个人的打击，也是对整个对冲基金行业的警示。老虎基金的关闭，是金融市场复杂性和投资风险的深刻体现。它提醒着投资者，即使是最强大的金融机构，也可能在市场的风云变幻中折戟沉沙，唯有不断适应市场变化，坚守理性投资，才能在金融浪潮中稳健前行。

老虎基金的关闭还强调了风险管理的重要性。罗伯逊的投资策略虽然在过去取得了巨大成功，但在市场环境发生变化时，却未能及时调整。例如，老虎基金的高杠杆率和集中投资策略在市场平稳时可能带来丰厚的回报，但在市场动荡时却会带来巨大的风险。这一教训告诉我们，投资者必须制订完善的风险管理计划，包括设置止损线、控制杠杆率和分散投资等，以应对市场的各种不确定性。

通过学习和分析老虎基金的案例，我们可以更好地理解宏观分析和流动性管理的重要性，避免重蹈覆辙。例如，投资者在进行宏观分析时，应综合考虑经济、政治和市场情绪等多方面因素，而不是仅仅依赖单一的数据或模型。同时，我们应认识到，流动性是投资的生命线，在市场极端波动时，流动性枯竭可能会导致灾难性后果。因此，投资者在构建投资组合时，应充分考虑流动性风险，避免过度依赖高杠杆或低流动性资产。

老虎基金的案例还提醒我们，市场的复杂性和不可预测性远远超出我们的想象。即使是最有经验的投资者，也难以完全规避市场风险。例如，在 1998 年的危机中，许多投资者都未能预见到俄罗斯政府的违约行为，导致全球金融市场陷入动荡。这一教训告诉我们，作为投资者，我们必须保持谦逊和谨慎，时刻警惕市场的风险。

通过分析 1929 年美国股灾中的投资大师表现、LTCM（长期资本管理公司）和老虎基金的失败案例，我们可以看到，即使是投资大师也会犯错，而这些错误往往源于对市场风险的低估、对杠杆的过度依赖，以及对宏观环境的误判。这些失败案例不仅为我们提供了深刻的启示，也为我们指明了在投资道路上应避免的陷阱。

首先，我们必须时刻保持警惕，避免被市场的繁荣所迷惑。市场泡沫是极其危险的，投资者们往往会忽视风险，盲目追涨，最终导致泡沫破裂。

其次，我们必须认识到，过度使用杠杆也是极其危险的。杠杆可以放大收益，但同样可以放大亏损。当市场出现意外波动时，高杠杆率可能会导致灾难性的后果。

最后，我们必须制定完善的风险管理策略，充分考虑模型的不确定性和局限性。市场风险是始终存在的，即使是最有经验的投资者也难以完全规避。通过学习和分析这些失败案例，我们可以更好地理解市场的运作机制，避免重蹈覆辙。在投资的道路上，失败是不可避免的。然而，正是这些失败，为我们提供了最宝贵的教训。

第 28 讲
投资心智的修炼场

在投资中，当我们试图触摸投资大师的境界时，会发现，这已不仅仅是技巧与策略的比拼，更是一场心智的修炼。真正的投资大师，他们在风云变幻的市场中屹立不倒，凭借的绝非仅仅是高超的投资技巧，更是强大且独特的投资心智。

接下来，让我们走近三位有着深刻洞见与实践的人物，从他们的理念与经历中，汲取那些能够引领我们抵达投资大师境界的智慧力量。他们分别从不同的角度，为我们展现了投资心智修炼的不同路径，无论是逆向思维的极致践行，还是对群体心理的深刻洞察，或是东方哲学在投资中的独特映射，都将为我们打开一扇通往投资大师殿堂的大门，让我们在投资的道路上，不仅能实现财富的积累，更能完成心智的蜕变与升华。

约翰·邓普顿：践行"最大悲观点"理论

在投资的长河中，约翰·邓普顿（John Templeton）是一位闪耀着独特光芒的传奇人物。"牛市生于悲观，长于怀疑，成于乐观，死于狂热"这句投资名言就出自约翰·邓普顿。他所提出并践行的"最大悲观点"（也称"极度悲观点"）理论，值得投资者深入领会。

该理论认为，当市场弥漫着极度悲观情绪，达到"最大悲观点"时，往往孕育着绝佳的投资机会。在这种情况下，投资者普遍对市场前景极度失望，资产价格被严重低估。遵循"最大悲观点"理论投资，需要投资者具备强大的心理素质和独立的思考能力，不被市场的悲观情绪所左右。同时，要对市场和经济有深入的研究和理解，才能准确判断"最大悲观点"的到来，从而在别人恐惧时贪婪，实现资产的增值。

邓普顿出生于 20 世纪初，那个时代充满了经济的动荡与变革。他在早期的投资生涯中，就展现出了对市场独特的理解和敏锐的洞察力。"最大悲观点"理论，简单地说，就是在市场最悲观、人人都对未来失去信心的时候，反其道而行之，大胆地寻找投资机会。

1939 年，第二次世界大战爆发，整个世界陷入了巨大的恐慌之中。股市也未能幸免，股价暴跌，投资者们纷纷抛售手中的股票，仿佛世界末日即将来临。然而，邓普顿却在此时看到了机会。他通过仔细研究和分析，发现许多公司的基本面并没有因为战争的爆发而发生根本性的改变，只是市场的恐慌情绪导致了股价的过度下跌。于是，他筹集了 1 万美元，购买了 100 多家公司的股票，其中包括许多当时被市场极度看衰的企业。这些公司涉及多个行业，有航空、汽车、化工等。在当时，很多人都认为他疯了，在这样的乱世中还敢投资股票。但邓普顿坚信自己的判断。他知道，当市场情绪达到极度悲观的时候，往往就是机会降临的时刻。

事实证明，他的决策是正确的。随着战争的推进和经济的逐渐复苏，这些公司的股价开始回升，邓普顿获得了巨大的收益。他的这次投资经历，也成为了最大悲观点理论的经典案例。

邓普顿之所以能够成功地践行这一理论，不仅仅是因为他对市场数据的深入研究和分析，更是因为他拥有强大的心理素质和坚定的信念。在市场最悲观的时候，周围的人都在恐惧和绝望中，他却能保持冷静，不被情绪所左右。他明白，市场的情绪往往是短暂的，而企业的内在价值才是决定股价长期走势的关键因素。

在后续的投资生涯中，邓普顿始终坚持这一理论。他不断地在全球范围内寻找那些被市场极度低估的资产，无论是在经济危机时期，还是在行业低谷阶段，他都能准确地把握时机。他的投资范围涵盖股票、债券、房地产等多个领域，每一次的投资决策都基于他对市场情绪和企业基本面的深入分析。

例如，在 20 世纪 70 年代的石油危机期间，能源行业遭受重创，石油公司的股价大幅下跌。大多数投资者都对能源行业避之不及，但邓普顿却认为这是一个绝佳的投资机会。他深入研究了各大石油公司的财务状况和发展前景，发现其中一些公司虽然短期面临困境，但长期来看，其资源储备和市场地位依然稳固。于是，他果断地买入了这些公司的股票。随着石油价格的回升和能源行业的复苏，他再次获得了丰厚的回报。

再看 1997 年的亚洲金融危机，众多亚洲国家的金融市场遭受重创，股市暴跌，货币贬值。许多国际投资者纷纷撤离，市场弥漫着绝望的气息。邓普顿却带领团队深入研究这些国家的经济基本面和企业状况。他发现，一些原本具有良好发展前景的企业，仅仅因为市场恐慌和资金而外逃，股价被严重打压。例如，韩国的一些大型制造业企业，技术实力雄厚，其产品在国际市场有一定份额，只是短期资金链紧张。邓普顿果断出手，大量买入这些被低估的股票。随着亚洲经济逐渐走出危机，这些企业的股价大幅回升，为他带来了可观的收益。

邓普顿的最大悲观点理论与巴菲特的价值投资理念有着异曲同工之妙。巴菲特那句"在别人恐惧时贪婪，在别人贪婪时恐惧"广为流传。在 2008 年全球金融危机时，股市大幅下跌，许多金融机构面临困境，市场一片恐慌。巴菲特却看到了机会，他投资了高盛等金融企业。他和邓普顿一样，注重企业的内在价值，在市场极度悲观时，凭借对企业基本面的深入研究，大胆买入被低估的资产，并且有足够的耐心等待价值回归。

与霍华德·马克斯在《周期》中阐述的投资理念也有相通之处。霍华德·马克斯强调要在市场周期的不同阶段做出正确决策，尤其是在市场过度悲观或过度乐观时。当市场处于低谷，也就是邓普顿所说的极度悲观时刻，正是寻找投资机会的好时机。他们都认识到市场情绪对资产价格的巨大影响，并且都具备在极端市场环境下保持理性、挖掘投资机会的能力。

邓普顿的最大悲观点理论，给我们带来了深刻的启示。在投资中，我们不能被市场的情绪所左右，要学会在众人恐惧时贪婪，在众人贪婪时恐惧。当市场处于极度悲观的状态时，我们要保持冷静，深入研究，寻找那些被市场错误定价的资产。同时，我们也要有坚定的信念和耐心，相信自己的判断，不要因为短期的市场波动而轻易放弃。

2020 年新冠疫情突如其来,市场像被一只无形的大手狠狠按下,大幅下跌。身边好友看着账户数字，信心濒临崩溃。那时，我想到约翰·邓普顿的"最大悲观点"理论，便劝他："就算有疫情，在线行业和必选消费行业，应该还是受益的，这或许正是捡筹码的好机会。"可恐惧早已占据他的内心，他连连摇头，早已没了入场的勇气。

果不其然，随后市场强势反弹、大幅上涨。好友懊悔不已，跟我说："要是市场再给我一次机会，肯定大举买入。"然而，当市场再度回调，回到前期低点时，我满怀期待地问他这回买不买，得到的又是长久的沉默与再次退缩。

市场的起伏，就像人性的试炼场，能坚守理性的人少之又少。"最大悲观点"理论不仅是投资策略，更是对人性的考验，可多数人总是在恐惧面前，一次次错过改写财富命运的契机。

古斯塔夫·勒庞：乌合之众效应与独立判断

在投资领域，群体心理的影响不容忽视。而法国社会心理学家古斯塔夫·勒庞（Gustave Le Bon）的《乌合之众——大众心理研究》一书，为我们揭示了群体心理的奥秘，以及它在投资市场中的体现。

勒庞生活在 1841—1931 年。他经历了法国社会的诸多变革，包括普法战争、巴黎公社等重大事件。19 世纪 90 年代，勒庞转向心理学和社会学领域，并在这些领域发表了大量作品，其中 1895 年出版的《乌合之众——大众心理研究》一书最为著名。

该书出版于 1895 年，一经问世便引起了广泛关注。勒庞在书中深入剖析了群体的心理特征。他指出，群体具有冲动性，其行为往往不受理性控制，更多地受当下情绪的驱使。例如，在突发事件面前，群体可能会瞬间做出激烈的反应，而不考虑后果。同时，群体具有易受暗示性，一个简单的暗示或谣言，在群体中就能迅速传播并被信以为真。群体还表现出情绪的夸张与单纯，其情感要么极其高涨，要么极度低落，很难保持理性的中间状态。

在勒庞的研究中，他发现当个体处于群体之中时，往往会失去自我意识和独立思考能力，表现出情绪化、盲目和冲动的行为。这种现象在投资市场中尤为明显，我们称之为"乌合之众"效应。

在股票市场中，经常会出现这样的场景。当一只股票开始上涨时，越来越多的投资者会受到周围人的影响，纷纷跟风买入。他们可能并没有对这只股票的基本面进行深入研究，只是因为看到别人都在买，就觉得自己也不能错过这个机会。这种盲目跟风的行为，往往会导致股票价格过度上涨，形成泡沫。而当市场出现一点儿风吹草动，如公司发布一个不利的消息，或者市场整体出现调整的迹象时，这些投资者又会陷入恐慌，纷纷抛售手中的股票，导致股价暴跌。这正是群体冲动性和易受暗示性在投资市场的生动体现。当股价上涨的消息成为一种暗示，群体便冲动地跟风买入；而不利消息传出时，又在恐慌情绪的暗示下冲动抛售。

例如，在 20 世纪 90 年代末的互联网泡沫时期，投资者们对互联网股票充满了狂热。只要是与互联网相关的公司，无论其业绩如何，股价都一路飙升。许多投资者根本不考虑公司的盈利能力和估值水平，只是因为大家都在投资互联网股票，就盲目跟风。当时，一些互联网公司的市盈率高达几百倍甚至上千倍，远远超出了其合理的价值范围。然而，投资者们却被群体的热情所迷惑，忽略了其中的风险。最终，随着互联网泡沫的破裂，这些公司的股价暴跌，许多投资者血本无归。群体情绪的夸张与单纯在这场泡沫中暴露无遗，从极度狂热的追捧到泡沫破裂后的绝望抛售，投资者们的情绪走向了两个极端。

再看 2015 年中国的牛市行情，大量新股民涌入市场。很多人仅仅是听身边朋友说炒股赚钱，便一头扎进股市，根本没有仔细研究股票背后公司的实际情况。在牛市的狂热氛围下，市场上流传着各种"炒股致富"的故事，吸引着更多人盲目跟风。以至于大家已经不再用市净率、市盈率看公司的估值，取而代之的是市梦率（即梦想中的估值）。

当市场达到一定热度后，稍有负面消息传出（如监管层加强对场外配资的监管），整个市场就瞬间陷入恐慌。大量投资者在没有任何思考的情况下匆忙抛售股票，导致股市大幅下跌，许多人不仅利润全无，还亏损惨重。群体在这个过程中完全被情绪所左右，失去了理性的判断能力。

勒庞指出，在群体中，个体的理性被削弱，情感和本能占据了主导地位。投资者在群体中容易受到暗示和传染，往往会做出非理性的决策。要避免成为乌合之众的一员，投资者就必须保持独立判断的能力。

独立判断要求投资者不被市场的喧嚣和他人的观点所左右，要依靠自己的研究和分析来做出投资决策。这需要投资者具备扎实的投资知识和丰富的经验，能够对市场信息进行理性的分析和判断。同时，投资者还要有勇气坚持自己的观点，即使与大多数人的看法相悖。

以行业投资为例，在新能源汽车行业兴起之初，市场上对新能源汽车相关股票的追捧达到了一个高潮。许多投资者只看到了行业的发展前景，却忽略了行业内企业的实际竞争力、技术壁垒及市场竞争格局。一些企业虽然打着新能源汽车的旗号，但实际研发能力薄弱，产品质量不稳定。然而，受群体心理的影响，投资者们纷纷买入这些企业的股票，推动股价不断上涨。而那些保持独立判断的投资者，会深入研究企业的技术研发实力、市场份额增长潜力、供应链稳定性等基本面因素。他们不会仅仅因为行业的热门就盲目跟风，而是通过细致的调研和分析，挑选出真正具有投资价值的企业进行投资，从而避免了在行业热潮退去后遭受损失。

在投资过程中，我们可以通过多方面的信息收集和分析来提高自己的独立判断能力。不仅要关注公司的财务报表、行业动态等基本面信息，还要关注市场的情绪变化和投资者的行为特征。通过对这些信息的综合分析，我们可以更准确地把握市场的走势，避免盲目跟风。例如，我们可以关注市场的成交量变化，当成交量在股价上涨过程中异常放大，且投资者情绪普遍高涨时，可能预示着市场过热，存在泡沫风险；反之，当市场的成交量极度萎缩，投资者普遍悲观时，也许是市场即将反转的信号。

同时，我们还可以参考专业的研究报告，但不能盲目依赖，而是要结合自己的思考和分析，形成独立的投资判断。通过对《乌合之众——大众心理研究》一书中群体心理的深入理解，我们能更好地在投资市场中保持清醒，不被群体的非理性行为裹挟。

王阳明：东方心学的投资映射

本章一开始，我们介绍的几位大师是中国古代的范蠡、白圭和沈万三。本章的最后，我们再度把目光转回东方。

中国明代的思想家王阳明所创立的心学，为投资心智的修炼提供了独特的视角和深刻的启示。王阳明，本名王守仁，出生于明朝中叶，那是一个社会矛盾尖锐、政治风云变幻的时代。少年时期的王阳明便展现出非凡的志向与思考深度，他对科举仕途并非一味追逐，而是醉心于探索宇宙人生的真谛，广泛涉猎经史子集，对程朱理学进行了深入钻研。然而，在追求真理的道路上，他也遭遇了诸多困惑与迷茫。

王阳明作为心学的集大成者，在中国乃至世界思想史上都具有崇高的地位。他的"心即理""知行合一""致良知"等哲学思想，不仅革新了当时的学术风气，还深刻影响了后世的无数仁人志士。在国内，明代的张居正深受王阳明思想的熏陶。张居正推行万历新政，以实际行动践行"知行合一"，改革触动诸多利益集团，却能凭借坚定的信念和高效的执行，整顿吏治、推行一条鞭法，成功扭转明朝积弊，让国家呈现中兴之势，这正是对王阳明心学的生动诠释。

在国外，美国著名汉学家狄百瑞（William Theodore de Bary）高度评价王阳明。他深入研究中国思想文化，认为王阳明心学强调个体的道德自主性和内在力量，与西方倡导的个人主义精神在某些层面不谋而合，在对自我认知和道德践行方面，有着超越时代和地域的价值。此外，德国哲学家黑格尔虽未直接提及王阳明，但他强调的精神哲学与王阳明心学对"心"的重视，在探索精神世界的维度上存在微妙的联系，这也从侧面反映出王阳明心学在世界哲学领域的独特地位，为不同文化背景下的思想交流提供了丰富的素材。

龙场悟道是王阳明人生的重大转折点。因得罪权贵，他被贬至贵州龙场，那是一个荒蛮闭塞、环境恶劣的地方。在龙场，王阳明面临着生存的考验和精神的孤寂。然而，他并未被困境打倒，而是日夜静坐沉思，在极度艰难的环境中不断叩问内心。终于，在一个寂静的夜晚，他突然大悟："圣人之道，吾性自足，向之求理于事物者，误也"。这便是著名的"龙场悟道"，他意识到天理并非存在于外界事物中，而就在每个人的内心之中，这一领悟成为他"致良知"学说的思想基石。

"致良知"，简单地说，就是要发掘和遵循内心的道德准则和智慧。在投资领域，这意味着投资者要坚守自己的投资原则和底线，不被贪婪和恐惧等情绪所左右。王阳明在平定宁王之乱时，充分展现了"致良知"的力量。当时，宁王朱宸濠势力强大，蓄谋已久的叛乱让整个朝廷陷入恐慌。王阳明手中兵力有限，但他内心坚定，不为敌人的强大所惧，凭借着对正义的坚守和对局势的深刻洞察，他迅速组织力量，制定战略。

他巧妙地利用宁王的心理弱点，散布假消息，迷惑宁王，使其贻误战机。在整个平叛过程中，王阳明始终保持冷静，遵循内心的良知判断，没有被战争的残酷和局势的危急扰乱心智。在投资中，当市场出现如 2020 年年初新冠疫情暴发初期那样的恐慌性下跌时，许多投资者因恐惧而匆忙抛售股票。但如果能像王阳明一样"致良知"，坚守自己基于深入研究企业基本面和行业趋势所制定的投资原则，就能避免被短期的恐慌情绪所左右。

"知行合一"，强调的是知识和行动的统一。王阳明在南赣剿匪时，充分践行了这一理念。当时，南赣地区匪患猖獗，过往的官员大多只是单纯地依靠武力镇压，但匪患总是死灰复燃。王阳明到任后，深入了解当地情况，他认识到单纯的武力镇压无法从根本上解决问题。于是，他一边精心部署军事行动，对土匪进行精准打击；一边推行教化，兴办学校，制定乡约，改善当地的民风民俗。他将自己治理地方的理念和方法切实地运用到行动中，做到了知行合一，最终成功地平息了长期以来的匪患。

在投资中，许多投资者虽然学习了各种投资理论，如价值投资、技术分析、资产配置等，但在实际操作中却无法将这些理论转化为有效的行动。真正做到知行合一的投资者，会像王阳明一样，将投资知识融入每一次投资决策中。例如，当投资者通过深入研究行业发展趋势和企业竞争力，选定了一家具有高成长潜力的企业后，即便在持有过程中股价因市场短期波动而下跌，也能坚信自己的研究和判断，不为短期的股价波动所动摇，持续持有，最终收获投资收益。

王阳明的心学思想，为我们在投资心智的修炼上提供了东方智慧的滋养。通过"致良知"和"知行合一"，我们可以在投资中保持清醒的头脑，坚守自己的原则，将投资知识转化为实际行动，从而在投资的道路上走得更加稳健。无论是面对市场的起伏波动，还是投资理念与实践的磨合，王阳明的心学都能为我们提供源源不断的启示，帮助我们在投资的世界中不断成长和进步。

在投资的世界里，从新手到老手，从高手到大师，每一步的跨越都伴随着无数的挑战与机遇。我们通过对邓普顿的"最大悲观点"理论、勒庞的"乌合之众"效应与独立判断、王阳明的东方心学在投资中的映射的探讨，深刻地认识到，投资心智的修炼是成为投资大师的关键所在。

邓普顿教会我们在市场的极端情绪中寻找机会，用逆向思维打破常规，在众人恐惧时勇敢地伸出双手，抓住被市场错杀的财富机遇。他的"最大悲观点"理论，是对市场情绪的深刻洞察和对价值投资的坚定信仰，该理论让我们明白，真正的机会往往隐藏在最黑暗的角落，等待着那些有勇气和智慧的投资者去发现。

勒庞则提醒我们要警惕群体心理的陷阱，在投资的浪潮中保持独立思考的能力。市场就像一个巨大的漩涡，群体的情绪和行为往往会形成强大的力量，将许多投资者卷入其中，失去自我。而我们要做的，就是在这股洪流中保持清醒，不被他人的观点和行为所左右，依靠自己的理性分析和判断，做出正确的投资决策。

王阳明的心学思想，为我们提供了一种内在的精神力量。"致良知"让我们坚守内心的投资原则，不被贪婪和恐惧所吞噬；"知行合一"则让我们将投资知识转化为实际行动，在实践中不断磨砺自己，实现投资理念与操作的完美统一。

成为投资大师绝非一蹴而就，这是一场漫长而艰辛的旅程。我们绝大多数人终其一生，也不可能成为投资大师，但我们可以在长期的投资实践中不断地学习、反思和成长。我们要学会在市场的波动中控制自己的情绪，用理性和智慧去应对各种挑战；要不断地积累投资知识和经验，提高自己的分析和判断能力；要坚守自己的投资原则，不被短期的利益所诱惑，追求长期的稳健收益。

在未来的投资道路上，无论我们遇到何种困难和挫折，都要牢记这些投资大师们的智慧和经验。让邓普顿的逆向思维、勒庞的独立判断、王阳明的心学思想成为我们的指引。在这个过程中，我们不仅能够实现财富的增长，更能完成自我的提升和超越，成为一个真正的投资智者。

后记　在破局中照见人生

写下后记第一行的时候，窗外灰蓝色的晨光正穿透未拉严的窗帘。熬夜写作的日子终于快结束了，这种感觉，有点解脱，也有点不舍。

我对着电脑屏幕上闪烁的光标，忽然想起 20 多年前那个站在证券营业部散户大厅的自己。那时的我，攥着人生第一张股东卡，激动地望着红绿交错的电子大屏。我不仅记得 2015 年 5178 点那天市场的狂躁，也能回忆起 2008 年 1664 点那天市场的绝望。回望投资路，才发现投资这场修行，终究是在市场的迷宫中寻找平衡风险和收益的微妙支点。

从萌生写这本书的念头，到将每一个观点、每一段经验梳理成文字，其间的挑战难以言表。王阳明在《传习录》中记载了一个故事。弟子问他如何攀登万仞高山，他答："山高万仞，只登一步"。若想着万仞，便不敢登；若只登一步，则万仞可至。

这个故事一直激励着我的写作之路。想起王阳明的教诲，我便放下对整本书的恐惧，专注于眼前的一字一句。每当完成一小节，就像登上一级台阶；每解决一个写作难题，就像越过一处险峰。就这样，一步一个脚印，终于完成了书稿。

　　本书的章节划分绝非随意为之。新手阶段的莽撞，带着万物初生的躁动与不安；老手阶段的困顿，让我们在投资中反复试错；高手阶段的突破，开始理解波动背后的韵律；而大师阶段的顿悟，让我们窥见市场的本质。每个阶段的"破局"，都伴随着认知的坍塌与重建。新手执着于"是什么"，老手沉迷于"为什么"，高手困惑于"怎么做"，而大师最终领悟到"做与不做的艺术"。

　　书中所记，很多都是我近 20 年从业生涯里的真实案例。与其说是投资感悟，不如说是人性的记录。如 2009 年错失整个行情，却一心想着在高点满仓杀入的老股民；2015 年股灾中，因爆仓而跌落财富云端的富豪；2021 年年初，盲目追高白酒和新能源的朋友；寻求与我合作，希望每年资产能翻一倍的散户；从实体行业转身，摸索资产配置的企业主；还有每逢牛市高点，便匆忙来向我咨询的同学……当我书写他们的故事时，那些人、那些事，连同当时的每一句对话，都从键盘中缓缓浮现，鲜活而生动。

　　茶道中有一个美妙的词，叫"一期一会"。其字面含义为"一生仅有一次的相会"，它着重强调的是，要珍视人与人之间那来之不易的相遇机缘。方才提及的一些人，或许此生都不会再与我产生交集，然而，正是与他们的交流对话，让我对投资有了更为深刻的感悟。这些鲜活的个体，无一不在反复印证着一个颠扑不破的真理：财富曲线，本质上就是人性曲线的真实投影。

　　在撰写"大师篇"的深夜里，我把投资大师们的传奇经历又通过文字"经历"了一遍。我很想问自己，假如美国次贷危机那年，我也是一名基金经理，也像保尔森那样看对了房价下跌的趋势，但是面对一开始巨大的浮亏，被投资人质疑，被同行嘲笑，会不会坚定自己的立场？我突然明白巴菲特所说的"在别人恐惧时贪婪"的真谛——这不是简单的逆向操作，而是要在群体的情绪浪潮中，守护住内心那盏不灭的理性烛火。"看对"和"做对"之间，横亘着巨大的鸿沟，这恰恰体现了王阳明倡导的"知行合一"的理念。

在书中，我刻意隐去了很多具体的技术指标和财务公式，也没有用很多图表展示。因为真正的投资是大道至简，就像《道德经》里说的"为学日益，为道日损"。投资智慧的终极形态，终究要不断删繁就简，回到对商业本质的朴素认知，回到全书第一句话说的："投资，就其本质而言，即低买高卖。"

如今，人类已经进入人工智能时代，投资领域也深受其影响，量化投资等基于人工智能技术的投资方式层出不穷。我始终坚信，投资并非单纯的数据运算和模型推导，它深度关联着人性、市场情绪与复杂多变的现实因素，人类对财富本质的探索永远不会被算法取代。

感谢那些在投资领域给予我指导与启发的前辈们，是你们的智慧照亮了我的投资之路；感谢每一位参与本书创作与编辑的朋友，是你们的辛勤付出，让这本书得以呈现在各位读者面前。愿这本书成为读者投资长河中的摆渡船，载着各位读者在认知的激流中前行。也愿书中的一些观点能给各位读者带来启发，让大家感慨，原来投资还能这样理解。

谨以此书献给所有在财富之路上保持清醒的前行者。愿你们在投资思想"破局"之际，账户曲线扶摇直上，持续攀升至新的高峰。

乙巳年清晨 于北京